中国工程院院士

是国家设立的工程科学技术方面的最高学术称号，为终身荣誉。

中国工程院院士传记

# 俞大光传

田兆运 著

航空工业出版社
人民出版社

**内 容 提 要**

俞大光，一位出身于名门世家的杰出科学家，一位多年来不为人知的核武器研制的科技攻关人，从茫茫戈壁到深山大川，从西北高原到渤海之滨，他经历过艰难曲折的求学生涯，有过桃李满天下的高校任教经历，有过“文化大革命”中被批斗关押的坎坷岁月，也有过在国防尖端武器研制中的幸福与喜悦。他参加并领导了多次国家级的大型试验，他参与或主持完成的科研项目先后获得全国科学大会奖、国家科学技术进步奖特等奖等多种奖励。他传奇而精彩的人生经历，展现的是一代矢志报国的科技工作者的拳拳爱国之心。

**图书在版编目（CIP）数据**

俞大光传／田兆运著．--北京：航空工业出版社，2015.1 （2019.1重印）

（中国工程院院士传记系列丛书）

ISBN 978-7-5165-0642-4

Ⅰ．①俞… Ⅱ．①田… Ⅲ．①俞大光—传记 Ⅳ．①K826.16

中国版本图书馆CIP数据核字(2014)第305692号

中国工程院院士传记　俞大光传

Zhongguo Gongchengyuan Yuanshi Zhuanji　Yu Daguang zhuan

---

航空工业出版社出版发行

（北京市朝阳区北苑2号院　100012）

发行部电话：010-84936597　010-84936343

三河市金轩印务有限公司印刷　　全国各地新华书店经售

2015年1月第1版　　2019年1月第2次印刷

开本：710×1000　1/16　印张：20.25　插页：16　字数：299千字

印数：3001—3500　　定价：78.00元

俞大光院士

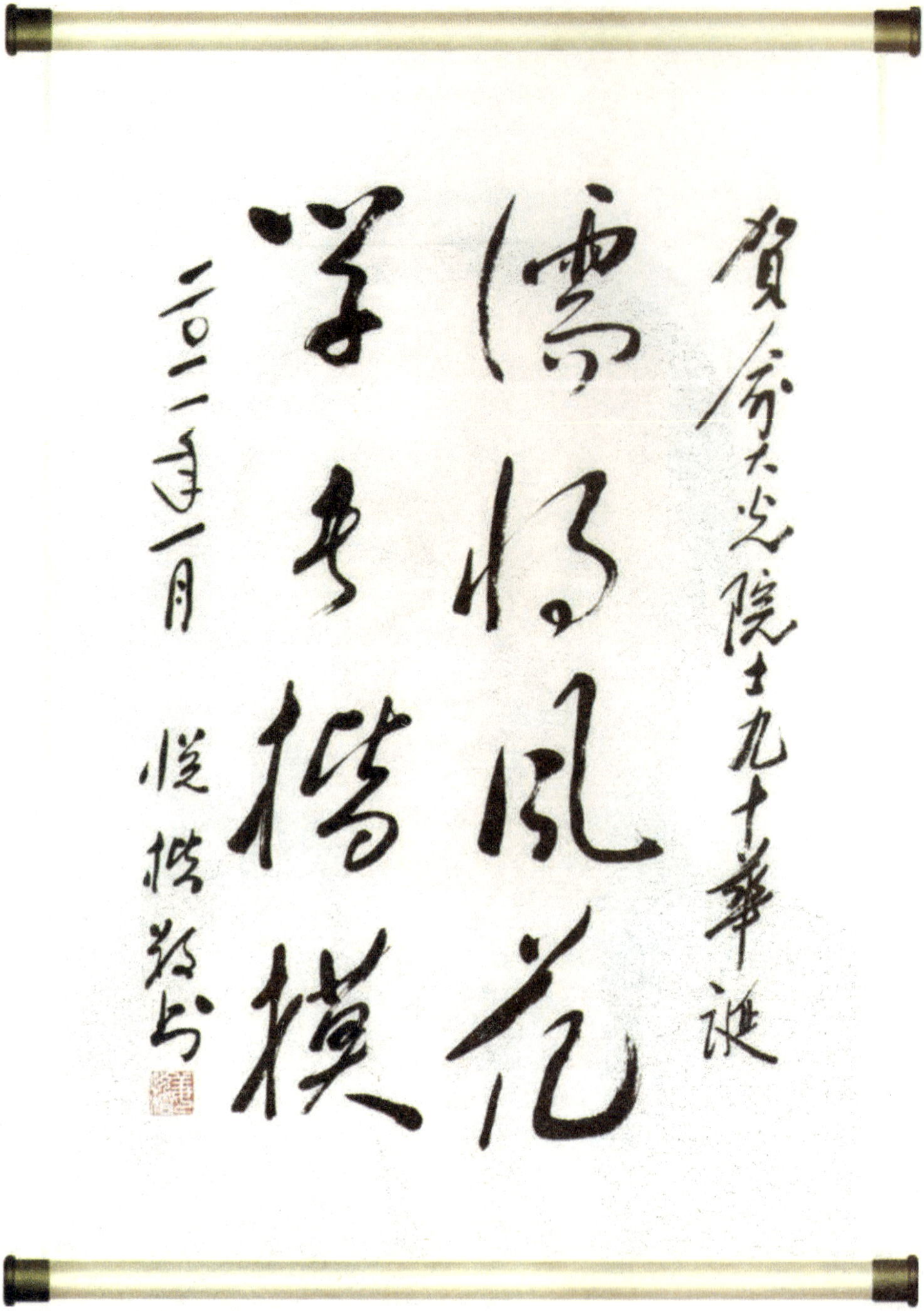

中国工程物理研究院原党委书记、中国工程物理研究院高级顾问姜悦楷
为俞大光九十华诞题词

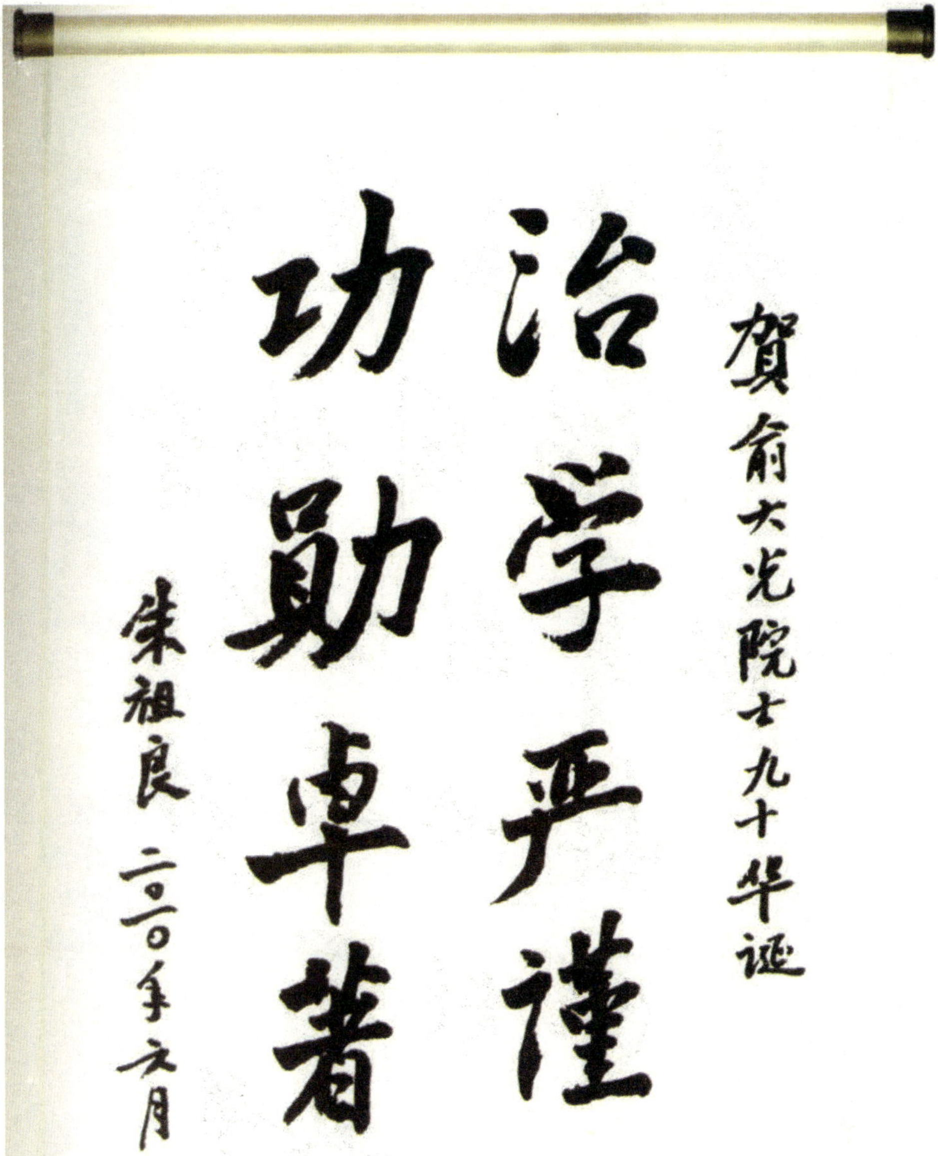


中国工程物理研究院原党委书记、院长，中国工程物理研究院高级顾问，第十七届全国政协常委朱祖良为俞大光九十华诞题词

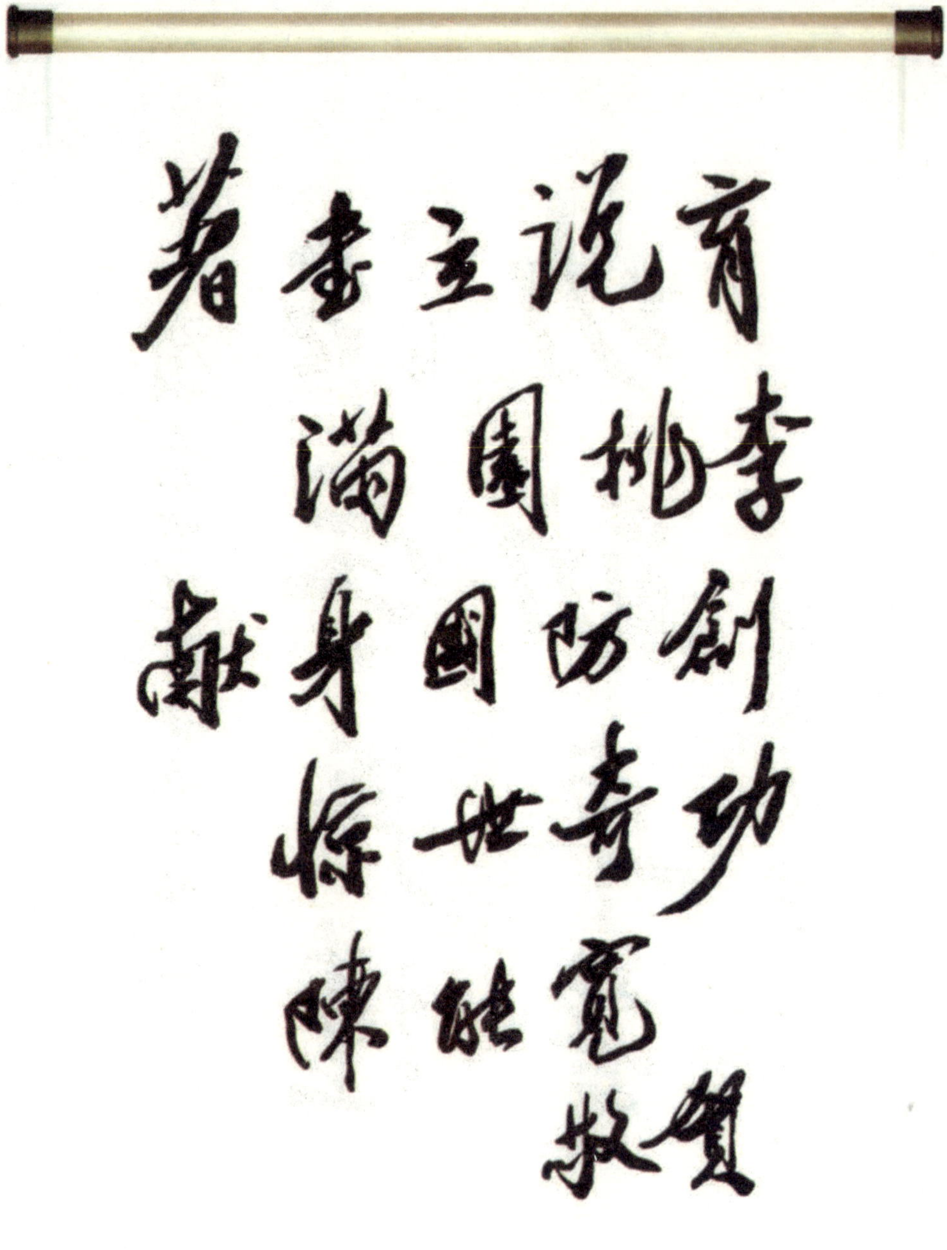


中国科学院院士、中国工程物理研究院高级科学顾问陈能宽
为俞大光九十华诞题词

2009 年 7 月 14 日，李长春 ( 右 ) 亲切看望大学时期的老师俞大光

1987 年 10 月，胡仁宇 ( 右二 )、俞大光 ( 右三 ) 等中国工程物理研究院院领导迎接张爱萍将军视察

1989 年 12 月 14 日，中央军委副主席刘华清上将（右一）于北京海军太院亲切接见俞大光等科研人员

2000 年 8 月 2 日，李继耐上将（右）亲切会见俞大光（中），其侄女舒启宜陪同

2006 年 9 月 16 日，全国政协副主席、国防科工委科技委原主任朱光亚（两弹一星功勋奖章获得者，右一）与俞大光亲切握手

2003 年 5 月 2 日，俞大光夫妇恭贺老院长李觉（原二机部副部长，中）九十华诞时在李觉家中合影

1991 年 9 月，俞大光等院领导去试验基地看望中国工程物理研究院试验队员时讲话

1996 年 7 月 3 日，俞大光在某试验洞口前留影

1997 年 7 月 14 日，中国工程院信息与电子工程学部在秘书王海荣（右一）的组织下，有 6 位院士参观北海舰队舰上的电子信息设备(左起:张钟华、叶铭汉、林永年、陆建勋、俞大光、刘先林)

俞大光与韩颖娟结婚照

1960年，俞大光一家五口在哈尔滨

1962年，俞大光夫妇与俞大猷夫妇在北京相聚时留影（左起：韩颖娟、俞大光、俞大猷、韩蔓力）

2011年2月，俞大光夫妇赴绵阳加俞大光九十华诞纪念活动，在参观北川县城时合影留念

2001年1月24日，俞大光全家福（左起：次子、长子、外孙、孙女、女婿、次媳、俞大光、长孙、韩颖娟、次孙、女儿、长媳）

2011 年 2 月，俞大光夫妇参加俞大光九十华诞纪念活动，与两个儿子在北川县城参观合影留念

2011 年 2 月，俞大光在绵阳中国工程物理研究院为他举行的九十华诞纪念活动上演唱京剧

2011年2月，俞大光在绵阳中国工程物理研究院为他举行的
九十华诞纪念活动上拉京胡为别人伴奏

2011年2月，俞大光在绵阳中国工程物理研究院为他举行的
九十华诞纪念活动上与部分领导和同事合影

# 中国工程院院士传记系列丛书

# 总 序

20世纪是中华民族千载难逢的伟大时代。千百万先烈前贤用鲜血和生命争得了百年巨变、民族复兴，推翻了帝制，击败了外侮，建立了新中国，独立于世界，赢得了尊严，不再受辱。改革开放，经济腾飞，科教兴国，生产力大发展，告别了饥寒，实现了小康。工业化雷鸣电掣，现代化指日可待。巨潮洪流，不容阻抑。

忆百年前之清末，从慈禧太后到满朝文武开始感到科学技术的重要，办“洋务”，派留学，改教育。但时机瞬逝，清廷被辛亥革命推翻。五四运动，民情激昂，吁求“德、赛”升堂，民主治国，科教兴邦。接踵而来的，是18年内战、8年抗日和3年解放战争。恃科学救国的青年学子，负笈留学或寒窗苦读，多数未遇机会，辜负了碧血丹心。

1928年6月9日，蔡元培主持建立了中国近代第一个国立综合性科研机构——中央研究院，设理化实业研究所、地质研究所、社会科学研究所和观象台4个研究机构，标志着国家建制科研机构的诞生。20年后，1948年3月26日遴选出81位院士（理工53位，人文28位），几乎都是20世纪初留学海外、卓有成就的科学家。

中国科技事业的大发展是在新中国成立以后。1949年11月1日成立了中国科学院，郭沫若任院长。1950—1960年有2500多名留学海外的科学家、工程师回到祖国，成为大规模发展中国科技事业的第一批领导骨干。国家按计划向苏联、东欧各国派遣1.8万名各类科技人员留学，全都按期回国，成为建立科研和现代工业的骨干力量。高等学校从新中国成立初期的200所增加到600多所，年招生增至28万人。到21世纪初，高等学校有2263所，年招生600多万人，科技人力总资源量超过5000万人，具有大学本科以上学历的科技人才达1600万人，已接近最发达国家水平。

新中国成立60多年来，从一穷二白成长为科技大国。年产钢铁从1949年的15万吨增加到2011年的粗钢6.8亿吨、钢材8.8亿吨，几乎是8个最发达国家（G8）总年产量的2倍，20世纪50年代钢铁超英赶美的梦想终于成真。水泥年产20亿吨，超过全世界其他国家总产量。中国已是粮、棉、肉、蛋、水产、化肥等世界第一生产大国，保障了13亿人口的食品和穿衣安全。制造业、土木、水利、电力、交通、运输、电子通信、超级计算机等领域正迅速逼近世界前沿。“两弹一星”、高峡平湖、南水北调、高公高铁、航空航天等伟大工程的成功实施，无可争议地表明了中国科技事业的进步。

党的十一届三中全会以后，改革开放，全国工作转向以经济建设为中心。加速实现工业化是当务之急。大规模社会性基础设施建设、大科学工程、国防工程等是工业化社会的命脉，是数十年、上百年才能完成的任务。中国科学院张光斗、王大珩、师昌绪、张维、侯祥麟、罗沛霖等学部委员（院士）认为，为了顺利完成中华民族这项历史性任务，必须提高工程科学的地位，加速培养更多的工程科技人才。中国科学院原设的技术科学部已不能满足工程科学发展的时代需要。他们于1992年致书党中央、国务院，建议建立“中国工程科学技术院”，选举那些在工程科学中做出重大创造性成就和贡献、热爱祖国、学风正派的科学家和工程师为院士，授予终身荣誉，赋予科研和建设任务，指导学科发展，培养人才，对国家重大工程科学问题提出咨询建议。中央接受了他们的建议，于1993年决定建立中国工程院，聘请30名中国科学院院士和遴选66名院士共96名为中国工程院首批院士。1994年6月3日，召开了中国工程院成立大会，选举朱光亚院士为首任院长。中国工程院成立后，全体院士紧密团结全国工程科技界共同奋斗，在各条战线上都发挥了重要作用，做出了新的贡献。

中国的现代科技事业比欧美落后了200年，虽然在20世纪有了巨大进步，但与发达国家相比，还有较大差距。祖国的工业化、现代化建设，任重道远，还需要数代人的持续奋斗才能完成。况且，世界在进步，科学无止境，社会无终态。欲把中国建设成科技强国，屹立于世界，必须持续培养造就数代以千万计的优秀科学家和工程师，服膺接力，担当使命，开拓创新，更立新功。

中国工程院决定组织出版《中国工程院院士传记丛书》，以记录他们对祖国和社会的丰功伟绩，传承他们治学为人的高尚品德、开拓创新的科学精神。他们是科技战线的功臣、民族振兴的脊梁。我们相信，这套传记的出版，能为史书增添新章，成为史乘中宝贵的科学财富，俾后人传承前贤筚路蓝缕的创业勇气、魄力和为国家、人民舍身奋斗的奉献精神。这就是中国前进的路。

宋健

# 那座院落，那位老人

（代前言）

时光倒回到5年前，记得那时正是初夏时节，阳光已渐渐失去春日的柔和，使人感受到夏日的明亮和灼热。

大概是在一次关于国防科技发展的会议上，偶然认识了在总装备部编研室工作的俞启宜大姐。如果不是经由别人介绍，我真的无法相信，她竟然曾经为中国两位核武器大家朱光亚和钱绍钧当过助手。

与钱学森齐名的朱光亚自不必说，另一位不太为人所知的钱绍钧同样经历不凡，曾经担任过我国核试验基地的司令员。能够给这两位大家做助手，可以见出俞启宜在核技术领域自是有不凡的造诣。

也许是相互间比较投缘，她跟我讲起她们家族与我国核科技事业发展的特殊渊源，尤其是她的叔叔俞大光在中国工程物理研究院直接从事核武器的研制工作，为我国“两弹一星”事业做出了不可磨灭的重要贡献。

在谈到她的叔叔俞大光时，她说，刚巧2011年是老先生的九十华诞，他所在的中国工程物理研究院的领导打算给他出版一本纪念文集，其中作为一项非常重要的内容，是想要找合适的人选来为老先生写一部生平传记。她征求我的意见，是否愿意接手这项工作。

从20世纪90年代初大学毕业进入国防科技战线工作，算起来已经有近20个年头。期间，接触和采访报道过无数优秀的科技工作者，尤其是对于那些曾经为“两弹一星”事业做出积极贡献的先辈们，更是从内心里深怀着一份敬仰之情。

我自然是没有理由拒绝领受这样一份任务的，于是，就非常痛快地答应了下来。这原本也是我关注和报道的领域，能够有机会为这些老科学家们树碑立传，应该说也是我的荣幸。事情也就从那时算是初步定了下来，由我来采写完成俞先生的这份传记。

就这样，我开始走进了位于北太平庄的花园路6号，走近俞大光先生。在那座普通却又极不寻常的院落，在俞先生的讲述中，一次又一次地感受到当年的那段历史，触碰到历史的脉搏，激起内心无限的感慨和兴叹。

对于每一个曾经参与或是熟悉中国核武器发展历史的中国人来说，都不会对“花园路6号”感到陌生，相反，这个普通的院落在他们的内心里具有着圣地一般的地位。60多年前，中国的核武器事业就是从这里开始起步的。

在偌大的北京城里，这是一座再普通不过的院落，就像千百个单位圈起的院落一样。然而，她的不同寻常之处，却在于当年曾经汇聚了中国最顶尖的科技人才全力攻克原子弹技术。他们当中有朱光亚、邓稼先、于敏、俞大光等一个个令人耳熟能详的名字。

进入由武警战士把守的大门，院落右侧的一小片绿地里，安放着一代大家邓稼先的铜像，铜像的底座上刻写着这位为中国的“两弹一星”事业做出突出贡献的科学家的简介。每次走过这座铜像，我都在想，这位英年早逝的科学家应该是把他的魂灵留在这座院落里。

尽管已经年近九旬高龄，俞大光先生每周仍然坚持用一天时间坐班车到这里的办公室来上班，成为了这个院子里最年长的坐办公室办公的人。除了完成组织上交派的工作之外，每周到这里来上班，我想对于俞老还有的精神抚慰，也许就是能够在这个院落里见到邓稼先的铜像，与过去的那段岁月、那些故人在记忆中的交会。

由于工作繁忙的原因，只能抽时间去俞老的办公室采访他。在那间陈设简单、朴素的办公室里，通过俞老的讲述，我逐渐了解到他所走过的近一个世纪的人生历程，对他严谨做事、低调做人的行为风范有了切身的体会和感受。

从花繁叶茂的初夏，断断续续地延续到秋末冬初，在半年多的时间里，我一次又一次地踏进这个院落。门口传达室负责登记的那位温和的中年女士，逐渐熟悉并记住了我的面孔，每次过去登记时，就知道我是又要去见俞院士的。

如果不是给俞院士作传，我即便多次从这里走过，也不可能会关注并留意到这座不起眼的院落。尽管，对于中国国防科技事业的发展历程和“两弹一星”的历史较常人有更多的了解，可是，毕竟那是一段存在于我经验之外的历史。

如今，随着一次又一次地踏进这座院落，走近这位老人，我仿佛亲手触摸到那段历史，眼前真切地浮现出这段过往的岁月，还有如俞老一样的那些优秀的科技工作者，他们献出了自己的青春岁月，贡献出全部的聪明才智，一切都是为了国家和民族的强盛。

花园路6号院以及如俞大光等一大批科技英才的名字，如今已经成为中国“两弹一星”史册中不可磨灭的历史印迹。走进这座院落，走近这些老人，让我们去追寻当年那段风云激荡的历史往事，让我们从历史中汲取丰厚的精神营养。

**作者　田兆运**

**2014年9月**

# 目 录

# 第一章

# 千年古都
# 百年望族

提起历史文化名城绍兴，最先使人联想起的大约是花雕酒、茴香豆、咸亨酒店等与吃喝相关的地方风味特产，然而，与丰富的物产相比，更加令人印象深刻的，却是这里曾经涌现出的一个个在中华文明史上地位卓著的名士。越王勾践、书圣王羲之、大诗人陆游、鉴湖女侠秋瑾、一代文豪鲁迅……这一个又一个响亮的名字，无不在证明着这是一块地灵人杰的热土。俞大光所在的俞氏家族，就曾是这块土地上一个家业繁盛的名门望族。

# 名士之乡

东海之滨，名城绍兴。这里曾是俞大光的先辈们世代繁衍生息的家乡故土。

已有2500多年历史的这座人文古都，尽管远不如与她相邻的杭州和上海繁华，然而，在中华文明的史册上，这座城市却以其所贡献出的一个又一个杰出人物而奠定了其不容忽视的历史地位。

春秋时期，於越民族以今绍兴一带为中心建立越国，秦称会稽郡，晋称会稽国，隋改称吴州，后又改称越州，南宋时改为绍兴府，“绍兴”之名沿用至今。

绍兴以其历史悠久、人文景观丰富、风光秀丽、物产丰富、风土人情、名人辈出而著称于世，自古素称“文物之邦、鱼米之乡”。正是由于有着厚重的历史文化积淀，绍兴顺利地入围了首批中国历史文化名城。而这座充满着文化风情的著名水乡、桥乡、酒乡、书法之乡，还赢得了联合国人居奖城市的褒奖。

吴侬软语、小桥流水，为这座江南城市带来别样的人文风貌。绍兴有大小河流1900千米，桥梁4000余座，其桥的数量是威尼斯的5.5倍，平均每1000平方米就有6.3座桥。

除了丰富的历史文化遗存，这里还有秀美的风光景色：东湖洞桥相映，水碧于天；五泄溪泉飞成瀑，五折方下；柯岩石景，鬼斧神工；兰亭以王羲之的《兰亭集序》而被称为书法胜地；沈园则因陆游、唐琬的爱情悲剧使后来者嗟叹不已。此外还有唐代纤道，南宋六陵，明清石拱桥以及与此相关联的绍兴风土人情，以乌篷船、乌毡帽、梅干菜为代表，在数千年的历史演变中，积淀了丰富的文化内涵并呈现独特的地方风采，令人仰慕神往。

也许正是因为有了那位忍辱负重、自强不息的先王作榜样，在他的身后，又涌现出无数个如他一般身怀壮志的历史名人，用各自开创的不凡业绩，为中华民族史册增添了一笔又一笔光辉篇章。

漫步在依然保留着历史风韵的古城，其处处可见的名人故居数量之多可谓全国同等城市所罕见。书圣王羲之故宅、蔡元培故居、周恩来祖居、鲁迅故里、秋瑾故居……在每一座古老院落的背后，都曾留下过一个又一个中华民族历史上伟大人物的成长足迹。

这些故居和院落，就像中华文明史上一座又一座无声的丰碑，向世人展现出那些先贤们为中华文明所做出的突出贡献。如今，来自世界各地的游人每天络绎不绝前来参观，通过他们将中华文明的辉煌历史向世界各地传播。

绍兴人有理由为从这片土地上走出来的一位位先贤名士感到自豪：从中华文明史先祖大禹到春秋时期的越王勾践，从书圣王羲之

中国现代著名作家鲁迅故里门前游人如织

到大诗人陆游，他们宛如华夏历史星空中一颗颗闪耀的明星绽放出灿烂的光辉。

从晚清以来，在中华民族处于生死存亡的关键时刻，一个小小的绍兴涌现出了一大批历史文化名人：秋瑾、鲁迅、蔡元培、周恩来、马寅初等，这一个个令人耳熟能详的名字，都是从绍兴这片土地上成长起来的。在新中国的两院院士中，绍兴籍的多达60余位，在全国所有地级城市中，绍兴所拥有的院士数量名列前三甲。

正是因为这个原因，这座历史文化古城被誉为“没有围墙的博物馆”、群星璀璨的“名士之乡”。一代伟人毛泽东称绍兴为“鉴湖越台名士乡”（《七绝二首·纪念鲁迅八十寿辰》）。

俞大光先辈俞氏家族，就是一个名士辈出的宗族。

## 家族显赫

出绍兴城，北上十余千米，就来到了斗门古镇。

走出城市的喧嚣，穿越相邻不远的袍江经济开发区的热闹与繁忙，进入这座散发着历史气息的古镇时，让人不由自主地感到浮躁的心灵慢慢地安静下来。

黑色的屋瓦，青灰的墙壁，狭窄的街巷，破旧的小桥，还有已经不再清澈的河水，这一切在让人感受到古镇远离现代文明的宁静的同时，也看到了她因缺乏相应建设而显出的陈旧与破败。

然而，对于在这里生活的人们来说，这依然是他们世代栖居的家园。街巷里有头戴毡帽的老人骑着三轮车缓缓而过，街旁门店里的手艺人在日光的照耀中专注地忙着做手工艺品，幼小的孩子们在狭窄的街巷里追逐打闹。

房子虽然破旧，但是，世代生活在这里的人们依然在延续着先辈们的文化和血脉。与房屋外墙上涂写着不同时代的标语口号相比，斑驳的青石板路，小河上一座座历史悠久的桥梁，以及河两岸人家晾晒的鱼干和鸭子，无言地向人们述说着这里宁静而悠远的文明。

从斗门镇宝积禅寺俯瞰斗门古镇全貌

整座古镇背依山岗，面临杭州湾。一条小河自镇街当中穿过。在镇子的东头，分别源自绍兴的小舜江、上虞的曹娥江和诸暨的浦阳江三江之水在此交汇入海，明代这里曾建有三江闸，历经百年沧桑变迁，杭州湾海岸线渐次前移。生活在海湾边的斗门子民，很早就远渡重洋，四处漂泊，形成了一种外向型的敢为天下先的气质。

俞大光的先祖就生活在这里。

对于出生于东北，成长于湖南，此后又分别在四川、武汉、哈尔滨、北京等地生活的俞大光来说，这里一直是一个陌生的地方。

直到2000年末，俞大光在度过了近80个人生春秋之后，才有机会第一次踏上先祖生活过的这片土地，走近并了解俞氏家族的历史。

在这里，他见到了一位又一位与他有着共同先祖的俞氏后人。更加让他感到不虚此行的是，他在这里第一次见到了宝贵的《俞氏宗谱》。

2000年底，年近八旬的俞大光首次回到斗门镇在老街留影

这份宗谱洋洋四大本，大字线装，其后半部才是“清光绪戊戌年（1898年）重修本”。宗谱内还夹有一份“根据清光绪戊戌年重修本整理的俞氏宗谱”，是仅7页的小16开纸的打印文本，未署年代，估计为近年所作。

通过仍然生活在这里的俞氏家族后人的转述，透过那些发黄的俞氏家谱的册页，穿越百年时空，俞大光了解到了这个家族曾有的辉煌。

据俞氏家谱记载，斗门始祖为俞德昭，字玉山。他在明朝永乐癸卯年，即1423年考中举人，首迁斗门。宗谱中有“玉山俞先生徙居斗门传”一文，其中说明了俞氏宗族在斗门是聚居在“山阴斗门之汇头”。

俞家大约在清朝中后期成为斗门的名门富绅，有“三代翰林”之称。按家谱“元善世昌，文明大启，声振家邦”排序，从“世”“昌”辈即有多人外出做官，家眷随迁，逐渐移居湖南、广东和南京、北京、天津、辽东等地。

等到“文”“明”字辈，家族更为兴旺，其中尤以俞文葆、俞明震、俞明颐一支最为显赫。俞文葆在湖南为官时，与湖南巡抚陈宝箴结为亲家，其女俞明诗嫁给陈宝箴之子陈三立，此人号散原，是当时诗坛泰斗。以后，陈三立的女儿陈新午又嫁给了俞文葆的嫡孙俞大维。俞文葆家族还与湖南世家、清末明臣曾国藩家三代联姻。俞明颐娶了曾国藩的嫡孙女曾广珊，而俞明颐的二女儿俞大絪又嫁给了曾国华的曾孙曾昭抡。

俞大光的祖父俞文瀚在同辈中排行十二、父亲俞明涣在同辈中排行十四。他们这一支在家族中属家道中落者。

在明字辈中排行老大的俞明震，字恪士，清末翰林。他曾随台湾巡抚唐景松到台湾任职，期间适逢中日甲午战争，他在基隆受伤，为记述此事还专门写了一本名为《台湾八日记》的书。战事结束返回大陆后，清廷出于他有作战经验的考虑，派他去日本考察军事教育，归国后任南京水师学堂总办。

在明字辈中排行老三的俞明颐也随其兄前往日本考察，回国后任湖南陆军小学堂（原武备学堂）总办，并成为维新运动热心人士。民国时湖南军政界的唐生智、程潜等要人都是俞明颐的门生。

正是由于有上述背景，俞家可以说是近代中国最早接受西方文化熏陶的家族之一。俞明震的儿子俞大纯是清末与蔡元培、周树人兄弟等一起东渡日本留学的绍兴子弟，后来，大纯又去德国留学，归国后任铁道部技正、陇海铁路局副局长。他的子女中，也多在欧美留学，只有“三少爷”启威在青岛大学读书时就参加了中国共产党，投身于革命斗争中。

俞明颐的后辈中更是才俊辈出。两个女儿大絪、大綵留学英国，成为英国语言文学教授。儿子大维、大绂、大纲等均去美国、德国留学，相继成为在各自领域里知名的专家。

俞大维曾被人称为“中国最有希望的读书种子”，可见其智商之高。在留学美国期间，他就已成为国际知名的弹道专家。但在归国后，他转而从政从军，从负责采购兵器到领导兵工署、任国民党政府的交通部长再到去台后任“国防部长”，成为蒋介石领导的国民党政府的要员。1946 年，他曾作为南京政府代表参加了“军调三人小组”，小组的另外两名成员是美国的马歇尔和中共的周恩来。

对于既非国民党党员又非黄埔系的俞大维来说，之所以受到蒋介石的重用，其内里的原因还在于他出身世家，是蒋敬仰的曾文正公嫡外曾孙，是受到美国赏识的弹道专家，此外，大维的表兄妹曾宝荪、曾约农则是蒋夫人的座上常客。

在俞大维任“国防部长”期间，蒋经国担任他的副手。1960 年 5 月，蒋经国的女儿蒋孝章和俞大维的长子俞启德在美国华府结婚。第二年，俞祖声出生。他既是俞大维的长孙，也是蒋经国的长外孙。

## 英 才 辈 出

有着近 600 年历史的俞氏家族，以诗书传家，是典型的书香门第，从其先祖俞德昭中举，其家学源远流长，涌现出一代又一代英才俊杰。清末民国以来，世家子弟，家境优裕者，如大纯、大维、大绂、启德等纷纷出洋留学，学有所成。家境跌落者，如大猷、大光、启歧等也以优秀学绩毕业于国内名牌大学。

俞氏家族的“大”字辈涌现出了最多也是最有影响的一批杰出人才，他们把俞氏家族的辉煌带向了顶峰：

俞大绂，毕业于美国衣阿华大学研究生院，获博士学位，归国后任北京农业大学校长、中央研究院院士，新中国成立后任中国科学院（简称中科院）生物学部委员、政协常委。

俞大絪，毕业于英国诺丁汉大学，获博士学位，任北京大学教授，全国政协委员。

俞大猷，俞大光的兄长，才华横溢，以优异成绩毕业于湖南大学土木建筑系，新中国成立后在机械工业部所属单位任总工程师等职，长期奋战在国防科技第一线，做出了不凡的成绩。他与俞大光手足情深，患难与共。

如果说“大”字辈把俞氏家族的辉煌带向了顶峰的话，那么，这个有着数百年历史的古老家族，依然在以层出不穷的一代又一代杰出人才，继续着它新的辉煌。

在俞氏家族的“启”字辈中，启孝、启信、启忠曾在美国、德国留学，新中国成立后任清华大学等校教授。启仁、启宜、启义、启定、启平、启威等均为国内名牌大学毕业，有的获博士学位，有的是高级工程师、教授、博导。

“声”字辈中，则有俞敏声、俞正声等，因学有所成，而成为各自领域的专家、学者。

追溯俞氏家族的发展历史，曾有人指出，绍兴斗门俞氏和曾国藩家族、陈宝箴家族和蒋介石家族联姻。在跨越三个世纪后，这个家族依然巍然不倒。“四代部长，两朝皇亲”，跨越海峡两岸，分别效忠国共两大阵营，谨慎而不显赫，踏实而不张扬，建树巨大而不跋扈，整个家族星光灿烂，近代史上的俞氏名人，十有六七出自其门。

同样是这位人士感叹道，中国近代历史上不缺名门，比如像广东的梁启超家族，无锡的钱氏家族等，然而，像俞家那样延续时间之长，人物关系之复杂，涌现人才之多，涉及领域之广（包括政治、军事、文学、科技等各方面人才），中国近代史上可谓绝无仅有。

## 重修家谱

年近80岁时的此次斗门之行，激发起俞大光整理和重修家族宗谱的热情。他在研读、整理和对照“清光绪戊戌年（1898年）重修本”后认为：整理本基本上只是按照先伯祖俞文葆（37世）的直系先辈从第一世庄（以成）开始依次排名，做了些排行、享年、葬地、妻室和任职说明，其中很多内容并不齐全，最后附上了文葆公的子孙后代列表。

俞家在斗门的历史约有600年。根据宗谱记载，汇头俞的俞氏家族支分为老大房和老二房，老大房派下又分大房、里九、外九、十八、十九共五房；老二房派下又分出振房。现如今只有里九房居住的“同兴里头”基本维持原状。

由于宗谱的重修本距今已有百余年，家族人氏不少已多代徙居在外，如北京、天津、湖北、湖南等地，无法查清全部在世者与宗谱上所记载人氏之间的关系。

在斗门之行中，俞大光曾去过汇头俞，访问到时年86岁的俞光镐老人，他只能说出自己已故的父亲和叔父的名字，而这些名字在宗谱上都无法查找到。除了这位老人，俞大光还见到了一位保存着俞氏宗谱原本的俞祖根，当时也已69岁。他回忆出了自己曾祖父、祖父和父亲的名字，但也未能在宗谱上查到。

俞大光的侄子俞启义早在1994年曾去过斗门，蒙俞润樑先生接待并介绍了他的家庭情况，也未能得悉他们与宗谱上的联系。

在宗谱中，俞大光发现他的曾祖俞昌会公谱中有名，但其祖父俞文瀚公之名却告缺。经分析后认为应是谱中代号“五六”或“五八”二者之一。就常理来说，这也不足为怪，因为俞大光从曾祖辈起就离开了绍兴老家，而当时交通不便且信息难传，宗谱的编者难以一一查清，长期未进行重修或增补，因此断线乃是必然。

经过认真的核对整理，俞大光最终将宗谱清光绪重修本之后与其关系相近的百余年的家族传承历史以结构表的形式清晰地呈现出来。

这份凝聚着俞大光心血的结构表共由三个部分组成。第一部分是35世世琦公以下到39世为止的后代体系表；第二部分为世琦公从39世到43世的后代体系表；第三部分为另支37世文英公以下到41世为止的后代体系表。其中第三部分的两支均属里九房派，而且只要上推至31世就能在原宗谱本上找到共同的祖先，即31世的宗敏公。

在这份结构表中，包括了以上两支家族中的所有俞姓者（无论男女），并注明性别、字号、排行、出入继、生卒年号、配偶姓名、生育子女姓名、主要简历（较高级的学位、学衔、军衔、职位等）。

俞大光曾在完成这份结构表后于2004年报给了斗门镇政府和绍兴市档案馆，并陆续发给一些较熟悉的本家和对俞家较熟悉的亲友，期望能获得更多有用的资料，不断加以完善。

在历经了人生的80多个春秋后，俞大光由衷地希望能有更多俞氏后人关心族谱的接续整理工作，使俞氏家族的历史传承能够清晰完整地记录下来，永不断线。

# 第二章

# 出生东北 幼逢战乱

如果不是由于时局的动荡，也许俞家会一直生活在湖南长沙，依靠市郊那块由祖辈购置的田产过平静而殷实的生活。然而，身处急剧动荡的时代，父亲为了维持全家的生活而远赴东北，自此，使俞大光与东北结下不解之缘。在那里，他基本上度过了相对平静的孩提时光。那也是全家人共同生活在一起的难得经历，这种平静随着日本侵略者的到来而被打破，为了躲避战乱，全家人被迫南下，回到祖辈生活过的长沙，依靠田地维持生活。

# 结缘辽宁

在我国渤海东北的辽东半岛上，从沈阳通往大连的铁路是近代中国较早建起的铁道线。这条曾被称作南满铁路的线路，深深打上了旧中国遭受外侮的印痕。自沈阳向南，铁路先后经过了海城、盖平、复县、金州等地，而这四个地方一方面由于物产富饶，另一方面则受益于交通的便利，因此成为南满铁路上较为出名的好地方。俞大光的出生地就在盖平。

俞氏家族的祖居在江南绍兴，那么，为什么俞大光会出生在辽宁的盖平呢？

根据俞大猷留下的年谱记载，俞大光的祖父俞文瀚出生于1845年，卒于俞大光出生前6年的1915年。俞文瀚有两个儿子，大儿子俞明晋没有留下子嗣，且早年亡故；小儿子俞明涣育有俞大猷和俞大光两个儿子。为了给俞明晋延续香火，俞大光的哥哥俞大猷出生后便过继给伯父做儿子。

对于祖父，俞大光没有留下任何印象。这位在世上生活了70年的老人，身后留给俞家的最大一笔财富，是湖南长沙西乡小龚家湾那片面积达12担的田产。（据说一担的面积是指一担谷种撒播的面积。经换算一担土地大约折合6亩3分的面积，其总面积约有70多亩[①]。）如今这里归属望城县管辖。这份地产是俞大光的堂伯俞明震和俞明颐为让老人安度晚年而赠予他养老用的。俞文瀚辞世之后，因俞明晋早逝且无后人，田产自然归于俞大光父亲的名下。

① 1亩≈666.67平方米。

就俞文瀚的终身行止来说，其生活的范围基本限于三湘大地，谈不上与东北有什么牵连。俞家与东北的结缘，是因为俞大光的父亲俞明涣为生计故而远赴东北工作的原因。

虽然无法与同辈俞明震等人的家庭条件相比，但出生于1883年的俞明涣自幼仍然接受了相对良好的文化教育，熟读古书诗文，行文作赋有一定的水平，这也成为他长大后在社会上赖以谋生的手段。他的青少年时代在湖南长沙度过，成年后与章锦娟结为夫妻。章锦娟有一位名叫章衡卿的堂兄，社会活动能力较强，俞明涣与他非常投缘，凡事都愿意向他请教。

俞大光的大舅和章八舅

关于章衡卿，此人尽管没有什么重要功绩能够载入历史，但他对于俞明涣的一生命运来说，却是一个发挥了重要作用的关键人物。正是在他的引荐和帮助下，俞明涣告别长沙，前往东北辽宁，相继在东丰县和盖平县县府担任科长。后来又被调到宽甸县、复县县府任科长。1927年到柳河县小金川矿务局当职员，第二年离开政府机关转到北宁铁路局当文书股长。

俞明涣与章锦娟于1913年在辽宁西丰县正式举行了婚礼。1915年3月，长子俞大猷出生。此后，他们还生育过第二个儿子，但是，由于种种原因，这个孩子不幸早夭，没有能够活下来。1921年1月22日，即农历庚申年的腊月十四，在即将迎来中国旧历新年的喜庆日子里，这个家庭的第三个男孩俞大光顺利降生。

## 盖县童年

俞大光出生时，俞家在盖平县（今为盖州市）的县城居住。当时，他的父亲正在县府担任科长职务。在县城一个大院子里，他们一家和章衡卿全家、章的内弟胡芷如一家以及章的堂妹章品珍一家共同住在一起。因为都是亲戚，又是湖南人，生活习惯等方面都相同，四家人聚集在一处生活，彼此间互相照应，关系相处得十分融洽。

根据史书记载，盖县境内，汉时设平郭县。金、元、明代设盖州。“盖平”之名，是取“盖州”、“平郭”两个历史地名的首字而得。盖州市古称辰州，早在2000多年前的汉代就是商贾云集的辽东重镇。清代中叶，成为东北的“财货通衢”，“名闻八闽，声达三江”。

自俞大光的祖父去世之后，他的奶奶王氏就一直跟着他们生活在一起。俞大光出生时，这位出生于1843年的老奶奶已经快要80岁了。由于年事已高，加上患病等方面的原因，她的头脑时而清醒，时而糊涂。清醒时话很多，也很慈祥，对待孩子非常疼爱，但在糊涂时，就很少说话。

从呱呱坠地到呀呀学语，再到蹒跚学步，俞大光在盖平县城那个四家合租的大院子里，度过了人生头四年的时光。尽管由于年纪幼小的原因，这段岁月没有在他的脑海里留下任何记忆，但是，对于俞家来说，那无疑是一段相对平静安宁的生活历程。

每天，他的父亲到县府衙门里去做事，母亲在家照看孩子、料理家务，老奶奶则坐在院落里安静地晒着太阳……上世纪 20 年代的中国大地，正处在军阀割据、相互混战的动乱年代，然而，在辽东半岛的盖平县城里，俞家过了一段难得的安宁日子。

孩提时代的俞大光

# 迁居沈阳

这段相对平静的日子的改变是由于章衡卿的工作发生变化而引起的。1925 年，他在沈阳找到了一份新工作，决定举家搬往沈阳。在沈阳站稳脚跟后，没过多久，在他的帮助和带领下，其他三家也先后搬到沈阳。在沈阳，他们四家人仍然租住在一个地方。

沈阳是闻名遐迩的历史文化名城。因地处古沈水（今浑河）之北而得名。沈阳地区孕育了辽河流域的早期文化，是中华民族的发祥地之一。早在 7200 多年前的新石器时代就有人类在此繁衍生息。从公元前 300 年左右设立侯城起，沈阳的建城史已有 2300 余年。

沈阳素有“一朝发祥地，两代帝王都”之称。1625 年，清太祖努尔哈赤建立的后金迁都于此，更名盛京。1636 年，皇太极在此改国号为“清”，建立清朝。1644 年，清军入关定都北京后，以盛京为陪都。清初皇宫所在地——沈阳故宫，是中国现今仅存最完整的两座皇宫建筑群之一。

俞家搬进沈阳那年，俞大光还是个年龄只有 4 岁的娃娃。因为这段时间他的父亲仍在外面工作，母亲又更多地把精力放在料理家务事上，父母几乎没有可能在他的教育上花费心思，因此，比他年长 6 岁的哥哥，在某种意义上成为了他幼年里成长的老师和榜样。

转眼间，俞大光到了上学读书的年龄，哥哥俞大猷这时已经读完小学的课业，升入中学读书。那时东北的中小学是把春季开学作为新学年的开始，1927 年的农历春节刚过，迎着东北凛冽的寒风，踩着路上还没有打扫干净的鞭炮碎屑，刚过完 6 岁生日不久的俞大光走出家门，走进学校，成为了奉天①省立第三小学一名一年级的小学生。翌年秋天，因举家迁居，他转入奉天省立第五小学继续读书。

尽管处在一个军阀混战的动荡年代，所幸的是学校教学秩序仍然在正常运转。好学上进的俞大光从一年级读到五年级，一天天从学校老师那里汲取着知识的营养。哥哥俞大猷天资聪慧，学习成绩一直非常优秀，在家里他自觉地承担起辅导老师的角色，教俞大光学古文，监督他练毛笔字，学书法。

## 避乱南迁

在沈阳上小学的几年里，俞大光的父亲工作上有过一些变动，但是，整个家庭基本上要靠他一个人挣钱维持。俞大光的母亲是一名普通的家庭妇女，没有工作，平时就在家里忙于各种家务。在此期间，这个家庭发生的一次较大的变故是一直跟家人生活在一起的俞大光的奶奶于 1930 年去世，这位老人在世上活了 87 岁。作为老人唯一的依靠，俞大光的父亲亲自护送老人的灵柩南下湖南，将她与俞大光的祖父合冢安葬在长沙西乡小龚家湾那块田地上。

借助这次护送老人灵柩回长沙的机会，俞大光的父亲把老家地产管理的一些事情也顺便处理了一下。他把管理田产负责收租的任务交给了姻弟胡芷如的九弟胡翼如和章衡卿的八弟章智泉（章八舅）。后来，胡翼如曾担任长沙一所名为私立复初中学的

① 辽宁的旧称。

校长，在俞大光被私立明德中学退学就读中学的事情上提供了直接的帮助。

胡芷如的九弟胡翼如

俞大光回忆说，当时的地主家庭一般都有祠堂，并取有堂名。外观上是个庄院，其中有住宅和祭神祭祖的神龛。俞家只是个没落地主家庭，没有建祠堂，仅在地产里盖了三间平房作为宿舍供短时住宿用；但是，也取了个堂名，叫作“俞绮石堂”。

俞明涣返回沈阳不久，俞大光大舅的继子、表哥章安涛来到沈阳并与大家住在一起。他与俞大光阴历同年但要大几个月，他的到来让俞大光多了一个伙伴。他们兄弟俩与章安涛接触后关系都很好，还留下了一张宝贵的合影照片。

俞大光（左）、俞大猷（中）兄弟和章安涛1930年在沈阳的合影

春去秋来，花开花落。每天沉浸在知识的海洋中不断成长的俞大光尽管还不懂得那些在动荡的时局中打打杀杀的军阀混战的事情，然而，从街上行人匆忙的脚步和谨言慎行的小心中，他多多少少也能感受到一些生活的不安定。

内部的纷争与激斗，只会让积贫积弱的旧中国更加衰弱，而这必然会使一直觊觎中国领土的日本军国主义分子野心日益膨胀。1931年秋天，俞大光刚刚开始小学五年级下半学期的功课，震惊中外的“九一八”事变爆发，猝然来临的侵略彻底打破了寻常百姓想要过安宁日子的梦想，和平成为了一种无法实现的奢望。

面对日本占领者，俞家面临着两种选择：一是留在沈阳，成为日本侵略者统治下的顺民；二是前往湖南长沙，那里有祖上留下的田产，基本能够维持生计。经过再三权衡，俞大光的父亲决定，不再在东北做亡国奴，家人全部迁回长沙，而他则在天津的北宁铁路局找到一份工作，在送家属回长沙安居后独自旅居天津，按月将薪俸的一部分寄往长沙养家糊口。



1931年11月，冒着初冬的严寒，俞大光全家人告别在一起住了多年的邻居，收拾好行囊，踏上了南下返乡之路。当时，每天都有大批逃难的人群从城市流向各地。对于已年满 10 岁的俞大光来说，虽然还没有完全明白人情事理，然而，那种国家破败，遭人欺凌的屈辱感却在他幼小的心灵里打下了深深的印记。

# 第三章

# 回归长沙 发奋求学

如果说俞大光与先祖们生活过的绍兴错失机缘是一种遗憾的话，那么，他终于没有再让这种遗憾发生在长沙。这座同样在中华文明的历史文化版图中具有重要地位的城市，在青少年时期求学成长的俞大光的生命历程中留下了极其深刻的印迹。有了个人的好学向上，再加上勤勉而又多才多艺的兄长的督导和周围同龄人上进努力的氛围的激励，这一切使得俞大光在求学的道路上始终保持着积极进取的心态，为他未来人生的辉煌奠定了坚实的基础。

# 故乡本土

从沦陷日寇的东北，回到湘江之畔的长沙，俞大光与母亲和哥哥一起回到了祖辈生活过的地方，重新过上了安定平静的生活。

对于自幼生长在东北的俞大光来说，这还是一座陌生的城市。

长沙，大约从7000年前开始形成村落，约2400年前的春秋战国时期楚国在此建城，之后城址一直未变，2000多年前的道路甚至与今天所在位置的街巷依然重合，故此，长沙成为中国历史上最长时间在同一地址建城的城市之一。在不同的历史时期，长沙曾有过“善化”“临湘”“潭州”等名称。唐宋和明清时期的长沙，其经济和文化为其历史上最为繁荣的时期。

长沙又称“楚汉名城”，马王堆汉墓和走马楼简牍等重要文物的出土反映其深厚的楚文化以及湖湘文化底蕴，位于岳麓山下的岳麓书院已成为湖南文化教育的象征。在中国近现代史上，长沙教育、科技、经济、文化格外星光耀眼。政治家、军事家、教育家、文化名人叠代辈出，涌现出曾国藩、左宗棠、陈宝箴、谭嗣同、黄兴、蔡锷、毛泽东、蔡和森等风云人物，三湘大地孕育出众多英雄豪杰，文人志士，这也同时给长沙留下丰富的史学内涵。数不胜数的历史文化名人，在长沙留下了众多的历史文化遗迹。

俞氏家族在长沙因与晚清政坛几位重臣的特殊姻亲关系，而使整个家族的政治地位达到空前隆盛的地步，同时，也相继涌现出几位颇具影响的杰出人才。从某种意义上说，长沙可谓是俞氏家族的福地。

俞大光的祖父正是得益于家族的繁盛，才拥有了那块田产。而在当年的乱世之中，也就愈发显现出这块田产的重要价值。位于长沙市湘江之西西乡小龚家湾的这块田地的面积共有12担。

长沙市当时的城区主要分布在湘江以东，从俞大光家租住的地方去一次小龚家湾来回要过两次江，路途大概有14华里[①]。搬回长沙后，他们偶尔到那里去一次。俞大光至今还留有的印象就是往返所乘坐的交通工具是雇用当地老百姓抬的滑竿。

迁居到长沙后，俞家在市区北门孙家桥租到住房。俞大光的父亲将家庭生活安置妥当后，就启程赴天津北宁铁路局供职，职位是经他原来的上司周达夫介绍的。在长沙，俞大光与母亲、哥哥以及一位保姆共4个人生活在一处租来的房子里。他的父亲只是在逢年过节时才偶尔回家一趟。

平时，家里每月能够收到父亲寄来的60元法币，其中有14元用于房租，余下的则用来保证几口人的吃穿用项。如果一切正常，这笔费用基本上可以维持全家人的日常生活，但是，一旦碰到一些意外情况，就必须要依靠田产的地租收入。

回到长沙后的俞大光兄弟两个都面临转学问题。由于已停学两月，而且长沙市的学校都是从秋季算是新学年开始，与沈阳市的学校从春季开始不同，为此兄弟俩只能延误半年。

1932年2月，他们两人分别通过插班考试入学。俞大猷插入到私立明德中学高中第四班读二年级二期；俞大光则插入市立第十一小学读五年级二期。虽然已经在沈阳上完了五年级上半学年的功课，进入十一小学后他不得不重复学习在沈阳学过的部分功课。这两所学校离住处孙家桥都很近，步行10分钟就能到达。



① 1华里=0.5千米。

位于岳麓山脚下的岳麓书院在国内外具有很高的知名度

还有一点不同的是，俞大光在沈阳是从五年级开始学习英语，经过一个学期的学习，已经基本掌握了26个英文字母。而长沙则是从初中才开始学习英语，在这方面，他无疑要显出一定的优势来。

## 退学之痛

俞大光的哥哥俞大猷在沈阳时就读的是辽宁省立第一高中，成绩一直非常出色。为什么到长沙后却要插班到一所私立中学呢？原来这所明德中学成立于1903年，是闻名全市甚至全省的好学校，校长胡元倓倡导“磨血育人”的办学理念，以天下兴亡为己任，敢为人先，培育出了大批栋梁之材，学校也拥有众多的优秀教师和齐全的教学设备。

作为湖南的一所著名学府，明德中学至今已经走过了100多年的风雨历程。解放后曾改为长沙市第三中学，从男校改为男女合校；但1983年又改回原名明德中学，只是仍属省管而已。这所中学在它上百年的发展史上，先后培养出了艾国祥、丁夏畦、肖纪美、刘经南等多位两院院士。

1933年6月，俞大猷在明德中学毕业后，曾拟去北平投考名牌大学，但不幸因病中途折返，只得改考省内学府湖南大学并被录取。9月入校，校长为胡庶华，他读土木工程系。他在明德中学一年半的求学历史，已给学校留下了记录：在该校百年校庆时出版的校友录里，已载入了他的姓名和所在的班级和毕业年代。

俞大光受哥哥的影响，小学毕业时也报考了明德中学，并顺利地被这所学校录取。然而，令人倍感遗憾的是，由于一些偶然因素的影响，他与这所学校的缘分却只维持了一年。

聪敏好学的哥哥无疑成了俞大光最好的榜样和老师。事实上，他也一直在家里担当着老师的角色在督促着俞大光认真学习。也许是某种天意，俞大光在个人偏好上，更加喜欢数学，尤其对做数学习题兴趣浓厚，相反，对古文方面的知识却不太感兴趣。

这种偏好其实也正是俞大光逻辑思维能力较强的优秀才智的表现，并没有影响到他其他功课的学习。根据俞大光的回忆和当年的学习成绩，可以知道他在明德中学的总体学习成绩是基本合乎学校要求的，并不是说学不会或是表现不好。但是，由于意外等原因，在学校严格的规定面前，他却只能另选别的学校。

事情的具体情况是这样的：一年级期末考试时，因为平时对古文不太感兴趣，没有好好下功夫，他的国文课考试成绩没有及格。

当时长沙的初中有一门课叫童子军，在小小的年岁就开始接受军事教育。这门课不仅有笔试，还有操练方面的考试内容。平素身体单薄的俞大光，对这门课因缺乏兴趣而没有给予足够的重视，考试同样没有及格。

如果说上述两门课不及格还可以理解的话，那么数学课考试成绩不合格就实在有些冤枉了。在他最拿手的数学课考试时，考试的具体时间没有变，但日期却提前了，学校在布告栏贴出了通告，可是，俞大光却没有注意到。最终，他因错过了考试时间而被按缺考处理。

俞大光的父亲俞明涣1932年时拍摄的照片

根据明德中学当年的校规，一个学生如果有三门功课不及格，其中只有一门主科不及格时，可以给一次补考机会，但如果有两门主科不及格，就失去了补考的资格，只能按退学处理。

就这样，在明德中学上了一年后，俞大光因为有三门功课不及格而无法继续在这所学校读书。此时，已经考入湖南大学土木工程系的俞大猷住宿在学校里，只是在周日才回家。俞大光被明德中学退学处理在当年这个家庭无疑是一件大事。

哥哥和母亲的批评自然在所难免，而最重要的是，这件事在俞大光幼小的心灵里引发了强烈的震动。如果说在此之前他还因为年幼而缺乏自制力，会因为玩耍而耽误学习的话，那么，在经过这次事件之后，他开始明白了发奋图强的道理，对自己的要求严格起来，全身心投入到了学习之中。

在一个人漫长的一生中，不可能总是一帆风顺，必然会遇到种种磨难。从某种意义上来说，这种磨难出现在青少年时期未必就是坏事，相反，它更容易激发出一个人拼搏向上的志向。因为考试成绩不合格而被明德中学退学的人生遭遇，成为了推动俞大光积极上进的一个重要的人生契机。

## 转 读 复 初

从明德中学出来后，到哪里上学成为俞大光面临的一大难题。

在这个重要关口，被俞大光叫作九舅的胡翼如帮了大忙。他过去曾有一段时间帮俞家管理田产收租事宜，这时已成为长沙一所私立中学的校长，学校的名字叫长沙私立复初中学。相对来说，虽然学校名气远没有明德中学大，但学校的各项设施和师资力量都还过得去，运转也比较正常。

在当时的社会环境下，像俞大光这种被明德中学退学处理的学生，如果要继续上学，接收的学校都会要求他从一年级重新读。俞大光的母亲并不想让孩子重读，认为这样做既浪费时间，又浪费钱财。俞大光自己也不愿意。有了胡九舅的帮助，这个问题就迎刃而解，俞大光顺利进入复初中学插班跟着二年级的同学一起学习。

复初中学规模不大，但学校分为相距不远的两处地方，分别称作本校和分校。俞大光先在分校上了半年，以后则在本校度过。这所学校与明德中学的校址离俞大光家都很近，步行不超过10分钟的路程，上下学非常方便。

说到转学带来的变化，唯一让俞大光感到不太适应的是在明德中学读书时中午可以在学校食堂吃上一顿热乎的饭菜，而复初中学没有这个条件，他中午只能回家解决午饭的问题。可是，一方面家里开饭的时间晚，另一方面学校中午休息的时间又短，俞大光往往只能回家吃些面点凑合一下。

复初中学的各项基础设施基本完备，与硬件设施相比，更值得称道的是软件，那就是学校有一批极具责任心的教师，这一点给俞大光留下了深刻的印象。

在复初中学的读书生活中，数学老师易文林和理化老师赵东樵给俞大光留下了最深的印象。易文林老师性格直爽，俞大光刚转学到复初中学时，易老师正因病休假，但一回到学校就给学生补课，课讲得非常好，对学生责任心极强。俞大光对数学的浓厚兴趣与易文林老师的引导有直接关系。理化老师赵东樵对学生也非常有责任心，他还专门编了《理化问题详解》，教给学生解题方法，这个题解对学生升学考试帮助很大。两位老师喜欢与学生打交道，凡是有问题问到，他们是有问必答，不厌其烦。

除了良师，还有益友。在复初中学读书时，同班同学胡孔燊一直是俞大光学习的榜样。胡孔燊非常喜欢看课外书，尤其偏好数学几何。胡孔燊对几何的痴迷程度和对难题求解的乐趣也激发起俞大光的兴趣。俞大光跟随这个比他大几岁的同学钻图书馆，暗地里比谁做的难题多。老师课堂上没讲过的内容，他俩也主动找来做，解决一道难题就像是攻克一个碉堡。

作为在复初中学读书生活的见证，俞大光至今还保存着当年书法极其工整的几何习题本。上面打满了老师批改的红勾，这份作业成为了他当年在明德受挫后转到新的学校奋发上进的有力证明。

尽管当时时局比较乱，但是，当年对中小学生的教育管理还是比较严格的。初中会考是由湖南省统一组织，不合格的会被刷掉，学生要想毕业，必须会考及格，不及格就不发毕业证。俞大光在初中毕业会考中取得了甲等成绩。

从明德到复初中学的这段转学经历，使俞大光明白了不少人生道理。他说，一个人的学习能力与自己的自觉性有直接关系，他本人因为受到明德中学退学的打击，常常记在心里。知耻近乎勇，他自己想要学到本事，想学得好一些，也相信自己有这个能力。

在两所学校的硬件设施比较上来说，复初中学比明德中学条件差不少，但俞大光自己比在明德中学学习时努力多了，所以初中毕业不仅及格，而且是甲等。

在这所学校的学习过程中，俞大光依然对理工类科目表现出浓厚的兴趣，尤其是通过大量做练习题打下了坚实的数学知识基础，这成为他以后无论是从事高等教育还是核武器研制事业的宝贵财富。

作为俞大光的兄长和老师，俞大猷在弟弟的学习上下了很大的功夫。他曾经教俞大光读古书、练书法，讲解过四书中的《孟子》和《论语》，还讲解过《东莱博议》中的一些文章，要求弟弟理解后读诵。书法方面则从临帖到独立书写，包括小楷和大楷，写好后他都给予评阅。在他的严格要求下，俞大光逐步养成了良好的学习习惯：除节日外，平时在家一般要安排两小时用于学习，在完成学校布置的家庭作业之外，主要就是读古书和练书法，有时也写些记事短文或书信。

从明德中学被退学，到进入复初中学读书，正值花样年华从稚气少年向青年成长的俞大光没有被人生中的挫折和意外所吓阻。在经受了退学的打击和家人的批评后，他迅速调整好自己的状态，全身心地投入到学习之中，并立志要通过学习和掌握知识来报效国家，成就一番宏伟的事业。

## 花 样 年 华

从沈阳回到长沙后，俞大光与母亲、哥哥共同生活在一起。祖父辈均在长沙生活的俞家的亲朋故旧也基本生活在这里，随着时间的推移，他们逐步结识了一些亲戚，这其中往来最密切的是俞大光的远房姨表亲姓韩的一家人。

俞大光的远房姨母名叫章冠秋，排行老三，比俞大光母亲要小两岁。俞大光称她三姨，是一位家庭妇女，不过，她粗通文墨，能读信函书报。她比丈夫韩次谦小 12 岁，是填房，韩前妻无后。

这位三姨一生共生育了 11 个子女。按长幼排名为奉仪（女，后改名淑仪）、承权（聋哑）、承楣、玛丽（女，后改名蔓力）、承荣、熙慧（女）、承梁（后改名枫）、颖娟（女）、承樾；另有二人夭折。俞大光这位三姨已故的大姐有一个名叫劳永寿的女儿也常到她家。

俞家租住的房子离韩家很近。俞大光兄弟俩因为与韩家子女们年龄相近，彼此间又很合得来，经常在一起玩耍，两家的关系因而更加亲近。有一次，俞大光的母亲回常德娘家探亲，一走就是三个月，索性让他们兄弟二人寄住在韩家。

图中左起：俞大光、俞大猷、三姨、韩玛丽、劳永寿、韩颖娟

在他们这批年轻人中，俞大光的哥哥属于年龄较长者。当时，他已经考入了湖南大学的土木工程系。尽管他学的是工科，但是，天资聪慧的他在文学、艺术等多个领域多有涉猎，知识面非常宽广。加上他为人谦和，热心助人，大家都非常喜欢和他交往，慢慢地，他就成了这批年轻人团结的核心。

为了更好地激发这个家庭中年轻人的学习积极性，俞大猷灵机一动，想出了一个好主意，提倡成立一个家庭性质的活动社团。这个想法立即得到这批年轻人的响应。经过大家的充分讨论，后来这个活动社团定名为“寒假读书会”，春季开学后又改名为“励学会”，意在鼓励大家努力学习。

“励学会”以两家住宅为活动地点，以砥励学行为根本宗旨，吸收自愿参加的两家青少年和经常来往的青少年作为基本成员。虽然这是一个松散组织，但也要写自愿申请书参加，并且还像模像样地选举成立了干事会。俞大猷顺理成章地被选为干事会主席，组织领导全会活动。

在长沙读书时俞大光一家三口的合影

俞大光也是“励学会”的成员。他满腔热情地响应和支持哥哥的每一项动议，全身心地投入期间，力争把交给自己的任务完成好。在俞大猷的带领下，这个有十多位成员组成的小小的家庭社团相继开展了一些丰富多彩的活动。

在当时那个年代，对于经济上相对都不是很宽裕的俞韩两家来说，书籍可以说还是稀缺物品。为了最大限度地开发利用图书资源，他们通过收集并登记会员们手里可供流通的书籍，进行分类编号，指定专人分工管理，在制定好借阅规则后，创办起“励学会”的小型图书馆。大家通过这种方式，自行解决了图书短缺问题。

作为一个家庭社团，原本可以不必考虑刊物出版问题。但是，俞大猷认为，这是一个难得的提高大家动手能力的锻炼机会，于是，决定编辑一份名为《励学》的半月刊。刊物由会员供稿，可以是专门撰写的稿件，也可以是学校作业的文章，誊写清楚后编排装订成册就算出刊，不印刷，仅供成员借阅。

既然命名为“励学会”，组织各种比赛，想方设法促进大家学业的进步与提高自然是题中应有之意。由此，他们根据会员在校年级的不同进行分组，分别组织国文、数学与书法等各种考试和比赛。命题、阅卷与评分全由俞大猷一人包揽，结果公开，不设奖罚，但是却起到了极为有效的督促与激励作用。

除了开展上述几项活动，“励学会”还举办过一次自编自导自演的讽刺独幕话剧。剧本讲述的是一个文学家、一个化学家和一个商人相互认识并会合在一起所发生的故事。然而，对于当年几乎还没有什么社会知识的这些孩子们来说，因为互不理解，相互间没有共同语言，在表演时出现了冷场的尴尬局面。这些当年发生在他们身上的故事，在俞大光的脑海里留下了非常深刻的记忆。

青年时代是每个人一生中最具活力和朝气的时期，充满着对人生未来的种种美好憧憬和向往。在“励学会”中的这些人生经历，不仅使他学到了新知识，不断地充实和提高了自己，也使他在与同伴的相处中，学到了别人身上的优点和长处，获得了与人相处的经验，收获了珍贵的友情，成为他青春少年时期的宝贵财富。

俞韩两家之间的非同寻常的亲近关系以及“励学会”的存在，使俞家两兄弟与韩家的十多个孩子间保持了长久的密切往来，建立起纯洁美好的友情。在后来的人生历程中，俞家两兄弟与韩家两姐妹逐渐产生了爱情，确立起恋人关系，最终走到了一起，成为了亲朋好友间争相传颂的一段佳话。

除了学习，对于像俞大光他们这些大都还只有十多岁的孩子们来说，游戏玩耍自然是不可或缺的内容。在他们这群人中年龄最长的是俞大猷，大家白天虽然都各自上学，但寒暑假和节假日常常相聚，非节假日的晚间有时也在一起。在家教中他担任着老师的角色，但在文体活动中，他则担任队长，并别出心裁地引入了许多新的游戏项目。

棋牌类游戏是活动项目品种最多的。在棋类项目中，有围棋、象棋、军棋、动物棋、五子棋等；牌类则有扑克牌、骨牌、长沙纸牌等，每种项目又有多种不同的玩法。对于当时都还在学校读书的俞大光他们来说，不可能全部拿钱去购买这些游艺玩具，这样却反而激发出他们的创造力，决心自己动手来制造。

即便是在过去了70多年之后，俞大光依然清楚地记得当年自己动手制作玩具的往事。他回忆说，制造象棋相对简便，剪块马粪纸用红蓝墨水写上字就可以了。制作军棋稍为难一些，但是，这也并不能难住他们，反而给他们提供了无限的想象空间。经过努力，他们想出了用绘图纸剪成长矩形再对中折叠、然后在一面写字的办法。

青少年时期是一个人生命中最富创造力的生命阶段，可以说处处闪现着创造的活力。在棋类项目的游戏中，有时他们不满足于已有的玩法，便标新立异创建出新项目。俞大猷利用自己掌握的军事常识，曾经设计出一种大明军棋，对弈双方共有海陆空400个棋子，远远超出市面上出售的海陆空战棋双方共70子的数目。他设计好后，让大伙来制作，并教大家玩法。

牌类游戏，在当时的长沙有不同的品种，许多被用于赌博。骨牌用于赌博时被称为牌九，是当时最常见的牌类游戏。俞大光他们也经常玩，传统玩法是比牌的大小，他们将之称为“一翻两瞪眼”，觉得实在是有些太简单，就玩如接龙、天九、搬家、抢开等更加复杂一些的玩法。扑克的玩法种类更多，他们曾将4人玩的500分游戏拓展并改革成为5人找朋友的新玩法，因为新奇而受到大家的喜爱。后来，俞大光喜欢上了打桥牌，逐渐上路后成为终身不变的爱好。

为了强身健体，俞大光和大家在一起玩耍时，也想方设法地开展一些体育活动。虽然家庭小范围里开展会有难度，但是，在这些充满活力的青少年眼里，任何困难都没有什么克服不了的。他们将方桌拼到一起，自己缝制好球网，做成了简易的乒乓球台；用圆形钱币和鸡毛再加上废旧布条做成了毽子；此外，最简单的活动是比赛跳远和跳高。通过这些活动，使大家的身体得到了锻炼。

对于当时正在上中学的俞大光来说，要想到市区的名胜古迹去游览并不是随意就能实现的愿望。他在沈阳读小学期间，根本没有机会出去参观游览，沈阳的故宫就从未涉足过。但是，对于已经读了大学的哥哥来说，这就不再是不可企及的梦想。在他的带领下，俞大光才有了外出游览参观的机会。

这种外出游览参观往往四五个人相伴而行，由于家庭经济状况并不宽裕，这种机会不是太多，地域也仅限于市区和近郊。“为了训练我的作文写作能力，哥哥要求我在每次出去游览参观后，写上一篇游记文章。”俞大光回忆说，“正是由于这个原因，每次出去时，我身上常会带着小笔记本，把自己所见所闻或是有所感触的想法随时记录下来。这个习惯后来给我带来不少的好处。”

位于长沙市区的岳麓山成为了他们出去游玩的目的地，在游览完了岳麓书院，到达半山腰的爱晚亭休息时，俞大光在小本子上记下了亭柱上那副充满才情的对联：“山径晚红舒五百夭桃新种得；峡云深翠滴一双驯鹤待笼来。”这些外出游览活动，在他的脑海中留下了极其深刻的印象。

正是因为有了上述丰富多彩的文体娱乐活动，使俞大光感到自己的青少年时光是那么的美好，成为一生中最为珍贵的生命记忆。无论在任何时候回忆起那段时光，他仿佛总是能够看到自己当年与哥哥、与同伴们一起玩耍时那张充满着幸福的笑脸。

青少年时期那些丰富多彩的文体活动，不只是让俞大光感受到生命的幸福与美好，同时，也给了他更多的人生感悟。

在回忆起这段人生岁月时，他深有感触。他认为，一个人出生后在初期的成长中，看到五彩缤纷的世界上那各种各样的现象，总是希望去理解它，由此而产生强烈的好奇心和求知欲。有了求知欲就会提出疑问，去亲身实践体验；看到一些有趣的玩法也总想参与一试。在这种情况下，寓教于乐就是对此因势利导，使青少年走上正路，树立一些牢固的认知和改造世界的观念。当青少年成长并树立了自己的理想后，这些观念就会成为实现理想的重要基础。

## 求 学 高 工

在复初中学，俞大光顺利地度过两年的学习时光。这两年里，他在哥哥的督促下，努力在学习上下功夫，各方面取得了长足的进步。1936 年，在长沙市的初中毕业会考中，他取得甲等成绩。当他把成绩书拿回家里时，全家人都为他感到高兴。

结束了三年的初中学习生活，俞大光遇到了人生中的又一次选择难题：究竟该选择哪所学校？对于这个问题，他已有的人生经验无疑是难以找到答案的。这个时候，他只能依靠母亲和哥哥来定夺，给出最终的答案。

在当年那个时代，俞大光的母亲最大的愿望就是希望儿子能够通过读书学习，掌握一定的生活技能，找到一份安定的工作。本着这种朴素的愿望，她倾向于俞大光选择上技工类学校，这样就能够尽早参加工作，挣来工资，改善家里的经济条件。

哥哥俞大猷这时已经在湖南大学读到了三年级，他天赋甚高，主攻建筑，理化天文多有猎涉，兼有文史、书法、绘画、诗词、镌刻等多种爱好。对于同胞弟弟的人生未来，他寄予了很大的希望，同时，他也发现了弟弟在理工科方面所表现出的不同凡响的才具。

他觉得可以同时报考普通高中和高工职校。

就在这年7月，经过反复比较和选择，俞大光同时报考了长沙私立广益中学高中部和湖南省立高级工业职业学校（简称湖南高工）的电机科。湖南高工是一所中专学历的职业学校，学制为三年。因为是省立学校，很多项目都是公费，可以节省不少学费，当时是大家争相报考的热门学校，竞争非常激烈。

因为考试成绩优异，俞大光被两所学校同时录取。其实，按照俞大光的资质和禀赋，像哥哥那样读完高中再考大学未尝不是一种最佳的选择，但是，这时候俞家的经济状况已经不太宽裕，家里又有着一个大学生，对于放在眼前的这个更加经济节省的读书机会，俞大光的母亲还是认为不容错过。

1936年9月，15岁的俞大光在完成了三年初中学业后，首次步入湖南省立高级工业职业学校的校园，成为了这所学校一年级的新生。按照学校的要求，所有学生要在校内住宿，便于集中管理。对于一直在自己家里住宿的俞大光来说，这是一个与同学接近的机会，内心里充满了新奇感。从进入校园的第一天起，他就盼望着能在这里学到更多的知识，结交更多的朋友。

俞大光报考的是湖南高工的电机科，他所在的班级共有32人。在那个动荡的年代里，每个学生都难保自己的家庭命运不会遭遇大的人生变故，也正是因为这个原因，想要正常坚持完成学业并非一件容易的事。俞大光所在的班级到最后毕业时，只剩下15名同学。

作为一所工科学校，老师对他们提出了非常严格的要求，尤其是对于数学这门基础学科极为重视，要求低年级学生每学期必须做够1100道数学题。这些题目可以由老师指定，也可以由学生自选，但是，自选时不能只选容易的题目。要完成这项任务，学生就必须付出大量的时间，相对应的，教数学的老师也都非常辛苦。

数学分为代数、几何和三角，由不同的老师教授。国文课要求学生要能够写出通俗易懂的文章。英语课相对说来没有什么特殊的要求。这3门主课再加上物理学和电磁学（为拓宽和加深而从物理课分出）就是俞大光进入学校后第一学期要学习的主要科目内容。

虽然在此后不到一年的时间就爆发了“七七事变”，开始全民抗战，但是，当时的国民党统治当局对于学校的管理还是相对正规和严格的。为了加强对学生的教育和管理，国民党政府教育管理部门要求高中学校实施集中军训的措施。这项新规当时主要针对的是普通高中的学生，军训的时间为一个学期。

作为中职类学校的湖南高工，当时并没有被列入强制要求进行军训的学校名单中，对这项新规可执行也可不执行。俞大光本来非常希望能够继续在校园里求知学习。然而，由于学校某些激进派的人士非要表现出对政府政策的积极支持，学校最终还是决定用第二个学期的时间集中学生参加军训。

俞大光和同学们一起被集中到一个较大的训练场，那里建立了一个团部，学生们被按照营、连、排、班的单位编制进行分配。一个连队的学生集中在一起生活，不允许自由离队，完全按照军事化管理，要求极其严格。就在此军训期间，和俞大光关系很好的一个同学因请假外出，归队时遇意外而稍有差池，竟被以违反纪律为名而被开除了学籍，这让他觉得学校的做法太不近人情而感到非常惋惜。

## 家庭变故

1931年的初冬，10岁的俞大光跟随家人由沈阳长途跋涉迁回长沙生活，自此，在他记忆中所留下的生活场景便是每天由母亲带着他们两兄弟和保姆生活在一起，而父亲则完全淡出了他们的生活。一般来说，只是逢年过节的时候，他才偶尔会出现在家人的面前。

俞大光的母亲是旧社会普通的家庭妇女。回到长沙后，因为她身体不是很好，家里雇请了保姆承担家务，照顾一家人的饮食起居。这样一来，她就有了大量空闲的时间。

俞大光 1937 年初在湖南高工参加军训时拍摄

在与亲戚朋友来往相处的过程中，她逐步学会并喜欢上了打牌赌博这种消遣娱乐方式，把大量的时间消耗在打牌上。可是，她的牌技却并没有随着打牌时间的增多相应提高，最终只能是输多赢少，拉下了不小的亏空，家里的经济状况越来越糟。

俞大光的父亲俞明涣在送他们母子三人回到长沙，安顿好他们的生活后，便独自一人北上天津，通过朋友介绍，在北宁铁路局当上了一位科长。为排遣长期与家人分离所形成的孤独感，他在工作之余也经常出入于牌场，并在那里结识了一位比他小 30 多岁又没有什么文化的年轻女子。

尽管在当时的社会环境下，男人纳妾是一种普遍而正常的社会现象，但是，出于基本的道德良知，他开始的时候还能够约束自己没有与那位名叫张海霞的女子有过多的来往。

然而，随着时间的延长，他最终还是走出了关键的一步，大约在 1934 年，俞明涣正式将张海霞纳为小妾，此后不久，张海霞生下了女儿俞大祯。对于这一切，远在长沙的家人全然不知。

两年后，就是在俞大光考上湖南高工那年，俞明涣的工作再次发生变动。给他介绍过工作，同时又是他在天津工作单位上司的周从政转职到河南汝南专员公署，他就追随周前往河南。可是，让他没想到的是，就在这年底发生的“西安事变”改变了他的命运。

由于政治上的变革，导致了周的倒台，作为周的部属，他自然难逃被解职的命运，从此失去了工作。

失业后的俞明涣处于极其困难的境遇之中，一方面是失去了收入来源难以维持生计，另一方面又因为娶妾隐瞒家人而心理上感到内疚，觉得没有脸面返回故乡。

出生于 1883 年的俞明涣这时已经是 50 多岁的老人，在外乡漂泊工作了多年之后，他也想要叶落归根。在这种情况下，也只有长沙那份地产能够成为他养老的依靠。经过反复考虑权衡，他再也顾不上颜面上的难堪，选择了南下。

1937 年初，在事先函告之后，俞明涣带着妾室张海霞和女儿俞大祯回到长沙。张海霞的出现无疑给整个家庭带来了巨大的冲击，而首当其冲受到打击，心理和情感受到创伤也最重的就是俞大光的母亲章锦娟。她很难在短时间内从感情上接受丈夫瞒着自己娶回家里的这个女人。面对这样的打击，原本就身体染有陈疾的她抑郁终日，旧病复发，当年 6 月 12 日在家中病逝。

母亲去世时，俞大光正在军营里接受军训。甫一接到噩耗，他立即就向管理人员请假，要求回家奔丧。按照当时的纪律规定，本来是不会批准他请假的，不过，考虑到情况的特殊性，还是给了他几天假期。

俞大光自幼与母亲生活在一起，虽然母亲无法给他多少文化知识方面的帮助，但是，在情感上她一直是疼爱这个小儿子的，母子间的亲情永远无法割舍。

母亲的去世不惟给俞大光带来了深深的伤痛，也从一定程度上唤醒了俞明涣内心深藏的愧疚感。面对结发妻子的离去，他也开始清醒地认识到自己不告家人在外娶妾的荒唐。在为原配妻子撰写的挽联中，他用文字表达了自己的这种自责之情："千错万错我的错都是一时错可不提了，良缘美缘今生缘愿结再生缘试问如何？"

为了弥补自己的过错，俞明涣决定要不遗余力地操办好结发妻子的后事。他参照当地风俗习惯中的普通人家的最高标准为妻子送行，花费甚巨，不仅用光了家里所有的积蓄，还欠下了大笔的债务。原本就没有了工薪收入，这时又添了小妾张海霞生的儿子俞大恒，再加上由于俞大光的母亲不善操持家务而拉下的亏空，经济上的重负几乎就要将俞明涣压垮。

俞大光母亲的棺木在家停放月余后，由他的父亲和哥哥一起运往西乡小龚家湾安葬。在万般无奈的情况下，俞明涣被迫卖出 5 担田产，以缓解沉重的债务压力，维持全家人的日常用度。

就在俞大光的父亲为妻子操办后事期间，"七七事变"爆发，长达 8 年的中华民族的抗日战争由此打响。战争开始后，由于战场形势对中方不利，不到一年，国内物价暴涨，寻常百姓的生活愈加艰难。这时，长沙城区开始不断遭受敌机空袭，生活在这里的人们的生命财产安全受到了直接的威胁。为了避难，同时也为了节省生活开支，俞明涣决定全家迁往西乡小龚家湾自家原来的平房里。

# 乡野学堂

家庭的意外变故再加上时局的变化，使俞大光的求学生活在经济上面临更大的困难。然而，这也从某种程度上证明了当初读湖南省立高级工业职业学校是一个明智的选择。正是得益于这所学校的公办性质，并且许多方面不用学生花钱，俞大光才能在家里遇到危机时仍然可以坚持下去而不致使学业中断。

从1936年考进湖南高工后的第一天起，俞大光一直在学习上表现得极为勤奋和投入，他深知这一切对他来说是多么来之不易。学校第一个学期还比较正规，第二个学期被用到了军训上，从第三个学期开始，侵华日军的战火就开始烧到了学校所在的长沙，学生们的学习生活因此而受到影响。

每当凄厉的防空警报声骤然响起时，不管是在干什么都要立即停下来，全校的老师和学生蜂拥而出，到防空洞里或去郊外躲避敌机的空袭。那令人恐惧的警报声，还有防空洞里那污浊的空气，都在俞大光脑海里留下了深刻的记忆，他是多么希望当时的中国能够有强大的军队早日打败日本侵略者啊。

为了应对日益混乱的局面，保护师生员工的安全，学校里建起了防空掩体。可是，战争的形势却变得越来越糟糕，随着一个又一个城市被日军攻陷，战场不断向南方推进。

1938年初，传来了日军要攻打武汉的消息，一旦武汉失守，那么日军接下来的攻打目标肯定就是长沙。

越来越紧张的形势，日益频繁的敌机袭扰，使得整个城市人心惶惶。因为要跑空袭警报，学生的教学生活一次次被打乱，几乎难以维持正常的教学秩序。在不得已的情况下，学校领导做出决定，在1938年春迁往长沙西南的湘乡县永丰镇（今归湖南省双峰县管辖）。

颇为巧合的是，俞大光的四姑母俞质兰家就在这个县的蒋市，距离学校选择的永丰镇有25千米的路程。尽管俞大光已经在湖南高工独自住宿有一年多的时间，经受了独立生活的锻炼，但是，这毕竟是他第一次出远门。父亲俞明涣决定亲自护送他前往。他们先到了俞大光的四姑母家，稍事休息后，再雇人挑上行李把俞大光送到了学校。

自幼在城市环境里生活长大的俞大光，这是第一次体验在贫瘠的乡野间求学。从长沙迁到永丰镇的湖南高工把学校安在了镇郊的两个祠堂里，规模大一些的名叫“王朗和堂”，主要用于教学和学生住宿，另一个小一些的名叫“东庆堂”，主要作为老师和员工们生活住宿的地方。

作为一所为躲避战乱而不得不搬迁到乡下的临时性学校，条件的简陋是可以想见的。生活和学习条件的艰苦倒没有让俞大光感到有什么不能忍受的，但让他最感遗憾的是，学校里实习和实验的条件，比起在长沙时差得太多了。

这所工科职校原来在长沙时有大量的教学实验设备，搬迁时限于条件无法全部带走，加上临时校舍面积狭小，只能安置一小部分。再加上永丰镇没有通电，实习实验用电只能依赖学校里一台小功率的柴油发电机提供。教室和自习室在一起共用，夜晚是用煤气灯照明。尽管条件简陋，但基本的教学工作还能正常进行。在几位指导老师的带领下，实验也能安排做上一部分。

俞大光所在的电机科重点要培养的是学生在电工设备的运行和修造方面的动手能力。由于专业面宽，学生们不但要学电机、发电厂、无线电、电报、电话等方面的知识，还要学习电力照明等内容，由于实验设备的局限，越到后来实验越难做，数量也越来越少。

乡间艰苦的生活和简陋的学习条件丝毫没有影响俞大光学习知识的热情，而他当时在学校里最喜欢的事情就是做实验。无线电收音机在那时还是非常稀缺的东西，一般的人家也没有钱添置这样的物件，可以说是标准的奢侈品。

负责无线电实验教学的老师利用搬迁和收集来的一些元器件，组织学生自行组合成 3 ~ 4 人小组，在他的指导下进行设计、加工、装配、调试，成功地做出了无线电广播收音机，可以收听广播节目，这使俞大光感受到了运用自己学到的知识，动手制作电器产品获得成功的喜悦和成就感，心里非常高兴。

因为在实验中的突出表现和对无线电知识的痴迷，俞大光与班上另外几个同学受到了实习老师的宠爱。为了鼓励他们的学习热情，老师尽可能地满足他们的正当要求。于是，早在学习无线电课程之前，俞大光他们从老师那里要到一些材料，按照电铃原理制作出简易的蜂鸣器，用来练习收发电码。

从蜂鸣器到无线电收音机，俞大光又一次利用自己学到的知识成功做出可用机器的特殊经历，不仅锻炼了他的动手能力，更使他认识到学习知识后所呈现出的价值和力量，并且亲身感受到了学习所带来的幸福感和成就感。

虽然随着岁月的流逝，淹没和掩埋了许多往事，然而，即使是到了人生暮年，俞大光仍然清晰地记得他们在乡间祠堂里制作蜂鸣器和收音机时的那份专注与投入，还有成功时的喜悦与欢欣。这段经历，成为他一生中永难忘怀的美好记忆。

在乡下求学的这段时间里，另有一件令俞大光印象深刻的事情，那就是帮助老师抄写教材。湖南高工搬迁到乡下，教材成了大问题，难以买到合适的教材。为了解决这个问题，学校就想了一个办法，当时学校老师中不少是日本等国外留学归来的，学校发动老师们把一些资料翻译成汉语写成讲义，再发动书写好的学生誊写，石印出来发给学生，就当作讲义课本了。

俞大光书写很好，小楷工整，一报名就被挑选上了，一张16开纸双面，写一张学校给一毛钱。俞大光誊写过《电磁学》《直流电机》《交流电机》讲义，当时挣了50多块银元。据俞大光回忆，其实写讲义的过程是一个提前预习的过程，一边写一边可以学习，一本《电磁学》写完了，讲义内容印象就深刻了。写讲义的过程成了知识学习的过程。

北方多年的战乱为相对安定的长沙等南方地区吸引人才创造了条件。在湖南高工这所学校里就有相当一批老师是曾有过海外留学经历的，其中大部分是去日本留学过，有几位教师毕业于日本著名的早稻田大学，具有相当深厚的学术功底。

那时国内还没有相对规范的翻译，俞大光清楚地记得，老师给他们讲专业课时所用的名词大都是从日本借用的，如电阻当时被译为抵抗，同步发电机被译为同期发电机。正是得益于这些老师专业而严格的要求，俞大光打下了扎实的知识根基。

在高工读书期间，有两位老师在俞大光心目中留下了非常深刻的印象。一个是知识面广博的数学老师彭舜根，什么课都能教，高等代数、几何、三角、微积分，讲课思维清楚，对学生热心，俞大光和同学们经常到彭老师家问问题，老师也会不厌其烦地解答疑惑。另外一个老师叫龙郁文，他讲课很有特点，启发式，很多时候都在给学生提问题，引发学生思考。遇到疑难问题他会很有技巧地解答，让人一下子豁然开朗。

纷飞的战火，动荡的时局，在那种乱世之下，想要保全生命已经成为人们最大的人生奢望。这种动荡复杂的社会局面，势必会对教师队伍的稳定产生很大的冲击和影响。随着教师数量的减少，留下来的老师每个人不得不兼任更多的教学任务。

在战争这种大背景下，学生们的命运也同样受到影响。俞大光所在的电机科当年考上的学生共有32人，加上上一年级休学的2

名学生，总共是 34 人，而坚持到最后毕业的只有 15 个学生。造成这种结果的原因主要有三个：一是抗战爆发后，有一部分人不想读书，选择了别的道路，有的参军抗战，有的去了解放区，也有参加工作的；二是家庭在沦陷区，无法继续上学；三是由于个人身体不好。

不管是留下继续读书，还是选择离开，在这段艰难岁月里结下的深厚同学情谊却是牢记在每个同学的心间。在俞大光的协助下，他的同班好友李振在上世纪 80 年代通过不同渠道想方设法与这批同学中的大多数人取得了联系。

因为他们电机科当时的班被称为电九班，他就和李振等一起编写发行了一些有关电九老同学联谊的内部资料：如《电九老年同学录》《电九通讯》和《电九简讯》等，直到毕业 70 周年为止，作为同学间相互传递信息的一个媒介平台。

## 乱世漂萍

就在俞大光在永丰镇的祠堂里安心读书的时候，外面的世界却在发生着巨大的变化。虽然中国军民共同对抗侵华日军，然而，战场形势对于中国人民来说却在不断趋于恶化。随着上海、南京的相继失陷，侵华日军加快了南侵的步伐。

当国民党政府组织的武汉保卫战宣告失败，武汉、广州相继落入侵华日军之手后，万般无奈的国民党政府为阻止日军南下，居然又一次采取了类似炸开黄河花园口大堤阻敌前进的愚蠢举动，在 1938 年 11 月 12 日，纵火焚烧长沙城，以执行焦土阻敌政策。当俞大光在永丰学校课堂上听到老师宣布这一消息时，他随学校从年初搬到这里求学还不满一年的时间。

长沙大火的消息闹得全校师生人心惶惶，正常的教学活动已难以维持。当时一种流行的说法是，日军将会很快攻打下长沙，而一旦长沙陷落，日军接下来肯定会进攻邵阳。而永丰镇一方面是长沙到邵阳的必经之地，另一方面又离公路太近，万一日军攻打邵阳，学校安全没有保证。

为了保障全校师生员工的安全，学校领导想要寻找新的安全些的地方安家。俞大光班里一个叫王铭的学生家在湘乡，他的父亲有些门路，学校想通过他找一个更偏僻更安全的地方。俞大光不知道家里人这时候的情况究竟如何，也没有办法和家人取得联系。在这种时候，他所能够依靠的也只有学校了。

俞大光平时与王铭的关系很要好。因为自己的身体条件不是太好，担心大家一起急速转移时会掉队，他决定和另一同学粟翼宇与王铭一起去探路，寻找学校搬家的地方。他们赶到王铭家后住了一晚，把学校面临的处境和学校领导的想法跟王铭的父亲都讲了，三人准备次日一早就出发为学校探访新校舍完成学校交给的任务。

然而，未等他们出发，形势再次发生了变化。学校发来急电，告知的信息是，日军暂时没有表现出立即南打的态势，学校暂不考虑搬迁。但是，因为之前派他们三人去找新地方的消息已经散布出去，并已宣布学校停课，何时何地复课要另候通知，许多学生又急着想知道家里的消息，就已离开了学校。俞大光赶回学校时，发现同学们已经散去，学是没法再上了。

既不知道家里人的消息，又没有办法继续上学，俞大光唯一的选择只能是回四姑母家。当他走进姑母家的大门时，惊喜地发现父亲和家里人竟都在这里。原来，长沙大火后，为躲避战乱，父亲带着全家人到这里避难来了。这意外的重逢，使一家人百感交集。

同在四姑母家避难的，还有韩家一家人。俞大光的哥哥已于

1937 年从湖南大学毕业，于第二年进入湖南安化县烟溪镇的第 11 兵工厂从事基建工程管理工作。这时，他已与韩家的韩玛丽正式确立了恋爱关系，正在筹备婚事。韩颖娟是玛丽的妹妹，她比俞大光小 7 岁，后来，这两位青梅竹马的年轻人走到了一起。

在蒋市四姑母家，俞大光呆了差不多一个月时间。能够与家人和韩家姐妹在一起，当然是让他非常高兴的事。但是，由于在四姑母家的人太多，住不下，必须要另外找地方。后来，韩家姐妹中一位姐姐的公公在与湘乡相邻的安化县，靠着这层关系，一部分人（包括韩家的人和胡翼如舅舅，俞大光也随同前往）转移到他那里继续避难。

就在这段躲避战乱的时间里，俞大光接到学校的通知，说是学校将于次年 3 月开学。转过年后，俞大光就又回到王朗和堂，上完了最后半年学，于 1939 年 7 月正式从湖南省立高级工业职业学校毕业。

俞大光在湖南高工电九班毕业时全班与老师们的合影

对于在湖南高工的这段求学经历，俞大光一直非常珍惜。虽然由于军训和战乱，他在这三年里大概只有一半左右的时间真正用于学习，但是，在这所学校他不仅打下了扎实的数学根基，锻炼和提高了动手能力，而且，切实体验到了知识在现实生活中发挥出的巨大作用。

战争的来临，打乱了国家的正常生产生活秩序，每个人的生活也因此而受到影响。在当时的情况下，正应了人们常说的一句话，毕业就是失业。俞大光所在班最终毕业的有 15 人，其中有八九个人毕业后报名考进了当时交通部办的一个技术人员训练所，经培训后给安排了工作岗位。有的人通过亲戚或熟人的推荐找了临时工作。

俞大光毕业后正赶上哥哥与韩玛丽要举行婚礼。他先赶到四姑母家与从长沙赶过来的父亲汇合，准备按照计划一同前往安化县烟溪镇的第 11 兵工厂。参加完哥哥的婚礼后，也正好可以让他帮忙给介绍工作。

从湘乡蒋市到安化的烟溪镇地图直线距离并没有多远，但是，由于陆路交通不方便，他们当时选择了去永丰乘长途汽车去邵阳，转坐小木船走水路前往。因为乘坐的是一条小木船，沿途滩多路险，只有非逆风时才能行走，结果，他们整整走了 8 天时间才到。

参加完长子的婚礼，俞明涣赶回长沙。俞大光留在了哥哥俞大猷厂里。关于俞大光求职一事父亲与哥哥商量过好几次，哥哥在厂里人缘关系不错，经过努力，哥哥帮俞大光在第一兵工厂所属动力厂谋得了一个职位，当了动力厂一名助理技术员（名义为“缮写”），主要从事一些工具材料管理工作。

俞大光说，缮写就是刚进厂的学徒待遇最低的职务名称。刚进厂的待遇也分几种情况，一种是不加班每天工作 8 小时，另一种就是稍加一点班的叫一工半，实际一天工作十来个小时。一工半的工资可以增加 50%。湖南高工毕业的俞大光刚刚 18 岁，年轻人多干点也好，反正没多少事。厂里征求俞大光的意见时，他同意干一工半。

动力厂离俞大光哥哥住的地方挺远，走路要 40 多分钟，上下班来回不很方便。坚持了一阵子，俞大光决定中午在厂里吃饭，厂里可以定饭送到办公室，后来又去厂里找了一个住的地方，这样一来，吃住问题就都在厂里解决了。

由于在湖南高工学习期间，一方面学校要求严格，另一方面，俞大光个人学习勤奋，打下了比较坚实的专业知识和基本技能，进厂后开始被分配在电器修理部，感觉跟自己高工学习的东西有些联系，但没有什么具体工作，后来俞大光又被厂里调到了机械修理部。

俞大光对于机械修理只有一点很基础的知识，原来学的东西还是用不上。机械修理部是一个精加工车间，有热加工、锻造等工艺，实际是一个机加工维修车间。一般技术上的事情由专门的技术员周克歧来解决，俞大光在车间只能干些杂活，周技术员叫干什么就干什么。

俞大光干得最多的工作是抄写东西，这个干起来虽然容易，但学非所用，别的又干不了。时间呆得长了，难免感觉无聊，本来他对小说不感兴趣，为了消磨时间还是找点小说来看看。有时候干脆到别的车间看工人生产加工，日子就这样一天天过去了。

对于刚刚 18 岁的俞大光来说，这份没有丝毫创造性的工作很难激发起他的热情。他自己觉得所学的那些知识，在这里也基本无法派上什么用场。工作三个月后，兵工厂接连遭到日军飞机两次轰炸，受到一些破坏，因为担心以后会有更严重的空袭，这家从河南巩县因战事南迁来此的兵工厂不得不考虑再次迁厂事宜。

1940 年初，兵工厂被批准搬迁到重庆远郊的铜罐驿镇，要求采取新址边建厂、原址不停产、分批先后搬迁的办法从速完成。俞大光作为第二批转移的人员、设备于 5 月底抵达目的地，可是，由于厂房未完工，生产设备不配套，一时间无法开工，生产难以恢复，他也只能一天天在空闲中打发时间。

# 第四章

# 后方乐山 大学时光

在抗战的纷飞战火中，为了求学，俞大光报考了搬迁到四川乐山的武汉大学并被录取。极其艰难的学习生活条件，数次遭遇的病患之苦，还有家庭的意外变故，兄长遭受诬陷的牢狱之灾……这一切都没有阻滞俞大光学习的热情。他用坚韧不拔的毅力面对挑战，终于熬过了4年的求学生活。毕业时，面对是选择到待遇更好的工作单位还是留校任教，他经过反复思考后，还是选择了清贫的教书生活，立志用自己所学的知识去培养更多的优秀人才，为国家的富强做贡献。

# 艰难赴学

铜罐驿，这是坐落于重庆沿江上游 40 余千米的一个普通小镇。对俞大光来说，这是他生命历程中难以忘怀的地方，正是从这里开始，他踏上了又一段艰难的求学之旅。

1940 年春，兵工厂为避战火分批迁往铜罐驿。俞大光跟随第二批搬迁队伍，经过辗转旅行，最后抵达目的地时已是 5 月。因为工厂设备无法在短时间内搬迁完成，新厂不具备开工条件，先期到达的人员只能在那里等待，难有实质性的工作去做。

在一天天等待的过程，俞大光萌生了继续学习深造的想法，并决定参加当年的全国高校招生统考。这时，距高考所余时间已不是很多，他再度投入到了紧张的复习备考之中。就考试的内容来说，因为有历史、地理、生物等学科的内容，而这些科目在高工期间并没有学习过，所以，俞大光需要花费一些时间去认真准备。

俞大光的好学上进，也赢得了工厂同事和领导的敬重与支持，他们尽可能地为他创造更好的学习条件。这使俞大光在深受感动的同时，也更加努力地投入到复习准备之中。

高考时间安排在当年的 7 月下旬，俞大光去就近的白沙应考。在考场住处，恰巧遇见了湖南高工机械科的同学敖明松。别后重逢的喜悦过后，两人谈论起填报学校志愿的问题。经过互相交流，武汉大学（简称武大）成为两人都心仪的高等学府。

最终，他们两人都填报了武大工学院作为第一志愿。之所以选择武汉大学，他们当时主要是从以下三个方面考虑：其一是武汉大学当时是比较有名的学校，又有电机系和机械系，学习基础比别校有优势；其二是当时的武汉大学因为战争原因搬迁到了相对偏远的四川乐山，基本能够避开敌机的轰炸，相对安全，同时，又在四川境内，前去上学交通要便利一些；第三则在于武汉大学离湖南老家相对较近，生活习惯各方面差异不是很大。

对于当年的俞大光来说，学习上也许没有太多值得顾虑的，但是，困窘的家庭经济状况却始终是他难以释怀的一块心病，也是报考学校所必须面对的现实。自从参加工作后，虽然有一些收入，可是，一旦进入高校，势必要失去这份工作收入，而家里那边父亲应付日常生活已是举步维艰，况且还欠下不少外债，又哪里能够顾得上他呢。

在准备考试期间，俞大光听说进大学后可以申请政府设立的国家贷金，勉强够维持基本生活，这才使他消除了顾虑，下定决心要准备去争取这次机会。

经过精心准备，俞大光在那年的高考中取得了不错的成绩。被武大录取的喜讯，他是从友人的来信中获知的。得到这一消息后，他难掩内心的激动，欣喜地告知了就近的同事和领导，大家也都为他高兴并支持他升学深造。

自进入湖南高工后遭遇到的种种家庭变故，再加上家境的日益没落，使俞大光过早地体味到了世事的艰难，明白了人生事理。他没有抱怨命运的不公，而是坦然面对生活中的各种磨难，并在这种磨炼中养成了节俭朴素的生活习惯。

俞大光在兵工厂走上工作岗位时，因为职资较低，工资收入比较微薄，然而，就是在这微薄的收入中，他省吃俭用，愣是有了一些积蓄。如今，这笔费用就派上了正经用场，可以作为他前往武汉大学乐山校区的路费和申请到学校贷金之前的生活费用。

让俞大光更为惊喜的是，在他向厂里写了辞呈，说明要辞职去武大读书的事情后，厂方的领导不但没有阻拦，相反，为鼓励他这种积极上进的行为，特意决定给他多发 3 个月的工资。这样一来，他的心里就更踏实了。

由于大学发榜较晚的原因，俞大光直到这年的10月12日才正式启程赶往学校。为节省费用，他选择了路费相对低廉的水路。一路上，新结识的一同前去武大入学报到的人先后有十多个。乘轮船到达宜宾时，因为水浅，轮船无法继续前行。他们不得不在旅馆等了三天，却依然没有确定的消息。

为了避免耽误入学报到，大伙儿经过商量，决定合包一个桨划木船，抢时间夜间启航。水浅滩多的现实，致使在岷江逆流行驶的船工们体力消耗很大，难以连续行驶，不得不走走停停，让船工们恢复体力。小船到乐山时，已经是从宜宾出发的第八天傍晚了。

借着黄昏的余光看乐山城，乐山并不大，城中心已被日本飞机炸成一片瓦砾，原来这里也并不安全。俞大光与同学们抓紧时间翌晨赶到武汉大学报到，鉴于战时学生收到录取通知书很晚，交通也困难，学校也就通融了，俞大光当天报到注了册。

前往乐山报到的这十多天里，大家共同生活在一起，经历了一路上的种种艰辛，俞大光不仅和其中的一部分同学相互熟识，还与一些同学建立起患难之交，成为终身交往的挚友。这批同学中包括有电机系的包克纲、机械系的刘声材、土木系的赵克宽和熊芳藻。

对于临时搬迁到乐山的武汉大学来说，各方面的条件自然无法与在武汉时相比，教学生活都只能因陋就简，勉强维持基本的运转。刚入学的一年级新生不分系，俞大光和前面讲到的几位好友都被分配住在第一宿舍。入学后他没有见到敖明松，后来才听说敖未被武大录取。

刚刚迈入大学校门的喜悦过后，俞大光心里始终放心不下的是能否顺利申请到贷金的顾虑。因为，如果这个问题不解决，他就不仅不能正常完成在武大的学业，而且，还将陷入远在异地他乡走投无路的困境。作为一所国立大学，当时的武大实行的是免收学生的学费和住宿费的政策，可是，维持日常生活的吃饭和购买日用品的花费终究需要学生自己承担。

在申请贷金的问题上，俞大光感到心里最没有底的，是当时他的家乡长沙还不属沦陷区，这对于他申请贷金很不利。不过，事实证明，他的担心是多余的。入学不久，他就被批准获得乙种贷金，足可以应对每月低标准的学生膳食资费了。至此，俞大光才算彻底放下心来，决意要全身心地投入到学习中去。

# 学海苦航

俞大光在乐山求学期间，正是中国人民的抗日战争最为艰苦的一段时期。尽管四川有着“天府之国”的美誉，然而，在长期的战争消耗之后，这里也同国内其他地方一样物资匮乏，民生艰难。相对而言，唯一值得庆幸的是，这里虽也受过敌机的残酷轰炸，但毕竟离前线尚远，较为安定。

有过在湖南高工后两年乡下求学经历的俞大光，对于艰苦的生活已经有了足够的人生经验和准备。他深知能获得进武汉大学求学的机会是怎样的来之不易，因此，在面对艰辛的生活和学习条件时，他能够主动调整好自己的心态，全身心地投入到学习之中。不过，那段艰苦的求学岁月仍是在他的脑海里留下了许多难忘的人生记忆。

俞大光刚进学校时，被安排住宿在位于月洱塘附近的第一宿舍。宿舍里只有双层木床，连一张用于自习的桌子都没有。头脑活络些的同学，想方设法搞到些木板，搭在自己睡的床上用来自习。另有一些家里经济条件稍好些的同学，选择到茶馆里泡杯茶学习。

俞大光在乐山武汉大学学生证上的照片

和他们相比，俞大光既没能找到合适的木板，又没有宽裕的金钱到茶馆里学习，唯一的选择就只能带着书本和文具到处打游击，在教室、礼堂等公共场所寻找勉强可用的座位来学习。

与学习场地的紧缺问题相比，晚自习的灯光照明则是令大家更为感到头疼的大问题。由于市电功率严重不足，以致标称 220 伏的供电电压实际上经常只有 60 伏左右，电灯照明基本成为了一种奢望。在迫不得已的情况下，大家只能买蜡烛照明学习，为了节省还得相互借光共用。不过，青年学生总是充满着无限的想象力和创造力，俞大光清楚地记得，当时大家为了解决电灯照明问题而想出的一招，寻找断丝的灯泡通过小心拍击重新搭好灯丝，这样可以减小电阻来适应低电压发光照明，这曾被大家美其名曰为“妙手回春”；另外，由于市电电压在夜晚波动幅度大，还得在搭灯丝电路中串联可变电阻，这就用玻璃瓶盛适量浓度的盐水并插入电极来实现。

对于在校读书的学生来说，纸张、笔墨和书籍等学习用品是可以说是最基本的学习条件。然而，这些和平时期并不成为问题的问题在战时就全然不是那么回事了。

俞大光至今仍清楚地记得，在当时的乐山，纸张供应相对困难，能用而价格又相对低廉的是当地产的嘉乐纸，纸面既欠平整，色泽又显深黑，只能凑合着用。另有一种很薄的竹纸，色泽较白也不洇湿，缺点在于过薄且透光，有时也被大家选用。

在所有学习文具中，最昂贵的是计算尺和绘图仪器，对当时的大部分学生来说，这些文具很少有人能够买得起。解决的办法只有两个，要么是从家里邮寄过来，要么就只能靠借别人的。俞大光因为没有能力购买，就不得不经常借用包克纲的。

说到学生们学习用的书籍，俞大光同样印象深刻。那时理工科的所有课程都采用国外教材，绝大多数是买龙门联合书局的影印本，但也不能充分供应。许多经济条件差的学生买不起，就只好临时借别人的读或就近互通有无。

此外，还有一个较普遍采用的办法是到临近寒暑假时注意别人贴出的转让旧书的小字报，寻找其中可做自己下学期教材的，再登门走访出让同学商洽购买。当然，自己已读完课程的教材也可如法出让。这样一来，既能解决自己的难题，也能方便别人。只不过这样到学完毕业时，留下的教材也就不多甚至没有，保存下来的只有自己的笔记本和作业了。

那是一个艰苦的年代，是一个物质生活极其匮乏的年代，许许多多的东西因为缺乏，不得不想办法去替代，很多的条件因为达不到标准，也只能因陋就简。然而，就是在这样的条件下，老师在教学上却丝毫没有放松要求，学生在学习上也没有想过要敷衍了事，面对国仇家恨，大家反而萌生出强烈的爱国热忱和学习热情。

俞大光印象最深刻的是，入校后首先要在一年级过英语的读写关。这是因为不但许多教材都是英文版的，课堂教学也常常是汉语夹英语，作业和试题也都要求用英语解答。为了过英语阅读关，通常需要翻着字典艰难地啃读教材个把月的时间才行。

俞大光的英语基础不是很好，经入校甄别测试后被分在 C－2 班上英语课，这种测试是按英语基础的好坏划分为 A、B、C 不同的等级，再分到若干个小班进行教学。在入学后的那段时间里，他刻苦地攻读英语，逐渐能够达到在翻字典不算频次太高的情况下读懂教材，基本可以应付正常的上课和做作业。

武汉大学当时每学期一般安排两次考试，每个同学的考试成绩都会被公布出来。不过，并不公布姓名，而只是公布学号。公布的那些成绩不及格的，会专门以红色分数示警。一贯秉承从严治学传统的武大，对教学要求决不放松。

在当时公布的考试成绩单上，这一点也得到了具体体现，因为经常可以看到有些成绩单上红色一大片。这种现象多发生在概念较多理论稍深的课程上，当然也与老师掌握的严格程度有关。最突出的是由俞忽教授担任的土木系三年级的结构学课程，据说某次公布的考试成绩在全班 30 多人中只有一人及格。

俞大光读的是电机系，到三年级分电力组和电信组时，他选了电力组。在他所学的科目中，《交流电路》这门课难度最大，考试不及格的人数有时会达到半数以上。由于得益于在高工读电机科时打下的扎实基础，再加上对学习机会来之不易体会较深而肯下功夫读书，俞大光在读书期间没有出现过考试过不了关的课程。

1944 年夏季，当俞大光结束 4 年的大学生活时，他获得了 4 年总平均成绩为 83 分的好成绩，这个分数是工学院同年级的最高分。

# 苦中之乐

素有“天府之国”美誉的四川，因其物产丰富，孕育传承下来了独特的巴蜀文化。战时西迁乐山的武汉大学，尽管教学与学习生活严格紧张，但是，学校的师生们却仍然从当地文化中汲取了营养，艰苦而不悲苦，坦然而不戚然，以青年人的蓬勃朝气，展现出无穷的创造力，在黯然的生活底色上涂抹出一道亮色来。

当时的武汉大学校本部设在乐山市区的文庙。给俞大光留下深刻印象的是，在那里总会看到琳琅满目的各种各样的壁报，既有政治性的，也有文艺性、学术性的。

工学院的学生一年级在文庙上课，但制图和画法几何等课程要到高西门外的原三育学校，也就是武大工学院去上课。有一次，俞大光去那里上课后，在三育大门内看到一份名为“力讯”的学术壁报，上面刊登着一篇“用机器求解高次代数方程”的文章。这篇文章引起了他的兴趣和注意，站在壁报前仔细地读完了全文。这时，他看到这份壁报的编者署名为“力讯社”，由此便萌发了参加这个社团的志愿。

进入二年级后，按照个人志愿被分配到电机系不久，俞大光获得了机会正式登记参加。入社后他积极参加社内组织的小型图书馆、抄写广播消息、电码收发练习和装收音机练习等多项活动，由于表现积极，到进入三年级后不久，就在力讯社的年度改选中当选为总务干事，全面负责社内的各项工作。因为是自己志愿选择的工

俞大光（右一）在乐山武汉大学校门前与同学合影



作，所以，俞大光对此花费了相当多的精力和时间而在所不惜，他觉得通过这项工作在组织工作、课外学习以及活动能力等方面获得了不少锻炼。

有青年的地方，就永远不会缺少活力。在当年的武汉大学乐山校区，有着各种各样多姿多彩的学生社团组织。除了力讯社外，俞大光还参加了“中国工程师学会”“中国业余无线电协会”“立达读书社”“珞珈平剧社”和“丛丛剧艺社”等多个社团。

作为这些社团的成员，俞大光当然无法像在力讯社那样花很多时间，但除在中国工程师学会只听过几场报告外，在其他社团也都参加过多次活动。在三年级时，他还曾参加过学校举办的科普展览活动，在电机系老师的指导下承担了部分布设和讲解任务，既巩固了所学知识，也获得了不少经验。



由于缺乏集中的校园设施，学生们住的条件不仅简陋，地点也相当分散。根据学校的规定，读完第一学年的学生，要按学院的划分来调整宿舍。理学院和工学院的男生分配住在离学院较近的第三、第四和第六宿舍，这三个宿舍分别位于观斗山、露济寺和斑竹湾。

在一年级就读时，俞大光住的第一宿舍是像轮船上那样的大统舱寝室，他在入校旅途中结识的那几位关系比较要好的同学虽然没有住在邻近，不过，也常在课余时间邀约到一起散步、找地方自习或者是买些零食解馋，在寝室内的活动很少。

进入二年级以后，由于是自愿组合住在条件稍好的小间寝室，俞大光就和包克纲、赵克宽、翁嗣超等人邀约，住到新盖的、高西门外最边远的第六宿舍。这里共有两栋单层住房，他们住下面一栋最边远的一间，称“第十斋”，内有 8 张双人床分列两边，中间安放两张公用自习桌，仅此而已，但在那时就算是较好的条件了。

在第十斋，俞大光居住了 3 年时间，与同宿舍居住的室友之间结下了终身难忘的宝贵情谊。这些同住的同学里有土木系的赵克宽、冯汉民、彭士彰、赵祚明；机械系的冯维麟、毛东原；电机系的让庆光、杨孝仲、包克纲；矿冶系的徐镇恶、翁嗣超、周菊衡、汪德焕；另外，作为一个特例，中文系的王学周由于兴趣爱好相近的原因也来到第十斋住过一两年时间。

与一年级时的住宿情况相比，第十斋最大的便利是具备了自习的条件，课余时间，俞大光与同学们一样，一般都在寝室自习。因为大伙都较熟，便于在书籍文具方面相互借用，遇到疑难也便于相互切磋。作为紧张学习生活的调剂，大家在一块也有许多娱乐休闲的活动。一是到郊外田野散步，既可以聊天，又能够充分享受清新空气。第二是在室内下棋玩牌，有时还按输分多少“斗份子”，用这些钱买牛肉煨汤喝以改善营养。

与上述两项娱乐活动相比，更加让俞大光感兴趣，也更着迷的是演唱当时称作平剧的京剧活动。当然，这并不是单纯个人喜欢就随便唱上两段的那种，堪称奢侈的是，他们还有拉胡琴伴奏的。这项娱乐活动的爱好者当时有不少人，单是第十斋就有徐镇恶、翁嗣超、赵克宽、冯汉民、彭士彰和俞大光。善于操琴的中文系的王学周就是为此而住到第十斋的。他的到来，无疑对大家的唱奏有很大帮助。为了不影响别人，他们想要唱上几段过过瘾时，往往只能选在节假日和平日晚饭后到晚自习前这段时间。

对京剧的这一爱好，伴随了俞大光一生的时光，在参加工作后，每逢重要节日单位里搞联欢活动时，他总免不了要登台唱上一段或是拉琴伴奏。

## 初执教鞭

4年的大学时光在不知不觉中转瞬即逝。1944年的初夏，随着中国人民的抗日斗争即将迎来最后的胜利，俞大光完成了在乐山武大的求学任务，再次面临毕业分配。

尽管是战争时期，武大依然保持了正常的教学秩序，本科毕业的学生将要获得学士学位。在那个特殊的历史时期，能够坚持学习4年并通过各门功课考试的学生为数并不是太多，对即将获得学位，戴上方帽子，大家都感到荣幸而可贵。

在这个时候，大家共同的心愿是一定要把自己最美好的形象保存下来，经过协商，最终决定要组织拍摄一张毕业合影，而且着装要求一律为藏青色西服、系黑色领带。

俞大光和其中不少人从来没有如此穿着过，当然也没有条件添置这些衣物，更不会系领带。但是，班上一些比较热心的同学张罗着四处托关系找熟人借，借来后又一一帮助大家系好领带，经过一番艰苦努力，终于使愿望变成了现实。

这张记录着青年时代俞大光与大学同学毕业合影的照片，一直被他精心珍藏着。每当看到这张照片，他就会回忆起在乐山度过的那4年难忘的大学时光，回想起那些与他患难与共的同学和老师。那是他青春时代的见证，也是那个年代的经典瞬间。

1944年俞大光（前排右三）在乐山武汉大学毕业时与同学们合影

4年大学生活的结束，同时也就意味着要走出校门，参加工作，走向社会。在学生毕业前，学校里各系的主任就会开始与各方联系，为毕业生寻找工作机会。对于由学校联系获得的一些职位，一般来说，总是优先推荐学习成绩比较好的学生。

俞大光所在的电机系，那年最先获得了资源委员会昆明电工器材厂的两个职位，根据学生的毕业成绩，这两个职位中肯定有一个非他莫属。可是，这件事情还没有定下来，当时担任电机系主任的陈季丹教授专门找他谈话，问他是否愿意留校任教。

面临摆在眼前的两个职位，俞大光陷入到一种选择的困境之中。按照他个人的志向，当然希望能够在实业救国的道路上做出一番不凡的成就，可是，留校既可以向老师们学习更多的知识，又可以继承前辈老师们的衣钵，传承知识，教书育人，这也同样令他心动。

在左右为难，难以决断之时，他把这个问题告诉给身边一些关系要好的同学，想征询一下他们的意见。结果，多数人劝他不要选择留校任教，主要的理由就是因为待遇菲薄。

正是在好友们的反对之中，俞大光越来越多地想起了他身边那些过着艰苦的生活仍不辞离教学岗位，而是兢兢业业、埋头工作的令人敬仰的老师们，比起他们来，年纪尚轻的自己再艰苦几年又算得了什么呢？由此，他坚定了自己的决心，毅然决定留任助教。

1944 年俞大光在乐山武汉大学毕业时身穿学士服

作为一名助教，俞大光最开始担任的工作就是指导学生做实验和批阅学生的习题作业。他先担任直流电机实验和交流电机实验两门课，一学期后又担任交流电机的习题课。当时只有交流电机设有习题课，可能由于难度稍大之故，在考试中就有一些学生不能通过，个别的学生就是补考仍不能通过，只能重修。

从第三个学期开始，俞大光又接手了批阅电工数学习题的任务，这时，他所承担的工作已经不轻了。若是依照惯例，由数学系教授开出的课程，就应当由数学系派助教批阅习题；但当时为电机系讲课的是刘正经教授，曾是俞大光的老师，为了不辜负老师的器重，他就毫不犹豫地接了下来。

在电机系当助教的这段时间，俞大光住的宿舍是在电机楼外的小平房里，原本是可以享受单个人住一间房子的待遇的，但是，因为与已任助教一年的李昇震关系比较好，两人愿意合住在一起。经过协商和争取，最终决定合居两间，一间做卧室，另一间做书房，空间相对宽裕些。

李昇震当时在乐山县立中学兼课，经他介绍，俞大光也去了这所学校兼课。这样一来，虽然负担重了些，但是能够增加些收入以弥补当助教的菲薄待遇。考虑到当时的生活困难，武大校系两级对此也都不加干预。

为了减少来回路程时间，俞大光他们两人在乐山县中设了一个床位，每周轮流在那里住宿和讲课。乐山县中对单身教师也是安排两人一间房子，与他们同住一屋的是武大历史系毕业的同学马健武，新中国成立后他被调去哈尔滨工业大学（简称哈工大）任职，已改名马西林，又和俞大光同事。直到那时俞大光才知道当时他和李都是地下共产党员。

俞大光在乐山县中兼了一学期的课程，之后，由于更换校长的原因，没有再续聘。李昇震辞了武大的助教职位去了秀山，当时没有对俞大光讲明原因，俞也没有再与马健武联系。

事隔不久，与俞大光同年毕业的土木系的同学刘维功主动来约他到离乐山县中不远的私立凌云中学去应聘兼课，说是那里缺教员。俞大光最终在这里获得了一个兼职教员的职位。等正式到那里教课，已是学期开始一个多月以后了。俞大光自备了一套被褥住到该校的教员院。这所学校新办了高中，让俞大光讲授的是高一男女两班的几何课和男初10班的物理课。

在凌云中学，俞大光兼课近三个学期，一直到他1946年7月离开乐山。与他一块在这所学校任教的武大校友还有很多，既有专职，也有兼职。他至今还记得的一些武大校友包括历史系的吴润芝（女）和杜厚寿，外文系的赵云普和章振邦，经济系的丁良诚，数学系的赵良，物理系的黄钺，化学系的何泽人，生物系的熊吉，土木系的刘维功和赵冠华，另外还有刘耀能和关秀等人。

由于单身男教师都住在一起，大家在课余休闲时常相邀打板羽球或外出散步。1945年暑假，俞大光和赵云普、章振邦相邀步行到约40千米外的峨眉山去游览了一星期。由于全程他们全靠徒步行走，这次远足给他留下了很深的印象。

也是在这年暑假，俞大光被武大立达读书社的社友李伯扬和彭泽周邀去五通桥开办补习班一个半月，目的是增加些收入，事情经过虽然平淡，但是，就是在那里得到了日本无条件投降的消息。艰苦抗战长达八年之久，中华民族付出了沉重代价，终于取得了最后胜利，怎能不令人欣喜若狂呢？

## 饱经磨难

俞大光在乐山求学期间，正是中国抗战最为艰苦的一段时期，即使是在他留校任教后，生活依然非常清苦。这种艰苦的生活，导致的最直接的后果就是由于无法获取足够的营养，引起身体抵抗力的下降，使各种各样的疾病乘虚而入，对身体造成损害。

在那些日子里，全校生活普遍清苦，尤其是从沦陷区逃难来的学生更为困难，营养不良的情况极其普遍。在俞大光的记忆里，始终无法忘记的一个细节就是因为从食物中摄取营养严重不足，冬季夜晚睡觉时经常出现一整夜都不能将捂在被子里的脚睡暖的现象。

入学后的第一个冬季，俞大光就发现自己的小腿出现浮肿并且感觉麻木。他非常担心是趴病染身，就急忙去校医室求诊。一位名叫董道蕴的医师经过检查后，诊断是脚气病，需补充维生素，并给他出主意，让他去关帝庙买些糠麸经常吃。

由这位医师的建议，可以看出当年的校医室药物非常紧缺。这位校医所建议的代用品虽说花不了多少钱，但总得花时间煮上一阵子才能进口，而且下咽和消化都很困难。为了治病，这些也只好忍受了，所幸的是效果还不错，经过两三个月的坚持就消肿痊愈了。

如果说俞大光还算是幸运的话，他的同学包克纲就没有这样的运气了。读二年级时，和俞大光关系密切、又是同寝室同班的包克纲忽然咳血，经医生诊断为肺结核。在那个年代，这种病的治疗还没有特效药，属严重慢性传染病。

经过止血治疗后，只能靠加强营养和长期休息，通过不断增强自身抵抗力消灭细菌来治疗。在这种情况下，他不得不休学一年。后来，他复学重读二年级，但数月后不幸旧病复发，再次咳血急救后，只得从此告别大学校园，回家养病。

俞大光在二年级时还算平安，但到 1943 年春季忽然又遭黄疸性肝炎侵扰。同样没有特效药物，校医开泻药硫酸钠给他治疗。他坚强地忍受着进食恶心上吐下泻的痛苦，继续上课而没有休息，一个多月后，症状终于得到缓解，到期终考试前已经痊愈，真算幸运的了。

毕业后在中学兼课时期，俞大光又体验到了疟疾的滋味：刚开始他以为是感冒发烧，很快就好了，也没当回事；但过两天又复发，来得快好得也快，就也没有去医院治疗；直到第三次再次发作，他才警觉到可能是疟疾，经校医确诊后坚持服用奎宁丸彻底治愈。

在乐山那段时期，俞大光不仅自身遭受到疾病的折磨，也亲眼目睹了许多同学受病患之苦，甚或被疾病夺去生命。他一年级时刚结识不久的同学洪喜仁，就因肺病而死在医院里。

根据《武汉大学校史》的相关史料记载，从 1938 年 4 月到 1943 年 8 月的 5 年多时间里，1700 人的学校中相继死亡的学生就有 100 多名。这样严重的灾难，其根源就在于日本帝国主义发动的那场极其残酷的侵略战争。

在俞大光上大学的 4 年时间里，他的亲人们也相继遭受到一些人生磨难：他的哥哥俞大猷遭人报复诬陷蒙冤入狱，而他的父亲则因为要与乡邻划地界争地与人打了一场耗资劳神的官司。

从某种意义上说，哥哥俞大猷在俞大光自幼成长的人生历程中扮演着兄长和父亲的双重角色，对他的成长起到了极其重要的作用。俞大猷天赋甚高，主攻建筑，理化天文多有猎涉，兼有文史、书法、绘画、诗词、篆刻等多项爱好，并具有一定的艺术水平。

然而，他的较高的知识修养和做事认真的工作态度，却使他往往在生活和工作中不为人所容，遭到别人的嫉恨和伤害。在第 11 兵工厂工作期间，他曾与另两位同事一起被厂长以“挪用公款”的罪名强制看管十多天，经人调解后虽被释放，但月余后又被免职。

翌年，经同事帮忙介绍，俞大猷进入位于湖南芷江的空军第九总站当临时工程股股员。他因看不惯同事陈豪在沙湾机场招标时的舞弊行为，就向有关部门秉直揭发，由此，招致了陈的满腔怨恨。

1943 年，陈豪开始对他蓄意进行报复。陈先盗盖了他的私章，伪造向承包商索款两万元的收据，再交由同样对俞大猷心怀仇恨的被取消承包资格的承包商蒋介记向第九总站的上级航空委员会控告。

航空委员会接到举报后，于 1943 年 7 月 16 日将俞大猷扣押，不久，又将他押解到重庆南岸大兴场航空委员会军科看守所审讯。

此案需经审讯并核对索款条笔迹等程序，可是，审讯次数很少而时间却拖得很长，核对笔迹也无结论。



1945 年 12 月，负责此案的何姓法官做出判决，对同案的 3 人均判为“减处有期徒刑 15 年，褫夺公权 10 年”。俞大猷当即提出条据笔迹鉴别问题未有明确结论，案情不清。然而，法官却蛮横地回答说，“判文上未写，就与你无关了”。

针对 3 人的强烈抗议，何仅以“军法不能上诉”为由就草草宣布结案。宣判结束后，俞大猷被押送至土桥四川军人监狱服刑。送监前看守长吴多佩还宣布没收他的国民党证，因为凡是判刑就要开除党籍。

俞大猷的这个国民党党员的身份并不是他自愿申请加入的。那是 1941 年第 11 兵工厂建立国民党特别党部时，要求所有正式职工都必须入党，作为厂里的职工，俞大猷只能选择加入国民党。

对于哥哥的这场牢狱之灾，俞大光已通过家信获知。但是，对于当时刚刚毕业留校任教的一个普通大学教员来说，他也束手无策，只能干着急。与俞大猷一起在看守所被关押过的张少培，出来后在重庆，他们两人在狱中关系很好。张建议俞大光去找当时在国民政府任要职的俞大维，请求他的帮助。

1944 年的农历除夕，俞大光为哥哥的事情专程到重庆去找了俞大维。因为在他上班的时间不敢去，就只好选了这个时间。到了他们家，门卫打电话进去通报，俞大维同意见他。

及至进去见了面，一方面是因为心里有些紧张，另一方面对哥哥的事情又说不太清楚，俞大光显得很是有些忐忑不安。只说哥哥的事情想要请他帮忙。

俞大维并没有表露出对他们兄弟俩的关切，只是打官腔说，军法是很严格的，贪污 500 元钱就要枪毙云云。俞大光在他家住了一晚上，跟他的八弟俞大刚睡在一起，第二天一早就走了。



后来，还是靠张少培帮忙，在正式宣判后，由张的单位向监狱提出申请，要求俞大猷调服劳役，到张所在的单位干活，这是当时的国民党政府实行的一项政策，为的是最大限度地发挥人的才干。申请经过两次波折后，监狱在第三次转呈申报书上批了几句好话，被上级批准同意后，俞大猷才脱离监牢生活，重新获得人身自由。出狱后，他也没有被要求去张所在的药苗种植厂服劳役。

在俞大光在乐山求学和教书的这段日子，俞大光的父亲和张妾住在小龚家湾。由于没有别的收入，只能坐吃地租。在既要养活一家老小，又要偶尔接济俞大光在乐山上大学时的零用钱的情况下，就总觉得收入太少。在此期间，因为土地划界的问题，为争得多一些的土地，他与相邻的一户人间打了场官司，又耗费了不少钱财，经济状况更显拮据。

经过权衡，俞大光的父亲决定修改佃字，将地租从每担田 10 担稻增加到 12 担稻。佃农们不同意，他就以退佃收回田地自耕相要挟。佃农们无奈之下，只能忍痛就范。虽说他暂时达到了增加一些收入的目的，可是，却让与他相处多年的佃农们对他积下了深刻的仇恨。

# 第五章

# 施教珞珈 培育英才

当抗战胜利的喜讯传来，俞大光终于可以随着回迁的武汉大学返回武昌。在珞珈山下，东湖之滨，俞大光度过了一段短暂的安宁生活，组建了新的家庭。为了能够多获得一些收入，使生活状况有所改善，他在教授大学课程的同时，还担任多所中学的兼职老师。面对动荡的时局，他坚持与广大教职员工一起，保护校产，保护家园，在“六一惨案”中，毅然站在学生们一边。无论面对多少困难和挑战，他始终以自己的恩师为榜样，尽自己所能，全身心地投入到教书育人的事业中去，希望能够为国家培养出更多的青年才俊。

# 返还长沙

八年抗战，中国人民付出了数千万人的生命代价，国民经济遭受严重破坏。虽然俞大光没有亲自到战争第一线，可是，从东北到长沙，再到乐山，他的命运的发展却无一不与这场战争紧密相联，受到战争的直接影响。

日本宣布无条件投降的消息传来时，他正在创办一个假期补习班，胜利的喜悦成为那段艰苦生活里难得的美好回忆。这时，很多家在沦陷区的人都在筹谋着要尽快返回老家。俞大光凭直觉也能够意识到，离他回湖南老家的日子不会太远了。

果然，日本投降数月后，就传来消息说武汉大学的原校舍尚未被战争毁坏，但需大力修整方能使用，学校将尽快在条件具备时搬回武汉。学校为此专门成立了复校委员会，曾教授过俞大光多门功课的电机系原主任并担任过学校训导长职务的赵师梅教授为委员之一，被先派回武昌接收校产并参与主持修复工作。

经过半年多的努力，到 1946 年春季学期时，学校决定提前于 6 月中学期结束，着手搬迁武汉的工作。对于像俞大光这样没有复校公务的单身助教，学校发给 400 元法币，作为路费包干，要求 10 月上旬去武昌珞珈山武大旧址报到。

从 6 月到 10 月，中间有整整 4 个月时间的暑假假期。已经告别长沙七八年时间的俞大光决心要回家一趟，从那里再去武汉。在此之前，他已经接到故乡一位乡绅发来的消息，说是他的父亲已经辞世，最好能够回家处理一下家事。家中突然遭此变故，俞大光没有理由不回家去看一看。

然而，当时的交通状况实在让人头疼。自重庆沿江而下的轮船几乎全被军政人员包满，根本难以买到客票。离开乐山前往湖南的路径有两种选择，一是走公路到陇海铁路线上坐火车到郑州，之后再南下；二是乘江轮去重庆后买长途汽车水陆联运票去湖南。两条路径都得绕行，而且，都有穿山越岭的长途汽车路段。

回乡心切的俞大光经过比较权衡，决定选择第二条路径，这样可以少绕些路，能多在湖南呆上一段时间。碰巧的是，土木系的助教王仁权也愿意走这条路，俞大光因常和他在一起就餐和玩桥牌而比较熟悉，便约定结伴同行。

在俞大光的人生历程中，从一地到另一地的漫漫长旅似乎是上苍故意安排的一次又一次对他的磨难和考验。

还在读小学时的那次从沈阳南下长沙逃避战乱的旅行，因为年龄的缘故，无法在他的记忆中留下太清晰的画面。然而，此后，由湖南高工毕业时前往烟溪兵工厂去找哥哥的长旅，到兵工厂搬迁西上重庆铜罐驿，再到由重庆至乐山求学的长旅，无不在他的脑海里留下了难忘的人生记忆。

如今，从乐山远征千里赶回长沙的这段旅程则因其少有的艰苦而令他更加难以忘怀。

当年从重庆到乐山入学报到时，到宜宾后曾被延宕数日，品尝到了不少旅途的艰辛。可是，若要与这次旅行相比，那时所遭受的一些磨难就显得不在话下了。

由于距离更远，所需时间自然也就更长。从乐山出发到最后回到长沙，前后用了半个月的时间。旅途中最艰苦的是从重庆到常德那段距离，需要坐八天的长途篷车。

这是当时仅有的一种用于跑长途的车辆，类似于现在的货运卡车，除了前面的驾驶室有些遮挡，后面的车厢只有顶篷和厢板，再没有其他可以遮蔽的，也没有座位，旅客只好坐在自己的行李上。这种车是以木炭为燃料，经常抛锚，常要旅客们下来推车来启动。

从某种意义上说，旅行条件的艰苦还不是最主要的。由重庆到常德这段路途许多是山路，路况条件又差，车辆行驶在坑坑洼洼的山路上颠震十分严重，在一些危险路段，看到两边的悬崖峭壁和万丈深渊，不由人不提心吊胆，精神上高度紧张。

在这段路途上，因为路不好走，全车人的安危都寄托在了司机一个人身上。大家尽量照顾司机每天要睡好、休息好，保持良好的精力，在开车时控制好车速，务必要开慢些，确保行车的安全。这一路上的艰难行程，使俞大光深切体会到了李白写下的那句千古名句“蜀道难，难于上青天”的真实含义，备尝长途旅行的艰辛。

一路东行，抵达常德后，旅客被转换到大木船上，走水路过洞庭湖前往长沙。木船前面有动力很小的轮船拖行，速度非常慢，经过 4 天时间的缓慢行进，直到 7 月下旬，最终平安到达长沙时，他才总算放松了一路上紧绷的神经。

## 处 理 家 事

从乐山回长沙的路上，途经重庆时，俞大光专门去监狱探望了被关押在那里的哥哥。自从随工厂搬迁重庆之后，兄弟俩就再没有机会见面，六七年的时间匆匆过去，而今相见，居然是在这样的劫难之下，彼此心中都感到分外伤感。临告别时，俞大光将一个不便于随身携带的行李箱寄放在了哥哥那里。

当年告别家人，随工厂迁往四川时，俞大光绝没有想到与家人一别竟是那么多年难以相见。而更让他无法料想的是，哥哥竟会是他见到的第一个，也是最后一个最亲的亲人了。

西乡小龚家湾。在那片熟悉的田地里，在那几间祖上留下的旧屋前，俞大光不由得回想起在长沙城里母亲带他和哥哥一起生活时的那些时光，回想起母亲去世时，在灵前祭奠和父亲与哥哥到这里安葬母亲的场景。而如今，父亲竟然也已驾鹤西去，永远地安睡在这片土地上了。

强忍着失去亲人的悲痛，俞大光打起精神，开始处理父亲留下的家里的各种事务。这时，俞大猷仍关在狱中，俞大光不得不以俞家主事人的身份出面解决家里的所有问题。

俞明涣 1944 年 10 月去世时，因为正值战乱，交通不便，信息无法及时送达，俞大光兄弟两人都不知晓。最后，是由村里的一位乡绅出面主持给俞明涣办理的后事。俞大光获知父亲去世的消息，也是这位乡绅写信告知他的。回乡之后，俞大光首先登门拜访了这位乡绅，了解了父亲去世的前后经过，向他表示了诚挚的谢意。

当时，摆在俞大光面前的首要问题是如何解决好父亲娶的妾室张海霞的去与留。张海霞在俞明涣在世时，还能够恪守妇道，但在俞明涣去世后不久，她就和当地一位工匠有了暧昧的关系。俞大光了解到这些情况后，决计要张海霞表明是愿意跟随那名工匠离开俞家；还是愿意断绝与那名工匠来往而留在俞家。

张海霞与俞大光的父亲俞明涣共同生育了 4 个子女，最大的孩子俞大祯出生于 1935 年，当时只有 10 多岁，下面还有一个男孩叫大恒，最小的一个是女孩叫大坤，下面还有一个夭折了。张海霞当时表态愿意离开，但是，想要把最大的孩子大祯带走。对此，俞大光明确表示反对，说要带就全都带走，不带就全留下。张最后没有再坚持自己的意见，同意只身一人离开俞家。

俞大光处理完这件事情后，专门在当时的报纸上发表了一份声明，对外公开说明张海霞已经与俞家再无关系。3 个孩子，大的留在俞家抚养，小的两个因为缺乏相应条件，在不得已的情况下，只能送到当时的社会慈善机构育幼院照看。

处理完人的问题后，俞大光接下来要面对的就是父亲留下的债务问题。俞家的经济状况开始走下坡路，大概是从回到长沙后，后来，随着俞大光父亲失业，又带上妾室回到长沙，经济条件更加趋于恶化。在为俞大光的母亲操办后事时，由于花销用度颇大，俞明涣被迫卖掉了五担田地。

在俞大光于乐山求学和教书的这段时间里，失去工作的俞明涣和妾室一家五口的所有生活开支用项，全部来源于地租收入，而替俞家掌管地租收入的一位亲戚平素有爱打牌赌钱的喜好，花钱大手大脚，非但不能很好地管理地租收入，反倒被他用去不少。再加上之后发生的俞大猷被诬陷入狱、因为土地边界问题打官司等不幸事件，俞明涣欠下了不少外债，而那时在乡下借钱基本上都是利滚利的高利贷，经过一段时间后，债务数字会成倍地往上长。

俗话说，父债子还，对于这些债务，俞大光只能将它们转记到自己兄弟二人的名下，想办法去尽快还清。

处理完家里的事情，俞大光又在长沙呆了一段时间，帮助安顿好拖儿带女的嫂子在长沙的生活，就北上武汉，在学校通知的到校日期前及时赶回武昌珞珈山。

## 爱国爱教

1946 年 10 月，经过一年多时间的准备，武汉大学终于结束西迁的动荡岁月，重新回到武昌东湖之畔的珞珈山旧址。

1946 年从远处俯瞰武汉大学校舍

作为电机系的一名助教，俞大光主要担任的一些实验指导课程都是为高年级学生开设的，同时，还担负着为学生批改作业习题的工作。为了偿还父亲留下的沉重债务，原本收入就不是太多的俞大光，不得不考虑到外面兼一些教课任务，以争取能多些收入，早日还清债务。

对于俞大光当时所面临的处境，工学院的院长余炽昌深表同情，他还亲自出面介绍俞大光到东湖中学去兼任课程。在电机系讲授电工数学的刘正经教授也为俞大光提供了机会，推荐他去附近的中华大学当兼职讲师。

然而，对于刚刚从战乱中走出来的人们来说，和平和安定还并不是那样容易得到的。随着国民党中央政府撕毁“双十协定”，悍然发动全国内战，时局一天天地紧张起来。人民满怀的和平安定休养生息的愿望眼见化为泡影，紧接着到来的却是物价飞涨，战火蔓延，民不聊生。面对这种情况，在中国共产党和民主进步人士的带动下，全国开始掀起了反对内战的爱国学生运动。1947 年 5 月，以浙江大学的于子三事件为发端，引发了全国性的“反饥饿、反迫害、反内战”的大规模学生运动。

武汉大学学生自治会在此次运动中发起号召，5 月 19 日到 21 日罢课三天。为了声援学生运动，武大讲师助教会决定发起罢教三天。同时，在 5 月底举行的“反内战，争温饱”时事座谈会上，有 25 位教授发言谴责国民党当局发动内战。

武汉大学师生们的这一系列爱国行动触怒了国民党当局。6 月 1 日凌晨 3 时，国民党政府派出军警特务开进武大校园，根据便衣特务们预先掌握的黑名单，进入学生宿舍强行抓人。

学校的广大师生们理所当然地对此予以抵制。当日拂晓，军警们竟然面对手无寸铁的青年学生开枪，最终有 3 名学生被打死，3 人被打成重伤，10 人受轻伤，师生员工 20 人遭到逮捕，酿成了当时颇为轰动的“六一惨案”。

在那个黑暗而恐怖的夜晚，对事情真相一无所知的俞大光听到了窗外传来的机关枪开枪射击的声音。这种陌生而令人恐惧的声音，对于习惯了朗朗书声的高等学府来说，无疑是一种极其异样而不和谐的元素，让人不可能不心生疑窦。

俞大光在惊惧中度过了那个夜晚。天亮后，惨案的真相迅速在校园内外传播。当得知在刚刚过去的那个不同寻常的夜晚所发生的针对手无寸铁的师生们的暴行时，他既感到震惊，又感到强烈的愤慨，决心要采取行动，反抗当局的这种暴行。

“六一惨案”发生后，国民党反动当局对外封锁消息，不让广大群众了解事实真相。武大学生自治会、讲师助教会等进步团体针锋相对，发表了揭露惨案真相、反对消息封锁的告全国同胞书，发动进步师生，将告同胞书放在信封内，以私人信函的形式向亲朋好友广为投递，揭穿反动派的阴谋，打破封锁，使事实真相大白于天下。

俞大光积极参与这项活动，发出了十多封内有上述告同胞书的信函。一个多月后，他当选为讲师助教会的干事，中共地下党员蔡心耜也是该会干事。3 个月后，讲师助教会发起了“反饥饿、反内战”罢教 3 天的活动，接着，学生自治会也发起罢课 3 天的活动以示支援。

进入 1948 年后，相继展开的辽沈、平津和淮海战役使国民党反动派政权摇摇欲坠，武大学生自治会、讲师助教会、教授会、职员会和工友会等进步团体各派代表，联合成立了一个“应变委员会”，俞大光作为讲师助教会的代表成为委员会的成员。

当时的武汉市内，物价飞涨，人心惶惶，时局动荡不安。应变委员会的首要任务是组织物资特别是口粮储备，安定和凝聚人心，力求尽量减少国民党败退期间的人员流失。

俞大光在坚持完成正常教学任务的同时，积极投身到应变委员会的工作之中。正是在他和大家的努力下，各项工作扎实有效，为“保产护校”在人力物力上做了成功的准备。

1946 年 10 月俞大光到武汉大学报到时拍摄的照片

1949 年初春，国民党桂系军阀要求武大迁往桂林，在中共地下党领导下，基于应变委员会，组建了武大“安全互助团”，开展了反对迁校、反对破坏和反对迫害的斗争，直到 5 月 17 日武汉解放。取得了武大师生员工人身安全和护校保产的胜利。

虽然是处在战乱环境中，然而，40 年代的武大电机系可谓是人气兴旺，就像同一时期地处昆明的西南联大一样，成为中国教育史上一个人才辈出，充满传奇的光辉时代。曾经担任电机系主任的赵师梅教授德高望重，崇尚学术自由，正直无私，克己助人，深得人心。在他的努力下，延聘了叶允竞、陈季丹、朱木美、许宗岳、沈从龙等一批知名专家学者在电机系任教，成为当时国内高校中同类专业综合师资力量水平很高的一支队伍。

武大电机系的设备在抗日时期西迁乐山途中，曾遭受敌机轰炸，炸坏的电机被修复后，达到完整搬迁的目标；抗战胜利后，又完整地迁回武汉。赵师梅教授为此付出了千辛万苦，使武大电机系的实验设备在 20 世纪 40 年代居国内前列。

实力雄厚的教授阵容，相对齐全的实验设备，要求严格的教学风格，勤学苦练、相互切磋的优良学风，丰富多彩的课外活动，这一切都对大量优秀学子投考求学构成了强烈的吸引力。而以俞大光等为代表的一批优秀青年人才陆续留校，又为师资队伍补充了新鲜血液。

40 年代武大电机系这种人气兴旺的氛围，创造了人才辈出的有利条件。由于素质好，基础雄厚，分析和解决问题能力强，所培养出来的人才敢于和善于挑战高难问题，能啃硬骨头、打硬仗，赢得了社会上的普遍好评。

俞大光对于教书育人有着特殊而深厚的感情。他在高中和读大学期间，十分敬佩一些课堂教授出色的老师，像高中时的物理老师龙郁文，数学老师彭舜耕，大学交流电路和电波天线老师叶允竞，无线电老师陈季丹等。

这些老师不仅传授给了俞大光丰富的知识，同时，也成为他心目中的偶像，影响到他对自己未来人生的规划和定位，那就是要做一个像他们那样出色的老师去传授知识，教书育人。在武大留校任教后，他经常模仿他们讲课的风度和板书，想要成为一名受学生欢迎的老师。

武大在教学上素有严格的传统，在乐山时期，一年级学生要参加国文、英文和数学 3 门主科全校统一命题的会考，如果主科有一门不及格，那么，加上任何一门副科不及格就要留级。这种严格当然也是有重点的，各系在不同年级着重在检验基本功底上把关。

俞大光当时所开的交流电机习题课难度较大，加上他要求十分严格，考试时不太好过关，学生们一般都有些怕他。交流电机课那时是由赵师梅教授亲自讲授，是电机系学生必修的一门课程。

武大当时基本上采用英美教学模式，一般不设习题课，但是，为了给学生打下坚实的基础，赵师梅教授突破英美教学模式的习惯做法，将交流电机综合定量分析提出来单独设习题课，正显现出他作为大家的不凡眼光和魄力。

在俞大光之前，曾经担任交流电机习题课的另一位老师名叫疏松桂，他于 1939 年从武大电机系毕业留校任教。选他们两人担任这门课的负责老师，也是赵师梅教授亲自定的，目的是希望他们能够担起这门较难功课的重任。

俞大光与疏松桂两人深知大家对自己所寄予的厚望，在勤奋钻研业务知识的同时，他们两人精诚团结，密切配合，结下了深厚的同事情谊。疏松桂将他任交流电机习题课指导老师时亲自演算的大量题稿毫无保留地借给俞大光，期望他作为接力赛中的下一棒，能够更上一层楼。

十数年后，先行加入我国尖端武器研制队伍的疏松桂在上级要求推荐专业人才时，他率先想起了自己的这位同事，推荐选调俞大光加入这支队伍，并最终改变了俞大光的人生轨迹，使他成为我国核武器研制队伍中的重要一员，创造了我国尖端武器的辉煌业绩。

俞大光没有辜负众人的期望，在他的努力下，把交流电机习题课建设成了从严从难、综合训练基本功底的教学环节，并严格把关，为当年武大电机系的人才辈出，做出了自己应有的贡献。

1988年俞大光（右）拜访疏松桂老师

当年曾经上过俞大光的课程，后来又和他在哈工大成为同事的柳焯回忆说，俞老师不仅理论水平高，解决和处理实际问题的能力也很强。他当时是实验室主任，一人从容不迫地指导我们班40多人做实验，每组的实验内容还都各不相同。有一次，一个同学不小心将一条长导线碰到机组的联结轴上，卷了许多圈。大家都惊呆了，不知如何是好，俞老师当即镇定地迅速处理了事故，大家才松了一口气。

柳焯在回忆俞大光讲课给他留下的印象时说，俞老师给我们班讲过电仪与测法课，他讲课理论联系实际，概念清晰，条理清楚，板书工整，内容丰富，没有废话，学生思想不可开小差，否则就跟不上。他克服种种困难，从无到有，开出了电仪与测法五六个实验，配合了讲课内容，培养了学生的基本电磁测试技能。

# 感念师恩

从1940年秋季进入武汉大学，到1950年夏季离开武大到哈工大，俞大光在这所学校整整度过了10年的时间。从一名普通的大学新生，到留校任教，成为这所高等学府的一名成员，俞大光在这10年里，不仅学习和掌握了丰富的理论知识，让他更感庆幸的是，有缘遇上并结识了一位又一位学养深厚、人品高洁的优秀师长，他们所给予他的人生财富，使他受益终身，也使他永远对这些老师们深怀感念之情。

即便是在进入到人生的暮年，俞大光仍清晰地记得那一副又一副深藏在记忆中的面孔和他们所给予自己的热心帮助。

教授交流电路课叶允竞教授，要求严，板书好，非常敬业，肯下功夫，对学生非常热心，不管好坏学生，都一视同仁。可惜的是，20世纪50年代的时候，他因病去世。他曾当过电机系主任，就是在他的任上，把俞大光派去哈尔滨工业大学学习进修。

数学老师刘正经，教授电工数学这门课，有两个学期的时间，讲专题，跟学生的关系非常好，喜欢拉提琴，唱京戏，跟学生闲聊，玩耍。俞大光当助教之后，他看到俞大光家境困难，就主动介绍他到中华大学去教微积分。

然而，在所有这些老师中，对俞大光影响最大，也是给予他帮助最多的则要数曾经当过电机系主任的赵师梅教授。这位学养深厚、人品高洁的教育家，曾经影响过一批又一批武大学子，对于俞大光来说，他是自己终身感念的恩师。师梅先生自幼生长在四川巴东，早年痛心于满清政府的腐败无能，面对中华民族备受各国列强

俞大光的老师武汉大学电机系教授赵师梅

欺凌、国家走向灭亡的危急形势，怀着一腔报国热血，奋起参加辛亥革命，走上了救国图强的奋斗之路。他曾坐过牢、上过战场、还曾流血负伤，有着特殊而传奇的人生经历。

满清政府被推翻后，他被评为甲等功勋者，被孙中山先生选派赴美留学。学成归国后，他原本怀抱报国热情，想要投身国家建设，可是，看到眼前军阀混战不休、人民痛苦依旧的状况，他不屑于在京做官获取厚禄，而宁肯终身潜身清门从事教育事业。

师梅先生决意走教育救国的道路，也是遵照中山先生的旨意。尽管有着辉煌的过去，他却从不在人前显露自己参加辛亥革命的那些经历。人们只能在他遗留下来的写于二三十年代的那些诗作中，才能读到他痛斥军阀、忧国忧民的句子。

他充分施展自己的才学，先后创办了湖南大学电机系和武汉大学电机系，讲授过电工原理、交流电路、直流电机、交流电机、电仪与测法、发电厂、电工学等多门课程。他以知识渊博、业务纯熟而广受学生好评，学生们说他讲起课来像打机关枪一样，思路清晰明快。

在当年那个时代，曾经有相当一批有远大抱负的饱学之士选择了教育救国的道路，冀望通过培养出更多的青年学子来改变国家和民族的未来。赵师梅就是他们当中的杰出代表。他将教育救国当成自己终生奋斗的唯一志向，从来没有计较个人得失，而是热心公务，尽自己所能为教育事业做贡献。也正是由于他这种高贵的品质，学校每有大事时，总是首先想到他，请他出面负责。

武汉大学建校时的水电工程项目就是由他设计并亲自指挥施工完成的。在抗战时期，学校校舍被日军用作医院，水电系统、教室、实验室和宿舍都受到严重破坏。抗战胜利后，他受命前往那里负责接收和修复工作，为学校回迁做准备。

这无疑是一项极具挑战性的任务，工程量大而人手紧缺，生活条件非常艰苦。就是在这样困难的情况下，他不畏艰难，想方设法按时完成了任务，确保了武大如期回迁开学。

由于担任的工作多，他不得不经常加班加点，总是处在一种繁忙的工作状态，然而，他却从不在人前说一个忙字。只要工作需要，从不会以忙为理由而推脱。他常说："我赤身来到人间，我的一切是人民给的，我的一切也要为人民。"

师梅先生曾经担任武汉大学训导长的职务，这个职务曾经让不少人对他产生误解，而在新中国成立后的"文化大革命"（简称"文革"）中，他更是为此吃了不少苦头。可是，只有了解事情真相的人才会知道，这正是他为了自己热爱的教育事业而顾全大局不计毁誉的杰出表现。

20世纪30年代末，国民党政府为了管制学生的思想和行为，责令在高校设置训导处和训导长，后者一般由政府派人担任。当时武大的王星拱校长力主学术自由，要让各派思想在学校兼蓄并纳；而校内进步思想十分活跃，学生办的各种壁报异彩纷呈。

王校长了解师梅先生乃国民党元老，一贯不同意政府的倒行逆施，而且，还十分关爱青年学生，由此认为只有推荐他出任训导长才能度过难关。

师梅先生非常清楚，如果出任训导长，一方面要承受来自政府的压力，另一方面又将受到同事们、特别是学生们的误解，毁损自己的声誉，因而回避了一段时间。

后来，王校长通过师梅先生的堂弟赵学田教授①转告他，如果他不承担，政府就很可能会派个特务或党棍来学校，那样的话，后果将不堪设想。就是在这种情况下，师梅先生经过再三考虑，还是决定要顾全大局，抱着“我不入地狱谁入地狱”的心情答应了下来，担任了4年训导长。

非常之时，更需非常之才。在中华民族面临生死存亡的危机关头，国家需要学校培养的人才不仅要有丰富的专业知识，更要有顾全大局为国捐躯的精神品格。正是基于这样的认识，师梅先生在以身作则率先垂范的基础上，经常以顾全大局的思想来教导学生。

武汉大学西迁乐山期间，学校只有一个简陋的校医室，校医也仅有一位，八小时工作制，薪俸微薄，下班后还得自己开业。有一天夜里，一名学生患了当地称为趴病的地方病，其主要症状是患者全身发软，较难救治，重者会危及患者生命。

有同学情急之下去校医家里要求出诊，但被其家属以校医过于劳累回绝。次日早晨，患者不幸死亡。同学们悲痛之余，除报告学

① 武汉大学机械系教授。

校外，有两个火气大的同学去校医家砸了门窗，又去校医室砸了牌子。

遭此对待的校医自然难以忍受，向学校提出了严重抗议，并要辞职。经过学校领导安抚和与他交好者劝说，校医虽勉强同意留下，但要求查处肇事者并向他道歉。

面对这一难题，师梅先生利用早操后的时间集合讲话。他说："同学们的激动心情可以理解，但行为粗暴。学校医疗条件差，校医仅一人，众多员工和学生谁有病都离不了他。为此事件，他要辞职。请肇事者听着，为了大局，你们必须承认错误，接受处分并向大夫道歉，挽回影响。砸坏的门窗要修理，校医室的牌子要重做。我相信你们有血性有志气，好汉做事好汉当，我在办公室专候。"

这番话说完，当天那两名行为过激的学生就受到感动，到师梅先生办公室去向他承认了错误。这其间也许还捎带有师梅先生已在青年学生中树立起较高威信的部分因素，但是，从此矛盾逐步化解，广大学生也受到了教育。

抗战时期，师梅先生在家乡向乡亲们宣传抗日，对抗日军人家属提供经常的经济支持。他个人出资创办了一所小学，称作"七七义立小学"。学校上下课的钟是用一个日寇的炸弹壳做成的，以此加强师生们对抗战的教育。他自己还做了打游击的准备方案。

抗战胜利后，他反对国民党政府发动内战，支持"反饥饿、反内战"的群众运动。当政府派军警到武汉大学逮捕进步师生、制造枪杀三名学生的"六一惨案"后，他不顾个人安危，仗义执言，署名领衔公开发表文告，揭露惨案真相，要求严惩凶手，释放被捕师生。当时正值著名学者闻一多、李公朴在街头被特务暗杀后不久，所以他的这些大胆的举动是冒了极大风险的。

武汉临近解放前，他支持武大周鲠生校长抵制政府要求迁校的决定，主持应变委员会，组织联防护校工作。应变委员会是由各群众团体——教授会、讲师助教会、工友会、学生会等派代表参加，研讨并决定各项应变计划和实施方案的临时性组织。

俗话说，手中有粮，心中不慌。在师梅先生的主持领导下，应变委员会第一个决定就是囤粮并发到各家各户和各集体食堂。他率领着学校印刷厂肖洁厂长四处奔波，购回足量的稻谷和面粉并及时下发，对安定人心起到了很大的作用。

武汉临近解放之前，在中共武汉市委临时工作委员会的暗中领导下，组建成立起武大安全互助团，实际上也是应变委员会的扩大。俞大光当时就在师梅先生领导的应变委员会承担具体工作，经过几个月的努力，最终圆满完成了抵制迁校和护校保产工作。

师梅先生以教书育人为己任，堪称一代教育大家。他从来不摆架子，而是平易近人，和蔼可亲，学生们都愿和他接近，在接近中受到他的教诲。他也在跟学生的接近中对学生有更深入的了解。

一个教育工作者在学生心目中的印象不仅在于他的言传身教，同时，还要看他是否对人生有独特的见解，能够给学生们留下一些终身受益的思想。

俞大光和他的同学们一直都深深铭记着师梅先生在谈及德智体三育对学生人生成长的独特意义时的深刻与睿智。他说，“品德问题是别人要给你记账的，个人的坏毛病不仅难改，即使痛下决心改了，别人还会记得你曾犯过某种毛病。业务知识只需自己记账，你一科没学好，未考及格，只要努力赶上，别人是不会记住你以前曾经不及格过的。所以，品德修养比业务水平更重要。体质则是老来算总账的，年轻时不注意锻炼身体，生活无规律，暂时也许看不出问题，可人到中年就未老先衰，50 多岁就疾病缠身，任何理想、抱负也都化为乌有了！”

师梅先生这番基于人生深刻体悟而总结出的精辟观点，深深地铭记在他当年所教授的武大学生的脑海里。俞大光更是将其作为指引自己人生航向的风向标，一辈子都在践行着恩师的教诲。

俞大光有幸与师梅先生相处多年，从他身上学习到许多为人处世的优秀品格，并深受其影响。师梅先生在生活上十分简朴，独身一人，没有娶妻生子，节俭下来的钱除在家乡办起一所义立小学外，还大量用以帮助贫困学生，使他们能顺利完成学业。受助者对他感恩不尽，毕业时一一到他家辞别，有的还下跪谢恩，并承诺将来还钱。这时，他总是说，“钱不用还我，你有能力也资助几个贫困青年上学，就算还我了。”

他不仅对学生倾力相助，当同事有难处时，他也总是伸出援助之手。武大西迁乐山时，有位机械系老师在赴校途中不幸遇匪遭劫，行李财物被抢一空，到校后不知所措。师梅先生把他接到家食宿数日，并带动几位同事协力为他解决了衣食住等问题。

新中国成立后师梅先生所在单位年轻人较多，当时实行低工资制，家庭负担重者也常遇到困难。为方便帮助同事克服困难，他索性把自己的存折放到单位，谁有急需径自取用，归还之事他从不过问。

俞大光1940年考入武汉大学后不久就认识了师梅先生。那时他是武汉大学的训导长和工学院电机系主任。俞大光被录取在工学院，第一学年不分系。从1941年秋季学期被分到电机系起，俞大光一直在他的直接教育下完成了学业。大学毕业后留校任教的6年时间里，俞大光仍然得到他的教导和关怀。

从入学后认识师梅先生到1950年离开武大，俞大光有差不多整整10年时间与师梅先生朝夕相处。当时，跟身边的很多同学和同事一样，对这位受人尊敬的老先生、老教授的事迹，俞大光并不清楚，而只是道听途说，传说他参加了黄花岗起义。

由于师梅先生待人诚恳，平易可亲，电机系同学常相约三五人到他住宅叩访，谈话也很随便。有时，他还拿出从巴东老家带来的核桃让大家品尝。但当大家问起他参加起义之事时，他总是不肯透露，或是草率应答，或是转移话题。

他对自己的过去总是讳莫如深。另外，当时他已年近50，仍过着独身生活，究竟是什么原因？作为他的学生，大家虽不免好奇，却终是不便询问。

俞大光自1950年离开武大后，就再没有机会与师梅先生相见。然而，对恩师的关切之情却从未消减。从1950年去到哈工大到1962年调入中国工程物理研究院，直到1991年退休，在这40多年漫长的岁月里，由于工作繁忙、政治运动频繁等原因，使他未曾有机会再回母校看望恩师，只参加过几次成都武大校友会的活动。

俞大光是通过与校友通信，偶然获悉恩师师梅先生于1984年辞世的消息的。甫一获知这一消息，使他不胜感伤，总想要为纪念恩师做些什么方觉心安。退休后不久，俞大光得到了大家要联盟发起设立赵师梅教授奖学基金会倡议的消息，于是，他欣然作为发起人之一参加了这项活动。

经过一段时间的动员和募捐，在1993年11月庆祝武汉大学建校100周年校庆时，赵师梅教授奖学基金会在华中工学院成立。翌年，即开始每年给武汉大学、华中工学院和巴东七七义立小学三所学校中的少数贫困而学习优秀的学生评发奖学金。由于基金额度有限，开始是利用利息发放奖学金，随着利率的下降而不得不动用了基金本金。

在参与筹办奖学基金的同时，俞大光产生了编写出版一本赵师梅先生传记的想法，想要用这种方式宣传恩师生平事迹，用他无私奉献的高贵品德来教育后代。这件事经与师梅先生的堂弟、华中工学院的赵学田教授商议后由他收集资料，由俞大光和武大电机系校友、华中工学院的陈锦江教授执笔共同完成。

对于这项工作，俞大光虽然感到任务不轻，但还是非常乐意承担，他觉得这不仅是报答恩师的一种有效方式，也能让渴望清楚了解恩师事迹的同学和更多的人从中受到教益。

全书编完后，俞大光感到内容虽然丰富，但由于恩师的详细生平资料缺失太多，致使传记篇幅较小，为此，决定改称“传略”，并收录他的诗文和他的亲人、同事和学生的怀念文章，全书共计

11 万多字，由华中理工大学出版社于2000 年公开出版。



# 成家立业

从1946 年秋季学期正式恢复在武昌珞珈山的教学生活开始，虽然时局依然动荡不安，但比起在乐山，工作和生活等各方面的条件都要好了许多。这时，已经25 周岁的俞大光也到了谈婚论嫁的年龄，成家立业的问题成为他必须面对的一件大事。

在这一时期，他的哥哥俞大猷仍然被关在重庆的监狱里，嫂子带着几个年幼的孩子在长沙租房居住，依靠找一些临时工作挣些微薄的收入来维持日常生活。后来，因为经济实在比较紧张，不得已搬到乡下俞家的老房子去住了一段时间。

但那毕竟是在乡下，因为离城远，交通不便，也不能找工作，一家人的生活问题难以为继。最后，在万般无奈的情况下又不得不搬回长沙市郊，寻找了一个比较偏僻租金相对低廉的地方。即便如此，到市区仍然要步行约一个小时的路程。

这期间，嫂子的妹妹韩颖娟一直跟她们在一起生活。她最先是跟姐姐在湘西洪江一个女子中学上了两年学。抗战胜利后回长沙的路上，过洞庭湖时乘坐的木排意外松散，险些发生生命危险，幸亏修理及时才化险为夷。回到长沙后，她进入一个会计学校学了一年，拿到了毕业证书。

对于俞大光与韩颖娟两人的恋人关系，从两家来说，这时也只有听从俞大猷夫妇两人的意见了。其实，在两家人多年的往来中，已经对这一对年轻人的婚恋关系表示了认同。



1947 年6 月，俞大猷经过先期出狱的难友张少培的热心帮助，终于获得批准同意让他调服劳役，重新获得了人身自由。出狱后，他立即赶赴武汉，在武大住了几天，还把俞大光当时留在他那里的箱子带了回来。这次兄弟两人相见，在交流了近些年里个人和家庭的变化情况后，也谈到了俞大光的婚事，俞大猷完全表示赞同。

俞大猷离开武汉立即赶往长沙，看望久别的家人。回到长沙后，为了尽快改变家里窘迫的经济状况，担负起养家糊口的重任，经过朋友介绍，他先是到湖南沅陵高级工业职业学校去担任教职，后来，又前去上海，想要在那里开办一个建筑师事务所，结果却因为种种原因没有办成。

在 1947 年下半年，俞大光的一位同事，是在土木系担任讲师的王仁权调任了学校注册组组长，他手下的人手非常紧缺。因为他曾和俞大光一起去过长沙，见过俞大光的嫂子，这时就有意让她去注册组工作。

俞大光觉得这是一个很好的机会，经过与哥哥沟通，又征求当时正在长沙周南女中任教的嫂子的意见，大家都认可到武大来工作。在此之前，韩颖娟的哥哥韩安海已经在俞大光的帮助下到电机系实验室当了一名实验员。

韩安海最早曾在重庆中美合作所的电台负责机务工作，俞大光 1944 年为哥哥的事情到重庆时曾得到过他的帮助。后来，韩安海从电台退职后，没有找到合适的工作。俞大光知道这件事后，找到赵师梅教授说了情况，经过师梅先生帮忙，就到电机系的电工实验室当了一名实验员。

随着韩安海以及俞大光哥哥一家还有韩颖娟的到来，无论是俞家还是韩家，暂时算是在武汉大学团聚了。俞大光和韩颖娟的婚事也随之提上了议事日程。

1948 年 2 月，刚刚过完 27 周岁生日的俞大光与韩颖娟举办了简朴而热闹的结婚典礼。当时担任武大工学院院长的余炽昌教授应邀充当了婚礼上的证婚人。

俞大光在武昌私立克强中学兼课时与杨民风校长（中坐者）等合影

临结婚前，俞大光面临的主要问题就是没有合适的住房，在这种时候，又是靠了赵师梅先生的帮助，才适时解决了住房问题。

成家后的俞大光自感肩头的担子更重，为了能够早日偿还父亲在老家欠下的债务，他在认真完成自己所担负的武大的教学任务的同时，又像在乐山那样到外面去兼职教课，尽可能多挣些临时收入。经过辛苦的劳作，他在这年将积蓄下来的一些银元带回老家，偿还了一部分债务。

按照俞大光的想法，如果没有什么意外，他非常希望哥哥嫂嫂一家、妻兄韩安海能够和自己一起在武大工作下去，全家人都在武大，相互间既可团聚，又能彼此照应。

然而，每个人的想法终是有所不同，加上再有各种各样的条件起作用，大家在一起住了一年左右的时间后，为回避临解放时可能的动乱，1949 年初，哥哥俞大猷一家回了长沙，韩安海也选择了回长沙。他们当时的想法是觉得那里是老家，熟人多，有田产。

解放以后，新中国在实行技术人员登记时，将俞大猷安排在武汉中南行政区重工业部的机械室，韩玛丽已改名韩蔓力，并被调中南重工业部工作。1954 年后，各大行政区撤销，他们全家搬到北京。俞大猷先后在一机部、三机部、六机部工作。韩蔓力在一机部工作，1957 年起参加清华夜大学习机械制造专业，并一直坚持到 1962 年毕业。

1949 年冬，俞大光被提升为讲师。1950 年夏，俞大光在武大学习和工作了 10 年后，被学校选派到哈尔滨工业大学进修学习。当时，他并没有想过要离开武大，然而，命运的变化却使他的此次远行成为与武大的最终告别。

俞大光婚后大家庭在武昌合影

# 第六章

# 冰城岁月 桃李芬芳

新的国家，新的气象，即将迎来而立之年的俞大光正以饱满的热情期待着能够在自己热爱的母校大展身手时，他被选派到冰城哈尔滨进修，从此，开始与东北那片黑土地结下了不解情缘。从学习进修到留校任教，他在又一个校园里，开始施展自己的才华。尽管经历了一些政治风波的冲击，然而，他在这所学校加入了中国共产党，翻译出版了学术著作，并以其严肃认真的教学风格在学生中间赢得了“铁将军”的称号，为新中国培养了一大批优秀人才。

# 选派深造

进入1950年的江城武汉，依然沉浸在刚刚获得新中国成立后那种喜庆的氛围里。走在大街上的人们，脸上洋溢着从心底里焕发出的喜悦之情。各方面的社会秩序已经恢复正常，整个社会充满着一种昂扬向上的蓬勃朝气。

在学校应变委员会的带领下，武汉大学师生们团结一致，保校护产，避免了遭受溃退前的国民党军队疯狂破坏，安然度过那段动荡的日子，迎来了期盼已久的解放。历经战乱磨难的这座高等学府终于有了安宁和平的教学环境。

在这段时间，俞大光正处于人生历程中难得的一段安定时期，新家初成，亲人们也都平安健康，同时，这一时期市面上的币值经过新政府的治理已经趋于稳定。这一切使得他能够把全部时间和精力集中到自己的教学工作中。

由于原本就有坚实的学问基础，再加上俞大光勤奋好学的吃苦精神，他很快就在教学工作中取得了不少成绩，开始在青年教师中显露出头角。这期间，他停止了所有的校外兼课，专心投入到自己的教学任务中。没过多久，他就被晋升为讲师并承担电仪与测法一课的讲授。

就在俞大光专心致志地钻研业务，想要在武汉大学的教学岗位上有一番作为的时候，远在千里之外的北国冰城哈尔滨发生的一件事再次改变了他的命运轨迹，并使他在告别东北19年之后，重新与这片黑土地续写未完的情缘。



根据相关资料记载，1950年6月7日，中长铁路局将哈尔滨工业大学移交我国政府管理。此前，这所学校原有的教师几乎全是俄籍侨民，学校的办学模式和讲授的知识体系基本都是实行的苏联模式，学校完全采用俄语进行教学，俄语基础非常好。

在建国之初，我国高等教育部（简称高教部）为了学习苏联教学经验，改造从旧中国接手下来的高等工业教育，决定以哈尔滨工业大学为基地，尽快培训一批掌握苏联先进教学内容与方法的青年教师，一部分用以组成哈工大新的师资队伍，以从苏侨教师手中把教学接替过来，改俄语教学为汉语教学，形成一所新型的社会主义中国的多学科性工业大学，另一部分则输送到全国以发挥学习推广苏联教学经验的示范作用。

按照这一思路，第一批参训人员是1949年11月从东北干部队选派的青年干部和翌年春由沈阳工学院选送的助教，共约40人，加上哈工大在京、沪、汉自招和科研所等部门派来学习的青年干部，组成第一期研究生，共计87人。

继第一批人员之后，每年暑期从全国各高等工业院校青年教师中选派人员作为在职研究生，还有一个来源是从全国高等院校理工科本科毕业生中招收的有志于高等教育工作者，作为普通研究生。

这项人才培养工程从1949年起每年一期，到1953年招收的第五期为止，总共培养研究生800余人。学员入学报到以后组成研究班，分班学习俄语和向拟新聘的苏联专家学习专业和教学方法，学制3年，毕业后不授学位。毕业的在职研究生部分返回原派院校工作，部分经高教部批准短期借聘或长期调职到哈工大，与毕业的由本校调入和招收的研究生一起充实哈工大的师资队伍力量。

正是在这样的背景下，俞大光作为武汉大学重点培养的骨干教学力量，于1950年秋季，被派往哈工大研究班学习。当时任武大工学院电机系主任的叶允竞教授既是俞大光的领导，也是他的授业恩师，一直对他非常关照，也非常看好他这位得意门生。

不过，叶主任当时也许并不知道自己的这位爱徒这一走最后会被调离武大，这也使得后来毕业办调动手续时，后继的电机系主任朱木美教授会不大同意放俞大光走。



## 修业苦读

1950 年 9 月，当东北的山林已经开始遍染秋色之时，自 10 岁那年离开沈阳回到中国南方后，俞大光重新踏上了东北这片富饶的土地。

作为研究班第二期的一名普通学员，俞大光北上哈工大，前往学校报到。由于这种研究班培训目标很明确，是作为新中国的教师来培训的，所以研究班的确切名称为师资研究班。

这期研究班，武汉大学共选派了 5 名青年教师去学习，除了俞大光，还有土木系的王仁权、机械系的郭玉骅、化学系的李国材和物理系的胡昌国。他们 5 人一同前往，报到后没有分系，而是按照报到先后依次编班。第二期研究生班共有 200 多人，编成第五班到第十四班共 10 个班，他们 5 人同在第八班，并被分配在同一寝室。

按照学校的教学计划，第一步的目标是学习俄语，从字母开始，用一年多时间，达到基本上能读、写、听、讲的“四会”要求，并掌握适量的专业词汇，之后再学习专业俄语知识。因为只有先过了语言这道关口，能够较好地听懂苏联专家讲授的内容，才谈得上继承和传播。

对于总共只有 3 年的学制时间而言，俄语培训即已占去全部学习时间将近一半，占用时间似嫌太长，可是，语言关是无法回避的，而要在一年多时间达到“四会”的要求也并不容易。



根据计划安排，学完一年时间的俄语以后，学校将对研究生们重新按系编班，住房也重新按系和专业分配。俞大光在电机系，在完成了基本的俄语知识学习后，他们还要利用一段时间集中学习专业俄语，之后才陆续划分成若干专业，跟随新聘来的苏联专家学习。

为了赶早学习专业，经过原派院系的同意，俞大光选择了“理论电工”专业，跟随电机系聘到的第一位苏联专家 Б. П. Соколов 副教授学习。这位专家来自于莫洛托夫动力学院，指导“理论电工”和“普通电工”两个专业。

与武汉大学不同的是，哈工大当时的课时体制安排是按照苏俄体制，似甚独特：上午 6 节课，每节 45 分钟，课间休息 5 分钟或 10 分钟轮换，上午从 8 点到下午 1 点 05 分结束。下午则从 2 点开始，上 4 节课到 5 点 20 分结束。

对于我国的高校来说，这样高密度的教学安排可以说极为少见，不过，放在当时那个年代，为了最大限度地完成任务，是完全可以理解的。另外，上述课时安排是针对哈工大的在校本科生，研究班上课一天只安排 4 节，课堂时间不算太多，重要的是要消化吸收，提高学习效率。

俞大光他们学习俄语用的是学校自编的一套教材，共有 5 册，其中有些汉语说明和生词汉译。教师基本都是苏联侨民，女性较多，她们全用俄语讲课。由于学校内部日常生活一切全用俄语，室外挂的牌子也只有俄语名称，因此，俞大光他们刚到学校时，一下子就像成了文盲一样，连洗手间也找不到。

哈尔滨这座城市自清末开始吸引并聚集了大量苏俄侨民，深受苏俄文化影响，俄语一度成为这座城市的通用语言。哈工大校园外面的秋林公司是师生们购物的一个主要去处，那里的售货员也只会俄语，商品的标牌上也全是俄文。

有一次，俞大光和几个同学一起到那里购物，大家都想买本适用的俄语字典，由于未看到货，又不会俄语询问，在不得已的情况下，就尝试着说字典的英语单词“dictionary”，结果售货员们都不懂，大家只好扫兴离去。

这样的一些遭遇，逼迫着俞大光和同学们一起痛下决心，要尽快学会日常俄语。他们想方设法找住在当地的苏侨们攀谈，学习日常俄语会话。有个每天到他们宿舍送奶的老太太，被大家当成为主要对象，尽可能争取与她交流对话的机会。

为了解决学习资料短缺的问题，他们专门到有中国人当营业员的书店买了些俄语入门书和词典作为辅助学习资料。好在当时只有俄语这一项学习任务，经过大家一个多月的努力，慢慢能够初步适应，在课堂上可以用俄语回答老师提出的一些简短问句。

1951年春俞大光与同学们一起访问俄语老师（前左六）家时合影

进入第二个学期后，学校为每个班派了会话辅导老师，每周两次到寝室和大家用俄语交谈一个多小时。俞大光所在班级也规定日常相互交谈中只许用俄语，用这些方式来增加听说俄语的机会。此外，他们还曾邀集一些同学去老师家做家访，以便学到些用俄语进行社交的能力。这时，大家已经能用俄语陈述一些情节和讲述简短故事。

等到第二学年，俞大光所在的班级更换了主讲和助课老师。那位主讲老师是一位断了右臂的男性老师，而助课老师是汉人，名叫孙梦菊，她父母分别是苏侨和汉人。

这个时候，由于词法和句法均已学完，学生们已能在较慢地的情况下讲述较长情节的故事。俞大光因为酷爱京剧，就一时兴起，将我国旧剧《三娘教子》一折的情节用俄语写出并作为作业呈交，赢得了主讲老师的赞许。

按系分班以后，电机系研究生每人借到一套影印的苏联教材《电工基础》，作为专业俄语教材。这套书由苏联的克鲁格院士编写，分为上、下两册，出版于1946年。一位年轻的苏侨教师每周给大家上两次共4节课。当时，俞大光他们的俄语能力已能听懂全用俄语讲授的内容。

不久后，苏联专家Б. П. Соколов到校，包括俞大光、钟祥礼、戴声琳和蒋卡林在内的4名选定学习“理论电工”专业的研究生就不再随班上课，转为直接跟随导师学习。

这位苏联专家指定俞大光和戴、蒋3人和首期研究生龚正毅的学习任务是精读所借到的苏联教材，有问题向他定期提出以便他答疑；并合作将该教材译成汉语，以资出版，便于在国内推广。

接到这项学习任务后，班里从住房中专门腾出一小间作为他们4人写稿和讨论之用。俞大光他们深感要拿出的这个苏联教材汉译稿很可能被审定出版，然后将推荐全国高校作为向苏联学习这门课程教学的教材，因此说不比一般的学习任务，影响面将很大，必须确保质量。

经过商讨，他们约定除执笔翻译者自行校对外，还应有两人各进行一遍校阅，第一遍是俄语校阅，旨在审校译文有无偏离原文文意之处；第二遍是汉语校阅，旨在审校译文是否汉语化并流畅易读。在这两遍校改之后再由原译者考虑取舍，必要研讨的及时提出，由 4 人共同讨论，协商定稿。

在参与此项任务的 4 人中，俞大光年龄较长，资历也深，被大家推选为组长。经协商分定翻译任务后就开始投入工作。翻译首先需要读懂原文，但这套教材涉及物理和化学微观分析的内容不少，往往难以读懂，请教导师也只能解决少数疑难。

为解决这一问题，他们充分利用各系研究生都住在近处的有利条件，找些学物理和化学的同学请教，获得比单听导师答疑更好的理解。这样，他们的翻译工作就能够持续进行而不间断了。

正在他们全力以赴地进行教材翻译工作时，又发生了新情况。这一年，由于新中国成立伊始急需大量工程技术人员，高教部饬令哈工大开办机械、电机和土木 3 个专修科，学制为两年。因为学制短，不能再学俄语，就只能用汉语教学。

学校为完成这项工作，准备将各个教研室的领导岗位从苏侨教师手中接过来。就这样，俞大光他们尚在研究班的学习中就要接手工作。他被任命为电工教研室代理主任，代理副主任是蒋卡林和柳焯。

柳焯是 1950 年从武汉大学毕业时留校的电机系应届毕业生，曾是俞大光的学生。那时又是他在哈工大电机系研究班同一位导师指导下的同学，只是柳焯修习的专业是普通电工。

当时的电工教研室负责开出“理论电工”“普通电工”和“电工计量”共 3 门课程。电机系专修科分成发配电和工厂电力装备两个专业各一个大班共 90 余人，由俞大光和龚正毅两人各承担一个大班的讲课任务，助课教师由系里另派研究生担任。

俞大光等4人用翻译教材的形式学习专业，并尽量将学习中的点滴体会以译者注的形式反映进去，以便收取审稿者和读者的批评意见。后来发现绝大部分译者注是正确的。不过，令俞大光颇感遗憾的是由于工作上的疏漏，还是造成了一处错误。

经过艰苦的努力，这套名为《电工原理》的译著分上、下册最后交由龙门联合书局于1952年和1953年相继出版。出版后数月，俞大光就接到一位武大挚友提供给他的有关书中那处错误的信息，俞大光没有讳疾忌医，而是及时通知书局于次年重印时做出了更正。

1953年春季的那个学期，是俞大光在研究班学习的最后一个学期，也是他工作最忙的学期。苏联专家Соколов为5年制本科班开出了“理论电工”课程。作为他的研究生，俞大光他们都必须随堂听课，并且每人都被安排担任一个约30人小班的辅导教学任务，包括承担习题课、实验课的教学，批阅作业、答疑和学期末的复课辅导与考查考试工作。

虽说翻译工作已经告一段落，但这一学期俞大光还要和龚正毅为专修科上理论电工课。此外，俞大光还要和蒋卡林、柳焯分些时间做教研室的组织工作。

在此期间，Соколов专家为本科生讲课约两个月以后，忽因夫人生病不能到课，临上课之前才打电话通知俞大光代他上课。面对这种情况，俞大光几乎来不及做任何准备。虽然有些胆怯，但是为避免耽误学生学习，他也只好硬着头皮去讲课。

所幸的是，由于此前有过翻译教材的经历，教材内容他已经基本掌握了。用汉语讲课总会给学生一些方便，就这样临时代课也得到了学生们的认可。然而，让他想不到的是这临时代课却演变成为长期，那个班总共有约150名学生，3个学期的理论电工课有一个半学期是由俞大光讲授的。



度过了3年边学习边教学的难忘时光后，暑期将要到来时，俞大光他们理论电工专业的 5 名师资研究生终于迎来了结业考试。考试由 Соколов 导师在考场临时出题，让应试者拟出讲述该题的内容摘要，然后逐一登台用俄语讲述，如同讲课一样，讲完后再由导师提问进行答辩。

尽管说大家用俄语讲述和答辩时并没有做到语言流利，但总算能将思路和内容表达清楚，最后都获得了优秀或良好的成绩。3 年研究班的学习生活宣告结束。

对于这 3 年的学习生活，俞大光认为总体上说收获很大，俄语达到了“四会”的目标。这为他结业后留在哈尔滨工业大学工作扫清了语言障碍，使他在任电工基础教研室主任期间能够顺利地向苏侨实验员布置工作任务和交谈对话，在后来担任电机系副主任期间能够方便地与受聘来系的苏联专家们交谈工作。

尤其令俞大光感受强烈的是，在听与说方面，他觉得比自己从初中到大学共学了 7 年但非集中学习的英语还强得多。而在专业理论知识方面，则感到苏联 5 年制大学电工基础教材确实比解放前一般大学本科用的英语教材要深入得多，再结合译著、讲课和备课使他更加深了体会，在业务上提高了一大步。

## 泽 被 后 人

俞大光于 1950 年秋季进入哈工大师资研究班学习时是作为一名普通学员，而 3 年后学习结束的时候，已经成为了哈工大电工教研室主任。他是作为这批学员中的优秀人才被哈工大看中选留下来的，最后由高教部下达调令。在前往武大办理调动手续时，工学院电机系的主任虽是分外不舍得放他走，但也只能无奈地为他办理了相关手续。

从1950年进入哈工大，到1962年调离这所学校，俞大光在哈工大学习工作了整整12年时间。在这段时间里，他基本上一直奋战在教学岗位的第一线。正是由于他的勤奋敬业，严格要求，为哈工大电工基础的教材和学科建设做出了开创性贡献，培养了一大批优秀人才。多年以后，无论是他当年的同事，还是他的学生，在谈到他时，都觉得他为哈工大留下了这两大宝贵的精神财富，不仅功在当时，而且，绵延长久，泽被后人。

电工基础这门课是电工专业的入门课程，在解放以前，它分成为“电工原理”和“交流电路”两门课。新中国成立后，我国学习苏联的教学体制，把这两门课程合并成为电工基础，内容主要包含电磁路和电磁场两部分。

因为是入门的基础课，这门课程历来受到人们重视。无论是国内还是国外的大学里，一般都由主要的教师来担任。例如，电气工程界的老前辈萨本栋在清华大学讲“交流电路”，编著出版了教材；顾毓琇最早翻译出版了美国教材《电工原理》，该书为大学电机系普遍采用；解放前浙江大学由工学院院长王国松亲自讲授“交流电路”；其他大学也无不如此。

国外的情况也大体如此：莫斯科动力学院教“电工基础”的是克鲁格院士，列宁格勒工业大学有聂以曼院士等，形成苏俄本学科的两大学派。华裔教授葛守仁担任美国伯克里加州大学工学院院长时所讲授的就是“电路理论”这门课程。

哈工大电机系聘请的第一位苏联专家担负的重要职责就是组建“电工教研室”，足见对这门课程师资配备也是非常重视的。解放以后各大学电工基础教研室的教师配备和领导人的选择一般都比较注意。

俞大光在新中国“电工基础”这门学科的教材建设上可以说功不可没。解放前我国大学大多沿用美国20世纪30年代的教材。

苏联专家带来的是当时他们正在使用的教科书，相对较新。

正是在俞大光和众人的努力下，在新中国成立后首先将苏联的《电工原理》教材介绍到国内。1952 年和 1953 年，龙门联合书局出版了他领衔翻译的苏联 K. A. 克鲁格院士的 1946 年版的《电工原理》。

新中国成立后，为迅速将苏联好的教学思想、教学方法学过来，创建中国式的电工基础教学体系，高教部要求尽快形成统一的教学大纲，以便指导全国电工基础教学。作为工科院校指定学习苏联的哈尔滨工业大学，理应走在全国高校的前面。

俞大光在任电工基础教研室主任时，对创立电工基础教学大纲投入了大量精力，在被提升为哈尔滨工业大学电机系副主任主管教学与科研工作后，他更是着力于电工基础教学体系建设。在教学实践过程中，俞大光按照自己的理解，对翻译的苏联教材《电工原理》去粗取精，自编讲义进行教学的同时，探索编写电工基础教学大纲，并不断总结经验，探索中国式电工基础教学方法。

在翻译出版《电工原理》的基础上，俞大光又率先结合我国实际着手编著适合我国高校情况的教材。从 1958 年起，高等教育出版社陆续出版了由他主编的《电工基础》教科书。

这套共分为 3 册的教材，比起苏联相应的教科书来说，有几个明显的特点，一是系统性强，来龙去脉清楚，结构体系上更能反映内在联系；二是注意启发读者思维，行文中体现出循循善诱的教学思想；三是强干削枝，重点突出，内容更加少而精。

这套教材当时在国内被广为使用。在电工技术学界，许多工程技术人员、专家学者回忆说，他们都曾从俞大光编写的这套教材中获得过不少教益，可以说 20 世纪 50 年代后期到“文革”前整整一代电工技术人员中，很大一部分人是从这部书入门的。

俞大光的学生曾经评价说，因为有较深的理论根底，丰富的教学经验，加上思路清楚，文字能力又强，他写的书既严谨又流畅，要言不烦，便于教学，受到了广大师生的欢迎。

俞大光的写作习惯是在形成思路以后，用自己的语言一气呵成地写下来。整部书稿几乎完全是依靠他深厚的功底默写出来，其中包括烦琐复杂的数学推导。

曾经与俞大光同在电工教研室工作、后来担任哈工大副校长职务的周长源在回忆文章中提到，那个年代里会议多，而且一开就是半天，已经担任学校教务处副处长的俞老师参加这类会议，总是争取第一个发言，把自己的意见说清楚了，便埋头写他的书稿。

这套教材的修订始于1961年，但那时已有消息，说要调俞大光到第二机械工业部（简称二机部），结果到第二年4月，他正式离开了学校。即使在离校后，他依然对教材建设倾注了很大精力，对书稿的讨论全靠书信往来交流写作修改意见。

在撰写初稿的过程中，经历了多次反复，初稿完成后，俞大光利用工余时间，一丝不苟地逐字逐句地修改。最终，修订版的上、中两册分别于1964年和1965年出版。下册于1965年底交稿。由于“文革”耽误，直到1980年6月才决定继续出版，最后在1981年6月问世。

曾任高等教育出版社电工编辑室主任的楼史进在一篇回忆文章中写道：“采用俞大光老师编写的《电工基础》教材后，教学情况有很大改观，两个版本累计印刷20余次，印数20余万套，是“文革”前国内读者人数最多、影响最大、唯一经国家审定出版的电工基础通用教材。当时全国涉电专业的高校几乎都采用该书作为教材或主要教学参考书。”

原教育部电工教材编审委员会秘书、高等教育出版社总编辑杨陵康在评价俞大光在电工专业教学和教材编写上所做出的重要贡献时说：“他起草的我国第一份正式颁布的高校《电工基础教学大纲》，他领衔翻译的我国第一本《电工原理》教材，他亲自编写和

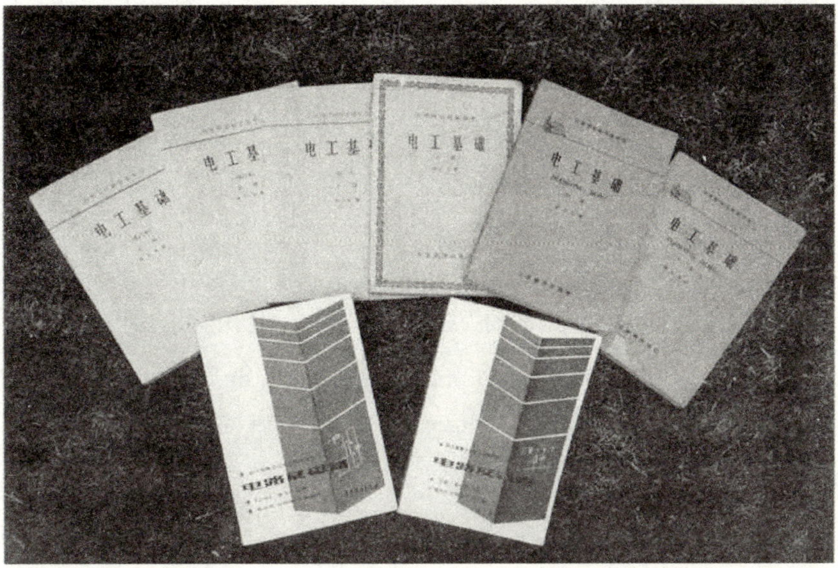

图上部为俞大光编著的关于电工基础的系列教材

主持修订的我国第一套自编通用教材《电工基础》，为开拓我国高校电工基础教学做了许多探索性、奠基性的工作，‘文革’后，电工类教材如雨后春笋，空前繁荣，但迄今为止，在编写质量上还没有见到有哪一本电工教材所下的功夫超过俞大光。”

## 严 谨 教 学

如果说教材和学科建设是俞大光为哈工大电机系做出的第一大贡献的话，那么，他在教学上所倡导并身体力行的对学生严格要求的优良作风，就是他为哈工大这座高等学府留下的另一笔宝贵财富。即便是在半个多世纪之后，每当提起他的这种作风，依然令人敬仰。

作为一名教育工作者，俞大光时刻牢记着“教不严，师之惰”这句自幼就熟悉的《三字经》里的古训。而就他自身的经历来说，无论是在湖南高工求学，还是在武大求学，他都是这一古训的受益者。那一位又一位让他印象深刻的严师们的行止，成为他指路的明灯，也是他最切近的职业偶像，使他完全继承了他们身上的这一优良作风。

俞大光清楚地记得，他在武大读书时，电机系的叶允竞教授讲课思路清晰、逻辑性强，善于启发诱导，在备课中下过很深的功夫。有时为了补课，不得不在早晨7时就上堂讲课，就算这样，只要学生有问题，他总是耐心解答。

有一次，俞大光在电机楼二楼见到他，询问电子示波器的使用操作方法，他立即把俞大光带到仪器面前，一点点仔细讲解。在考试评分时，他非常认真，他所讲授的交流电路一课常有较多人不及格，有时甚至达应考人数之半，在学校公布的成绩单上呈现红色一片。

武大土木系的俞忽教授，也是严把考试关的有名人物。他所讲授的结构学一课，常常是大多数学生不能通过考试，甚至全班只有个别优秀生才能一次通过。这两位教授虽然教学严格，但对学生平易近人，照样赢得了学生们的尊敬。

正是从母校的良好学风和老师们树立的榜样中，俞大光建立起自己做一名教师应有的责任心，在教学中除努力讲好课做好辅导外，还必须严把考试关。他从武大毕业后留任助教，在担任交流电机习题课的教学任务中，就坚持这一做法。后来，因为他严格把关，一个未能及格的学生甚至给他寄了一封匿名恐吓信，但这并没有动摇他的决心。

哈工大当时的校长李昌，是一位具有远见卓识的领导者，他根据当时的实际，在教学上提出了“规格严格，功夫到家”的口号。“规格”是标准，“功夫”是过程。这一口号如今已经成为哈工大的校训。对李校长的这一提倡，俞大光从心底里表示赞成。

俞大光讲授的电工基础这门课，当时上课的学生只有一个大班，分成5个小班，共有100多名学生。解放初入学的学生，程度参差不齐，国家又急需人才，强调要提高成才率。为此，俞大光在课堂上讲得非常仔细。

上完课的当天晚上，俞大光还会亲自带领几位教师到大教室去答疑，进一步帮助学生掌握吸收教学内容。那时的学生非常好学，来质疑的很多，教师座位前很少出现空场的情况。有的是一般疑问，有的对问题抠得很深，共同的特点是他们都不满足于数学推导，事事要求做出物理解释。这也与俞大光上课强调的要搞清基本概念有关。

第二天上班后，俞大光在教研室总要召集大家来讨论昨晚答疑中出现的问题。问题主要有两类：一类是那些基础特别差的同学所提的，需要循着他们的思路，把道理说到根子上，引导他们入门；另一类是比较深入而当时的回答还没能使提问的同学充分信服的难题。

对于这两类问题都需要把物理概念和数学推导联系起来。讨论中有时也会争论起来，气氛很活跃，直到把这些难题说透说清楚后大家才肯罢休。最后，再用一个专门的本子记录下来。这种严格认真的教学方法，对于每一个亲身参与的教师来说都有很大的收获。

这个时期，俞大光在教学内容上不断进行探索，写了4篇理论文章，保存在哈工大电工教研室。这4篇文章分别是：《负载阻抗大小不变而角度变化时四端网络图作法》（《哈工大电工教研室资料》1955年5月（1）第1~5页）；《不对称三向量的顺序对称分量与逆序对称分量的大小问题》（《哈工大电工教研室资料》1956年5月（2）第33~34页）；《对称分量法在计算三相电路过度过程中的应用》（《哈工大电工教研室资料》1956年5月（2）第56~59页）；《对部分电容定义的探讨》（《哈工大电工教研室资料》1956年5月（2）第75～77页）。

从1953年开始，教学任务由苏侨老师转到我国教师手上，教研室的绝大部分老师都还没有担任过本科的教学任务，可以说是从零开始。在俞大光的努力下，第一步先从掌握教学内容入手，专门组织对新到来的教师们掌握课程内容的情况进行摸底测验，然后针对测验情况提出尽快掌握课程内容的要求，并通过分配到各小班担任习题课的工作作为教学实践以达到切实掌握课程内容的目的。

1954年暑期，高教部在大连召开8门基础课和技术基础课的教学会议，审定教学大纲并交流教学经验。电工基础和电工学合在一起作为一门课程。参会的俞大光准备了一份完整的教学大纲和一篇教学心得提到会上。这份教学大纲被作为讨论稿，经会议讨论做了修改后由高等教育出版社出版并发到全国有关高校。

由这份教学大纲入手，俞大光着手自编讲义。他起草完成后，经征询教研室几位老一点的教师们意见后定稿，陆续打字油印，在上课前分次发给学生。与此同时，教研室内部定期以教学心得和本学科里的小钻研成果为内容组织学术报告会，并将报告定期整理后印刷成册。1955学年里先后出过两期名为《电工基础教研室教学与科研参考资料》的内部刊物。

因为有了这些充分的实践工作，1956年暑期，在由高教部在沈阳组织召集的、大连会议划定的各课程的教学经验交流会上，俞大光代表哈工大详细报告了自己执行教学大纲的体会和意见，引起高等教育出版社的注意，会后，对方即向他正式约稿编写电工基础课程教材作为全国统编教材出版。

由于已有经过教学实践的课程讲义做基础，加上有过翻译苏联教材的经历，俞大光答应了出版社的约请。这套吸取了众多同事们教学经验和意见的教材，经过北京铁道学院黄宏嘉老师（现为中科院院士）的认真审稿，最后由高等教育出版社分上、中、下3册出版，成为我国学习苏联教学结合我国实情出版的第一套电工基础教材。这套教材后来又由周长源老师等人重新修订，由人民教育出版社出版发行，在国内高校得到广泛采用，累计印数超过 20 万册。高等教育出版社评价说是“国内影响最大的电工基础教材，为培养造就我国电工、电子技术人才做出重大贡献”。

从大连、沈阳两次全国性的交流会以后，高教部于 1961 年决定筹备成立高等工业学校基础课程和各专业共同的基础技术课程教材编审委员会和高等学校理科教材编审委员会。这是一个专家咨询组织，其成员由教育部在全国高校知名教授、学者中遴选，如中国著名学者苏步青、周培源、唐敖庆、钱伟长等人均是各编审委员会的负责人。由于俞大光在哈尔滨工业大学电工基础课程改革和教材建设中的突出成绩和本人的工作业务水平，教育部邀请俞大光担任电工教材编审委员会筹备组负责人，兼下设“电工学和电工基础”教材编审组负责人。

1962 年 3 月，电工基础和电工学教材编审组（筹）在哈尔滨召开扩大会议。俞大光主持这次筹备会，会上进行了经验交流。会议一项重要工作就是讨论审议本组所涵盖各课程的教学大纲。当时把电工学与电工基础合在一组，邀请了高等教育司（简称高教司）推荐的教材编审委员会的成员清华大学钟世模、清华大学萧达川、上海交通大学林海明、重庆大学江泽佳及俞大光五人参与审议，另外邀请了裘益钟、秦曾煌、蒋德川、罗守信等几位电工学老师和拟任本组秘书的吕碧湖参加会议。会上初步审定了全国通用的电工基础和电工学各类型的教学大纲，制订了电工课程教材编审的五年计划。

1962 年 7 月，经由俞大光起草，全国同行专家和教授反复研讨、修改、审订的《电工基础教学大纲》正式颁布，它是高校电工基础课程建设的指导性文件，对指导、规范电工基础教学，培养人才发挥了重要作用。

俞大光在哈尔滨北方大厦主持首次电工学
与电工基础教材编审小组（筹）会议，到会全体人员合影

俞大光在担任哈工大电工教研室主任和电机系副主任期间，认真借鉴和吸收了过去在武大时的成功经验和做法。习题课和课外习题演算是检验能否正确运用理论、训练解决问题的技巧和培养计算能力的教学环节，但苏联教材上一般都不附习题，俞大光带领教研室的老师们一起，通过努力编写出了一本《电工基础例题及习题集》，并于1960年由人民教育出版社出版。

为了改变原来苏联教师讲课时实验课题较少的状况，俞大光及早着手进行充实准备，并及时向系里提出添置必要仪器设备的合理要求。经过努力，在1955年电工教研室搬迁到新建电机楼时，已能开出包括电磁场的一些实验项目在内的30多个实验。

哈工大当时曾被高教部确定为学习苏联教学的重点院校，并要求其要向全国起辐射带动作用。电工教研室创建初期，除当时全国派来的和分配的研究生外，还接收了一些进修人员。他们一方面为了掌握教学内容参与教学活动，在教研室内部参与研讨问题，同时也帮助教研室做了一些工作。

哈工大当时对考试十分重视，考期长达一个月，复课时间很充分。考试方式完全沿用了俞大光他们毕业时那种口试的办法，成绩则五级记分。每门主课考试之前还要进行考查，面对面地检查各个学生平时作业完成情况和实验操作能力。

俞大光不仅是对学生口试的成绩把关严，对考查的环节也非常重视。他认为，通过考查，把学生平时学习上的漏洞挖出来，加以补救，能减少考试不及格的人数。另外，考查还用以检验学生的实验操作能力。考试和考查都是一种积极的教学环节。学生通过这两个环节，对本门课程的掌握程度应该上一个台阶。

俞老师要求电工教研室的助教们要掌握每个学生平时对课程内容的理解状况，对其中的薄弱环节更要了如指掌。考查前，他要求大家准备好一份材料，详细记载每个学生的作业完成情况、发生过什么重大概念性错误，等等。

在考查过程中，重点检查他们对以前的错误是否已经纠正，是否已经有了基本理解。程度中等偏下的学生往往需要经过两次、甚至三次才能通过。这样一来，考前他们对课程的主要内容就都掌握了。

俞大光在哈工大从事电工基础的教学工作达 9 年时间，是这门课程的主要负责人。由于这门课的概念、定律和方法较多，使数理基础欠佳的学生难以切实理解，往往由于一些基本概念不清而不能通过考试，因此，学生们把这门基础技术课程视为“老虎课”。

对于考试所采取的口试的方法，客观上说占用教师的时间要更多一些，但是，其优点则在于能较确切地掌握学生对课程的理解程度，也容易让学生暴露出基本概念不清，并因此不能正确应用基本定律和掌握基本计算方法。这些也是学生不能通过考试的主要原因。

作为电工基础教研室的主任，俞大光面对这种情况，主张只能加强对学习困难学生的课外辅导，而决不能对困难学生放松课程的基本要求。他的意见获得了教研室绝大多数成员的赞同，也正符合当时李昌校长针对教学工作提出的“规格严格，功夫到家”的要求。

经过加强课外辅导并开设工农学生特别辅导班等措施后，情况似乎有些好转，但又受到一连串政治运动的影响，因而看不到明显效果。由于俞大光始终坚持规格严格，使得学生成绩总体来说仍然不佳，不及格人数较多，他为此还受到电机系党总支负责人的批评。

俞大光这种在教学上坚持严格要求的做法，使他不仅成为电工教研室的名人，也成为在全校都颇具知名度的老师。一些学生私底下给他奉送了一个绰号——“铁将军”。对此，俞大光一直不曾知晓，直到“文革”结束后，他才从一直留在该校的同事好友们的转告中得悉。

学生给老师起绰号，毕竟是一件不太正当的事情。不过，对于这个绰号，俞大光倒并不介意，他甚而觉得还是很乐意戴这顶帽子的。因为这顶帽子的寓意应该是敢拼敢闯而且铁面无私的干将。从自己的为人处世来回顾检查，他感到还有距离，应加倍努力才行。

俗话说，严师出高徒。大部分毕业生认为在校期间电工基础学得比较牢固，终身受用匪浅。周长源在回忆文章中提到，“文革”前他出去做毕业生调查，屡屡见到他们把《电工基础》教科书放在工作室的抽屉里，以便碰到问题好随时拿出来翻一翻，得到一些启发。

在俞大光离开哈工大25年后的1987年8月，他第一次回到学校探望故旧。有一位当年的学生，如今已是教授和博士生导师，他在午餐会上满怀深情地回忆说，他的哈工大记分册上唯一的一个3分，是俞老师给的。

在说到这个3分的来历时，他说，因为那次口试，有一个概念自己给弄错了。俞老师评分时把他的记分册翻了好久，要不是其他课程都得5分，俞老师很可能会给不及格！但是这次挫折，对他的教训非常深刻，使他进一步注意到自己的学风，从而毕生受益。

其实，像这位学生一样有着相同感受的学子们又何止一个两个，在那个年代从哈工大电机系毕业的学生们，正是得益于像俞大光那样的严格要求，勤奋钻研专业知识，打下了坚实的理论根基，为他们走向社会开创一番业绩提供了重要保证。

在这批学子中间，涌现出了许许多多杰出人才。而在他们的脑海里，也对俞大光当年的“铁将军”精神，感念不已。

曾任中共中央政治局常委的李长春是1961年考入哈工大电机系的，当年入学时亲耳听过俞大光给他们做的新生入学报告，后来听到过不少关于俞大光的故事，对俞大光留下了深刻印象。多年之后，他在前往青海原子城考察时，偶尔得知了俞大光的下落，激动不已，回京后，他专程赶到俞大光的寓所前去探望，对老师当年的言传身教表达由衷的感激之情。后来，他还在一篇回忆母校的文章中，专门写到此事。

李继耐，曾任解放军总政治部主任，上将军衔，也曾是俞大光教过的学生。他在专门为庆祝俞大光80寿辰写的纪念文集序中写道：“作为60年代初在哈工大聆听过俞老师教诲的学生，我对他在课堂教学时科学思想的清晰、逻辑推理的严谨、调动学生思维的技巧，都有着极深的印象，而他在批改作业与考试时有如‘铁将军’般的严格，至今让人记忆犹新。可以说，俞老师的谆谆教诲与严以律己的大师风范，极有利于学生人格素质的培养，是我辈终身受用的精神财富。”由俞大光奠基的“铁将军”式的教学作风，至今仍是哈工大电工基础教研室保持的优良传统，它造福着一代又一代青年学子。

李长春到俞大光的寓所拜访

李继耐会见当年的老师俞大光

# 人生磨难

俞大光在武汉大学学习和工作了整整10年，而在哈工大则度过了12年的时光。相较于前面的10年来说，这是新中国成立后相对安定的一段和平时期，虽说没有了过去战乱年代的奔波劳顿和种种因战争而造成的意外伤害，然而，俞大光的人生仍然充满着艰辛与磨难，而正是这些磨难愈加显露和锤炼出他优秀的思想品格。

建国之初，为了清理阶级队伍，确保社会的稳定，各种各样的政治运动一项接着一项，高等学府也未能幸免。俞大光刚到哈工大学习一年时间，就赶上了1951年开展的镇压反革命运动。在这场运动中，他把自己曾经参加过国民党的历史问题做了交代。

在当时那种历史背景下，这无疑是一个极其重大的问题。其实，俞大光当年参加国民党是极其偶然的事件，那还是在乐山读书期间，他的恩师赵师梅在他们快要毕业时，考虑到当时的社会现实，给他们提建议说，为了将来走向社会后有个依靠，最好还是加入一个组织。

对于像俞大光他们这样的穷学生来说，既无显赫的家世，又没有什么可以依靠的权贵，要想在社会上有所成就，还真就要像赵师梅教授所指导的那样。正是在这样的情况下，他们几个要好的同学一起办了国民党的党证，但此后并未与国民党组织发生任何联系。俞大光后来觉得这个党证也没有什么用处，解放前夕干脆把它给扔进火里烧掉了。

其实，如果俞大光自己不说，也许不会有人知道这段历史。毕竟当时参加国民党只是自己作为一名学生时为了将来的发展而采取的权宜之计，没有因此给社会和人民造成任何伤害。然而，作为一名教育工作者，俞大光将诚实守信作为自己的人生信条，他也就没有顾忌什么后果，坦然将这段历史讲了出来。

从小学到中学，从湖南高工到武大，再到哈工大，在俞大光走过的人生历程中，基本上是一直在学校、书斋里度过的。他所关心的是如何学好知识，教好书，育好人，做一名合格优秀的教育工作者，为社会培养更多的有用之才，政治对于他来说是一门完全陌生的学问。

但是，问题既然提出来了，就必须要有个结果。受到批判自然是不可避免的，因为自行将党证烧毁的行为，成为批判和攻击他的人们的进攻焦点。他们的逻辑就是，不该把它烧掉，烧掉了就表明你心虚，说明你想隐瞒。

这次批判是新中国成立后俞大光第一次经受的政治风波。所幸的是，这时他还只是师资研究班里的一名学生，学习仍是主要任务，加上这件事没有给社会带来任何危害，随着新的政治运动的到来，这一事件也就不了了之。

在这次令人啼笑皆非的风波过后，第二年又迎来了知识分子思想改造运动。这项运动的发起原因是党组织认为知识分子从旧社会中过来，身上都有一些不良的东西需要改造。根据上级要求，俞大光向党交心，非常认真地参加了这项运动，最后，由党组织给做出结论，提出改正意见，俞大光认为从这项运动中还是有所收获的。

进入1953年后，俞大光未能幸免地又遭遇上了“忠诚老实运动”。也可以说是因为有了前两次运动的前车之鉴吧，在此次运动中，他主动交代了在乐山读书时曾参加中国国民党、中国工程师学会、中国业余无线电协会以及力讯社等一应情况。后来经组织上核实，告知他说有一些是国民党的外围组织等，对这些，俞大光当然毫不知情。不过，通过这次运动，倒是查清了这些历史问题，最后所做的结论是肯定的，并认为这些都是俞大光的政治历史问题，并已查清。可是，在后来的“文革”中，这些结论却又全都不作数了。

在顺利通过这项运动之后，俞大光被作为哈工大选留的师资人员对象上报到高等教育部，并由高教部下发了最终调令。3 年的学习时间里，俞大光只回过一次武汉大学的家，现在终于获得了又一次与家人团聚的机会。在办理完各项调动手续后，9 月，他和妻子韩颖娟处理完搬家的各种事务，带上已经出生的儿子正式迁居哈尔滨。

在俞大光的人生历程中，这是一个令他难以忘怀的年份。除了上面两件大事之外，还有件不小的事，他在经常与兄嫂的通信中已经获知，老家那边轰轰烈烈地搞土改，不但把他们家的土地全部没收，还把他的嫂子关了 8 天，并要求他们家偿还所欠债务。这件事让俞大光内心始终充满焦虑，难以释怀。

就在这一年，他手上恰好有龙门联合书局出版以他为主翻译的那套《电工原理》所支付的书稿翻译稿费。他毫不犹豫地拿上这笔钱利用学校放暑假的时间赶回长沙老家，偿清了家庭遗留的全部债务，使问题得到彻底解决。

从 10 岁多回到长沙，老家的这片田地承载着他童年和少年时的许多记忆，他的父亲和母亲都埋葬在这里，应当说，这里就是他的根脉所系。而今，土地已经不再属于他们，唯一留给他的是几间祖辈们生活过的平房故居。

那几间旧屋，无论是对俞大光还是他的哥哥来说，都只是意义不大的一处先祖留下的遗产，谁也不可能再回到那里居住。不过，关于屋里神龛上供奉的祖宗的灵牌的处理，却是一个有些棘手的问题。经过和哥哥俞大猷商量，兄弟两人认为那都是封建迷信，没有什么保留的价值，决定一律烧掉。当地的老百姓对此很不理解，不过，他们也顾不上当地人如何去看了。

刚刚把家搬到哈工大时，俞大光一家三口住的是临时房子，没有做饭的条件。不过，所住的地方离学校研究班食堂很近，一家人就都在食堂吃饭。这段时间，哈工大正处于学校的建设发展时期，转过年来，给教职工住的新房子修好后，他们搬进新居，才开始过上正常的居家生活。

俞大光的妻子韩颖娟在调入哈工大之前，曾在武大的幼儿园短期工作。调入哈工大之后，他们的儿子已经4岁，到了上幼儿园的年龄，可是，进幼儿园学习没有几天，就得了肝炎。幼儿园为了保证别的孩子的健康，就拒绝再接收。无奈之下，韩颖娟只好在家看护儿子。为了解决工作的问题，又专门上一所夜校学过绘图。1954年和1955年，他们的小儿子和女儿又先后出生，家里的生活负担一时全落在了俞大光一个人的肩上。为了改变这种局面，他们只好请了一个保姆照看家里的孩子。到1958年，在两个幼小的儿女都进了幼儿园后，韩颖娟的工作问题才得到解决，进了哈工大的幼儿园当教养员。

在上世纪50年代初期，哈工大学生党员多，教师党员少。1955年，在李昌校长的领导下，学校党委决定撤销各系党总支，成立全系师生党员在一起的“大支部”来提高支部会的质量。

曾任电机系大支部副书记的周长源后来在回忆文章中提到，当时支部的工作方针是要把系的思想政治工作从门外敲锣打鼓到门里敲锣打鼓，系的核心力量要从政治业务分家到政治业务结合。根据学校党委的部署，决定要着重从教学骨干里发展新党员。

这在当时的电机系无疑是一件至关重要的大事。经过反复研究，确定俞大光为第一号重点对象，由周长源和当时的系团总支书记宋振绥负责做工作。他们两人不止一次找俞大光谈，问他对组织的认识，还有历史问题的情况。

俞大光的妻子和孩子在哈工大的住宅前

在条件基本成熟的情况下，1956 年，俞大光正式向党组织递交了入党申请书，周长源、宋振绥作为介绍人。正式讨论俞大光的入党问题时，又恢复了过去的总支建制，教师党员也恢复了单独的支部。

那次教师党支部会是在一个大教室里召开的。几乎邀请了全系教师参加，会开得非常隆重。其主要目的是要向党内外说清楚为什么俞大光符合入党条件。其实，开始阶段对发展他入党这一问题在党内也并不是没有争论，需要力排众议，更需要有党委的坚强领导做后盾。最终，在那次会上通过了他的入党申请。这件事在电机系教师中间引起了很大震动。

1956 年 9 月，俞大光被任命为电机系副主任。1957 年 8 月，经高教部批准，俞大光正式晋升为副教授。然而，对于一心把精力投入到教学中去的俞大光来说，却由于对政治相对缺乏敏感性，而给自己带来了不少的麻烦。

在当时那个年代，“左”的思潮占据了社会主流，可是，俞大光不愿意赶这种新潮，也不想人云亦云。凡是他没有想通的，决不迎合着说。他也敢于如实地说出自己的想法，有时就难免说一些不合时宜的话，刺激到一些人敏感的神经。

反“右”运动开始后，在对划为“右派”的学生参加考试怎样评分这一尖锐问题上，他公开说了“在分数面前人人平等”的话。一时之间，在党内引起了不少非议。其实，到底怎样来评分，在教师党员中大家也只能这样去做，也都这样做了，只不过谁也不敢公开这么说罢了。

“大跃进”期间，学校组织学生参加科研，“猛攻尖端”，冲击了教学。俞大光仍然坚持要严格考试，严格标准，电工教研室给学生的成绩低，党支部就批评他不突出政治，是业务冲击政治，认为跟党走的不是一条路，没有与群众走在一起。

此外，当时学校实行的是“党委制一杆子插到底”的领导体制，俞大光仍按常规来管理系内教学，因为他觉得教学上的事情没有必要事事请示党总支。结果，在反“右”时，他就受到批判，被批评为缺乏党的观念，是党性不强、政治觉悟不高的表现。

正是由于上述种种原因，1957 年俞大光的中共预备党员身份满一年，应当转为正式党员时，就受到了党支部领导的阻挠，主要理由就是说俞大光对党的认识还不到位，需要再考察一年。就这样，俞大光入党转正的时间又被延长了一年。

1958 年 12 月，俞大光通过预备党员转正，之后又当选系党总支委员，他所编著的《电工基础》一书由高等教育出版社正式出版。对于俞大光来说，三年困难时期的 1958、1959 和 1960 年是尤其艰苦的岁月。

由于生活困难，食物短缺，一个月只有 27 斤[①]的粮食定量，食



① 1 斤 =0.5 千克。

油一个月只有5两[1]。在如此艰难的生活条件下，工作的繁重程度却比过去有过之而无不及，尤其是写教材，要一字一句地推敲，3本书写下来有80多万字。

在教材写作过程中，先是写初稿发讲义在自己授课的班级试用。由于翻译的苏联教材中有许多问题，比如一些不必要的微观理论，连他的导师有些都解决不了。在工程方面，也没必要把它搞得那么深。还有就是原来的句子都非常长，给翻译和讲解带来不便。讲义经过教学实践，再经过研究讨论和修改，最终成稿。这套教材虽然由俞大光一人编写，却也汇入了教研室的集体智慧。当然，俞大光为了工作，晚上经常要加班到很晚。

在当时那样艰苦的生活条件下，如此拼命地工作，无疑对俞大光的身体健康造成了很大的伤害。他过去在乐山上学期间曾得过黄疸性肝炎，但是并没有影响上学。1961年，一方面因为缺乏营养，另一方面也由于过于劳累，俞大光开始出现浮肿，同时，伴有肝脏肿大的现象，学校当时怀疑他得了肝炎，就停止了他的工作，让他安心接受治疗。

从这年的5月开始，到暑假结束前，在3个多月的时间内，因为有了较好的休息，加上营养状况显著改善，俞大光的身体很快就恢复了健康。

1961年8月，俞大光调任哈工大教务处副处长。高校都有一条约定俗成的规矩，只要有教学能力，就不脱离教学岗位，直到1962年调入北京，离开哈工大，俞大光始终坚持在教学岗位的第一线。

作为俞大光在哈工大的同事兼挚友，周长源先生在回忆俞大光在哈工大时期生活的文章中，曾经专门为他填写了一阕《满江红》：

① 1两=50克。

一代良师，春风度、华中塞北。
循路场、行文三卷，邃深精密。
理论求真联实际，功夫到位严规格。
铁将军，矩矱护宫墙，长相忆。
冬云压，寒流急；
纷落叶，飞鸣镝。
大任由兹降，从戎投笔。
点火九天惊火帝，回风四海诛风伯。
喜晚霞，留照最高花，丛中立。

# 第七章

# 为国效命 建功“两弹”

从青年时期就立志走教育救国道路的俞大光，无论是在武汉大学还是在哈尔滨工业大学，都做出了骄人的成绩，然而，当国家和民族向他发出新的召唤，需要他投身到核武器事业的道路上时，他不顾已是不惑之年，抛却个人顾虑，毅然加入到这支宏大的队伍中去，开始走上了祖国国防科技事业的宏伟道路。从首都北京，到青海草原、戈壁大漠，他不仅要面对艰苦的工作生活环境，还要面对身体疾病的困扰，更具挑战性的则是科技难题，然而，这一切都没有能够阻挡他前进的脚步。在那个创业的年代，他用自己的心血和汗水，为浇灌祖国的国防科技事业之花做出了应有的贡献。

# 奉调进京

从1958年开始，中国遭遇给许多人留下深刻记忆的三年困难时期，饥饿成为当时整个国家面临的一大难题。尽管是在高校从事教学工作，俞大光也未能幸免。

1961年，在进入哈工大第11个年头时，由于物资匮乏、生活困难，严重的营养不足导致俞大光全身浮肿，肝脏肿大，不得不停止他心爱的教学工作，接受了为期三个月的集中治疗。身体恢复健康后，他被学校调整到教务处任副处长，暂时离开了最基层的教学单位，然而，他并没有就此告别三尺讲台，而是仍然担任电机系的电工基础课程的讲授任务。

从东湖之滨的武汉大学到冰城的哈工大，俞大光在这两座高等学府的教学岗位上已经兢兢业业地奋斗了近20个年头。他对自己工作过的这两所学校都怀着极深的感情，同时，他继承了恩师师梅先生教育救国的志愿，决心要把自己的毕生精力奉献给这项教书育人的崇高事业，为国家和民族培养更多更优秀的栋梁之材。

在这一年年初，俞大光度过了40周岁的生日。按照中国先贤孔子的说法，40已是不惑之年，一个人应当明白人生的事理，不再心存疑惑。然而，就人生阶段的划分来说，这时则正是精力仍然充沛，而又有相当多的为人处世经验，进入到成就一番事业的最好时期。已经在哈工大教学岗位上工作了近10年的俞大光，原本可以在这所高等学府迎来自己事业的顶峰。

然而，命运的转折往往是在不经意间，或者说总是出乎于个人的意料之外。从年中开始，就不断有消息传出，说是有单位要调俞大光走。对此，俞大光本人倒还蒙在鼓里，并不知道任何消息。进入初冬时节后，俞大光接到高教部通知，要他到北京参加筹备高校本科基础课和技术基础课教材编审委员会的会议。

哈工大的同事们送别俞大光

临行之前，教务处的李家宝处长专门向俞大光说明了中央组织部下令调他到二机部九局的事情，嘱咐他利用出差北京的机会抽空去该局洽谈一下。李处长只是简单跟俞大光讲了这些，更多的情况他也不了解。对于自己如何会被中组部点名调动、二机部九局又是干什么的，这一个又一个疑问，俞大光只能深埋在心底，等着机会来临时再一一去求解了。

内心怀揣着多个谜团，俞大光踏上了进京的列车。等到在北京的会议基本结束时，他就和二机部九局通过电话取得了联系，在约定了见面时间后，局里让他在驻地等待，届时，九局会派干部来与他接洽。

在约定见面那天，九局派去的那位中年男同志一见面，就问俞大光是否还认识他。俞大光在脑海里搜索了半天，一时想不起他是谁。等他一报出自己的姓名——谷才伟，俞大光立刻就想了起来，原来是在武汉大学自己曾教过课的学生，同时，也是电机系只比俞大光晚毕业4年的校友。

有了这样一种关系，双方的距离立即拉近了不少，交谈似乎也可以随便些了。不过，俞大光认为工作调动事关重大，不能不把话说清楚。他急于把自己内心里的那些谜团解开，可是，谈了许久，对方始终只说要他去从事自动控制方面的工作，而且，需要他把这一摊子工作抓起来。

出于对自己未来工作岗位的关心和好奇，俞大光再三表示，如果是因为保密的原因，不便透露，那么就希望谷才伟能把他已做过和正进行着的工作介绍一二，以便知道自己要去的这个单位究竟是干什么的，心里也好有个底。

然而，无论俞大光怎么努力，谷才伟却始终不肯说明。只告诉他说“你来工作以后自然会了解的”。最后，当谷让俞大光就工作调动的事情表态时，俞大光感到很是为难。斟酌再三，他只好用这样的话来表了个态：“我在高校工作已多年，有了深厚的感情，不愿意离开；但我是一名共产党员，如果组织一定要调我，我只好服从组织分配。”

回到学校以后，俞大光将出差的情况如实向领导做了汇报，当然也谈了对工作调动一事的态度。过了一段时间，李处长向俞大光转达了学校领导的新设想：用另外一名俞大光熟识的、比他稍年轻的优秀教师顶替他去二机部九局。并让俞大光再有机会去北京时找九局的老熟人，向他介绍那位拟顶缺的人物。

在当时那个年代，哈工大校领导想出这样的折衷办法，可以明显地看出俞大光在他们心目中的地位。他们是真的不舍得放这位有着“铁将军”称号的优秀专家离开学校。俞大光自然能够体谅学校领导的这番苦心，再加上他当时确实不愿调动工作，这件事也就乐得一试了！

当俞大光再次有机会到北京约见谷才伟并将拟顶替自己的那位教师向谷做了介绍以后，得到的回复是："你推荐的人我们信得过，他愿意来我们欢迎；但你必须来，这是中央的调动，你不是说过服从组织分配嘛！"就这样，俞大光碰了个软钉子，只好回学校如实汇报。

哈工大的校领导虽然不想放俞大光走，但是，面对中央的调令却又无可奈何。当时担任学校校长的李昌同志专门给俞大光写了一封长信，表达对他将要调走的无可奈何和惋惜的心情，同时也嘱咐他到新的工作岗位上尽快熟悉工作，发挥作用，不要辜负组织的期望。

直到这时，俞大光仍然不知道将要被调到新单位那里后究竟是干什么，到底能不能适应，内心里一片茫然。在他已有的生命历程中，总是以谨慎的态度，踏实而勤奋地工作，一步一个脚印地向前行走，还从来没有过像如今这样在前方一无所知的情况下，就要踏上一条自己所不了解的征途。

然而，决定已经不可改变。因为俞大光已按教育部的要求准备在哈尔滨召开全国电工教材编审委员会（筹）下属的电工学与电工基础小组（筹）扩大会议，为了不影响工作，他又拖了两个来月的时间，直到1962年4月下旬才离开哈工大，进京报到。

## 神 秘 领 地

在开往北京的火车上，看着车窗外那片肥沃的黑土地，俞大光内心里感触良多。此次告别自己钟爱的教学岗位，前往一个完全不熟悉的工作单位，从事一项全新的工作，这不亚于人生的一次冒险。对于已经41岁的俞大光来说，前方等待着他的将会是一个新的挑战和开始，他必须为此做好准备。

北京北太平庄花园路3号（现6号）院，这是一个在周围居民眼里充满了神秘色彩的地方。俞大光被调入的二机部九局就在这座院落里。它当时对外公开的名称是北京第九研究所（简称九所），就是后来在国内外有着广泛影响的中国工程物理研究院的前身。它当时对内的叫法是“二机部九所”，1965年，名称又改为“二机部九院”。

时令正值春光明媚的季节，在这个有警卫站岗的特殊院落，金黄色的迎春花将全院装点得生机盎然。负责接待并安排俞大光工作的仍是谷才伟，办理完报到手续后，由他引领和介绍，分别见到了李觉所长和吴际霖副所长。那时九局和九所是一个机构两块牌子，因此，他们两位也是九局的局长和副局长。直到这时，俞大光才知道，自己被调到这里来的使命是从事核武器研究工作。

20世纪50年代，以美国为首的联合国军发起了朝鲜战争，战火烧到了中朝边境的鸭绿江边。为了保家卫国，刚刚成立的新中国，在百废待兴的困难情势下，毅然出兵援助朝鲜抗击美国。在战争过程中，美国某些政客不止一次扬言要用原子弹封锁中国。面对核讹诈、核威胁，如何维护国家安全，维护世界和平，成为新中国决策者们的首要任务之一。

正是在这样的历史背景下，1955年1月15日，毛泽东主席主持召开中共中央书记处扩大会议，专门研究发展原子能问题，会议最后做出了从保卫国家安全、维护世界和平的战略高度出发，发展核武器的战略决策。

早在1954年秋，我国地质工作者就在广西发现了铀矿资源。铀矿资源的发现，坚定了党中央发展核事业的决心和信心。中共中央于1955年7月4日成立了由陈云、聂荣臻、薄一波组成的三人小组，负责原子能事业的发展。与此同时，一大批在海外留学的优秀科学家纷纷回国，投身祖国的核事业。

在1956年出台的《十二年科技规划》中，我国将原子能、火箭和喷气技术等尖端技术列为优先发展的重点项目。同年11月，全国人大常委会决定设立第三机械工业部（简称三机部）主管核工业，宋任穷任部长。

1958年1月8日，三机部九局成立，李觉任局长，副局长为吴际霖、郭英会。次月，三机部改为二机部。同年10月，北京第九研究所正式成立。

就是在俞大光初次走进的这所不大的普通院落里，汇聚着中国核武器事业的一代精英，他们许多人的名字在当时鲜为人知，而在多年以后，却成为共和国国防科技事业发展史上一颗颗璀璨夺目的明星，其中包括当时任所长的李觉，任副所长的朱光亚、彭桓武、王淦昌、程开甲、郭永怀，任部门主任的邓稼先、陈能宽、胡仁宇等人。

俞大光报到后被分配到科研管理部门，称为业务办公室。原本这个室的主任是谷才伟，现在又任命俞大光为主任，对这种貌似不合理的安排，俞大光猜测有可能是领导考虑到他俩在武大的关系，不宜把俞大光任命为副职的原故。其实，对于初来乍到的俞大光来说，不仅对科研内容是门外汉，对机构和制度也很不熟悉，也就不太可能在决策权上出现矛盾。

离开高校转战军工科研战线时的俞大光

报到当天上午下班时，谷才伟陪俞大光步行回宿舍区，路上恰巧碰到了曾在武汉大学教过俞大光课的疏松桂老师。作为当时武大赵师梅先生重点培养的电机系的两位青年骨干教师力量，当年他们曾经共同担任过交流电机习题课老师，疏老师还曾把自己演算过的习题无私地提供给俞大光参阅，由此，二人结下了深厚的情谊。疏老师1948年离开武大留学美国，1955年回国后在中国科学院长春自动化研究所工作时，还曾就出差哈尔滨之便到俞大光家访问过。

在这次再相逢的喜悦过后，经过交谈俞大光才知道，疏老师是1960年调入北京九所的，现任五室即引爆控制系统与遥测研究室主任。谈到俞大光的调动问题时，由于两人关系较熟，俞大光就顺便询问是否由他推荐提的名，对此他含糊地回答说，“可能有些关系吧！”

原来，在20世纪60年代，中央为加强核武器的研制工作，决定由九局现有骨干提名，从全国抽调一批科研技术骨干人才，增强科技人才队伍的力量。在征集调入人员提名时，疏松桂推荐了俞大光，谷才伟将此上报。就是在这种情况下，俞大光被列入第一批126人大名单，由中组部下令调入九局。

藏在心底的谜团，直到这时才总算揭开了最终的谜底。弄清了自己被调入九局的来龙去脉后，俞大光颇为感慨，人与人之间的缘分有时会直接影响到一个人的命运。就他自己的情况来说，就是因为认识了疏松桂和谷才伟这两个人，才有机会被调入九局，从事这项特殊的工作。

进入九局工作后，俞大光在这两位校友的热心帮助下，各方面受益良多。在业务办公室期间，谷才伟也和他配合得非常好。

但是，从哈工大的教学岗位转到九局这样的科研机构，俞大光面临的最大问题是转行所带来的各种困难。那时，他的当务之急是要尽快把核武器的一般知识学到手，做到在所内参加学术会议时能对内容有一般理解。

当时的中国，正面临着国外西方势力的全面封锁，作为尖端科技的核武器研制方面的资料几乎是一片空白。俞大光能够找到的只有一份代号是 A039 的苏联专家建议可以当作参考资料学习。由于这份文件极其简略，而且只讲结构不谈原理，所以并不能帮助俞大光从根本上理解关于核武器的基本原理。

在万般无奈的情况下，俞大光只好采用自学核物理专业的大学教材先为自身打基础的笨办法。这种做法由于不能直接联系核武器的实际，几个月下来，俞大光感到进度实在太慢，此后，他又开始研读科研报告，但总体说来都收效甚微。

眼看着自己选择的几种路径，效果都不明显，不能快速地帮助自己进入核武器研制的门槛，这不由使俞大光陷入深深的苦恼，深感这样下去难于发挥自身作用，有负组织的期望。如果要改变这种局面，想发挥在技术上的优势，就必须要到第一线的科技岗位上去。可是，对于刚刚到九院的俞大光来说，贸然向组织上提出自己的想法和要求显然是不太合适的。

一心想要尽快摸清核武器原理，能够发挥自己作用的俞大光陷入到无比焦虑的心情中。这时，俞大光与哈工大的李昌校长的一次偶然相遇，最终使事情发生了转机。

对于九所调俞大光这件事，哈工大的李昌校长当初从内心里是非常不舍得放人的，但是，因为是中央下的调令，他也只能忍痛割爱，为此，他曾专门给俞大光写过一封长信表达自己的心情。1962 年 4 月下旬俞大光进京报到，7 月全家迁居北京。

大概就是在这不久，李昌校长到北京开会，住在西直门大街一个宾馆。恰巧俞大光也在该宾馆参加另一个会议，会议结束后，在宾馆院内偶然见到了老领导。畅叙别情之后，李校长关切地问到他在新单位的工作情况。由于涉及机密，俞大光不便详细报告，只说自己被安排在业务办公室，从事机关工作，同时表露了自己的想法，觉得在机关没有充分发挥出自己应有的作用。

李昌听后也很不满意，说干机关工作，何必非调你去不可呢？他对此非常重视，专门抽空找了主管九所工作的国防科委二局的领导，反映了俞大光的工作问题。

在那个年代，九所的内部机构和人事安排经常变更调整。俞大光到之前全所的总体布局是分设理论、试验、设计、生产4大部，机关则设学术秘书室组织科研生产。担任这几个部主任职务的都是后来赫赫有名的科学家，其中包括理论部主任邓稼先，试验部主任陈能宽，设计部主任龙文光。

俞大光调进所里前不久，九所刚实施了一次新的调整，变成了6个研究室替代4大部的体制，学术秘书室则降格为组并将工作范围缩小到科研学术方面，隶属于业务办公室。1962年9月，业务办公室又变更为科研处，但工作内容基本未变。

1963年2月，我国在建的核武器研制生产基地——青海221厂已交工的一部分可以投入使用。为此，九所再次进行相应的体制调整，恢复4大部，并将生产部分为第一、第二生产部。

就在此次调整中，郭英会副局长找俞大光谈话说，“有人向国防科委二局反映了对你工作安排的意见，我们也认为安排你在机关不太合适。现趁体制调整这个机会，准备把你调到设计部任副主任并兼十五室主任，你看怎么样？”俞大光当即表示愿意服从组织安排。

这时，俞大光了解到十五室就是原来的五室。此外，设计部内还包括十六、十七、十八三个由原六室分解而来的研究室。疏松桂也被任命为设计部副主任，不再兼室领导工作，但分工主管十五室，这给俞大光创造了获得他更多帮助的条件。

核武器的研制与建造是一项大型的系统工程，从核材料的开发，核武器的物理设计、工程设计和制造、试验，到定型生产，需要经过极其复杂的步骤，要完成这些步骤，就要求有多种学科的人才、必要的计算、测试手段与设备、厂房和试验场地等等条件，这一切都需要动用国家的大量资源、资金和科技力量才能实现。

对于当时的新中国来说，为了打破美苏两国的核讹诈，必须要依靠自力更生掌握核武器和导弹技术。这项工程事关国家民族的安危大计，只能由国家最高领导层下决心来启动并组织实施。

1956 年 11 月，经全国人大常委会同意，我国决定成立第三机械工业部搞核武器，1958 年 2 月改为第二机械工业部。

一代伟人毛泽东曾经豪迈地说过，“搞一点原子弹、氢弹，我看有 10 年工夫完全可能”。1962 年，他还亲自批示“要大力协同，做好这件工作”，动员全国各有关部门和地方适当集中必要的人力、物力、财力，投入原子能事业。

各有关方面协调一致地工作。在中央正确、得力的领导下，虽然有苏联背信弃义撕毁援助协定和美国要对我国实施核绝育手术的威胁，但是，我国最高领导层仍然坚定决心，从各方调集从事核武器和导弹、卫星的科学研究和工程技术人员，全力投入到这项宏伟事业中去。

鉴于核武器的研制是一项全新的事业，九所在探索的过程中也在不断地对编制体制进行调整，以适应事业发展的需要。从前面的分为理论部、试验部、设计部、生产部的四大部体制，到之后的分为六个研究室，都是为了适应情况发展变化而采取的应对之策。

1963 年初重新进行编制体制调整时，恢复的设计部设四个研究室，十五室任务未变、十六室负责武器总体结构和环境模拟、十七室负责核装置结构、十八室则负责场外试验。

俞大光此前多年在高校从事理论教学工作，具有扎实的理论功底，早在湖南高工读书期间，他就对运用理论知识解决实际问题怀有浓厚的兴趣，并表现出较强的动手能力，如今，进入九所这样的科研工程单位，他正盼望着用自己掌握的理论知识在工程设计方面大显身手。

到设计部后，俞大光同时兼十五室的主任，又被选为十五室党支部书记，这使他有条件与十五室的科研人员密切接触，在审定业务文件中产生的问题和疑点都能较容易地找到有关人员来解决和释疑。在较大的决策问题上也容易找疏松桂老师商议。

当俞大光得知疏松桂老师曾在哈军工为学生讲授过核武器引爆控制系统的课程后，即向他借得教学笔记手稿，作为学习资料。就这样，经过三四个月的在岗学习，俞大光基本熟悉了业务工作，学习效果比起十个月前那样脱离实际地读理论书可谓是天地之别。

# 转战高原

1962 年 10 月 19 日，二机部通过国防工办向中央政治局常委会汇报了争取 1964 年最迟在 1965 年上半年爆炸我国第一颗原子弹的两年规划。为了加强领导，罗瑞卿大将向毛主席、党中央写了建议成立 15 人专门委员会的报告，由周总理任主任，7 名副总理和 7 名部长级的领导干部参加，以便及时根据中央要求，动员各个方面的力量参加核工业建设和核武器研制攻关。

11 月 3 日，毛主席批准了这个报告，并写下了振奋人心的伟大号召："很好，照办。要大力协同做好这件工作。"邓小平同志也在报告上做了重要批示："你们的计划，毛主席、党中央已经批示了，路线、方针、政策已经确定，现在就是你们去执行，你们要大胆去干，干好了是你们的，干不好是我们书记处的。"

为了加快核武器的研制步伐，确保核武器研制的安全，早在 1958 年 7 月，邓小平同志代表党中央批准了选址报告，选定在青海省海晏县金银滩草原创建 221 基地，作为核武器研制基地。金银滩实际面积 570 平方千米，平均海拔 3170 米，年平均气温 0.4 摄氏度，属高原大陆性气候。

金银滩草原四面环山、地广人稀、水源丰富，东距省会西宁100千米，西距青海湖38千米。这里南通唐蕃古道，北连丝绸之路。青藏铁路、青藏公路、315国道和湟嘉公路横穿而过，作为核武器研制基地有着得天独厚的地理优势。

风光秀美的金银滩。摄于六场区

20世纪60年代初，大批来自全国各地的科研专家、技术人员、干部、工人离开优越的生活环境，告别亲人，奔赴221基地。他们怀着强烈的民族自尊心和政治责任感，以三顶帐篷起家，在高原牧区盖厂房、修铁路、建公路，奉献自己的青春年华。

作为核武器研制的主要机构，九所的大部分人员都要从北京西迁到青海基地去，参加草原会战。张爱萍将军在九所动员会上曾做过一个令人难忘的报告。他说，大西北当然不比首都北京，是“黄河远上白云间”的地方。那里确实很艰苦，但也绝不像唐人王维的诗中所讲“西出阳关无故人”，那里已经有许多同志在开辟基地、建设基地，他们在等着欢迎你们。王之涣的诗句所描述的

"春风不度玉门关"显然也成为历史了，现在，"春风早度玉门关"了，你们的前往，会把和煦的春风带到玉门关。

从担任十五室主任开始，俞大光算是真正深入到科研试验的第一线，有机会与大家一起共同攻关克难，施展抱负。经过刻苦努力，他很快建立了对核武器相关领域的知识储备，从原来的门外汉转变为一个行家里手，工作上很快就有了起色。

在他的带领下，十五室的全体科研人员团结一心，共同努力，期待着能够早日拿下我国第一颗原子炸弹引爆控制系统的研制任务。俞大光当然怀着比大家更加急迫的心情，想要在这次任务中建功立业。然而，就在这个关键时刻，疾病却又一次缠上了他。

1963 年 9 月，俞大光因感染结核性胸膜炎，到离家不远的北医三院诊断治疗。经过近半个月时间的休息和治疗，症状基本上已完全消失。出于对他的健康负责，医生仍嘱咐他要继续服药，并开具了让他静养休息的医疗诊断书。

出院回家后，俞大光想到同事们正在热火朝天地向攻克原子弹技术的目标奋力拼搏，自己怎么能够在这种时候掉队在家"泡病号"呢？于是，他就自作主张地停药上班，也没有再去请教医生诊断治疗，就此酿成了难以弥补的大错。

在俞大光的脑海里，原以为自己还可以赶上计划于年内进行的"核炸弹引爆控制系统空投鉴定试验"，可是，实际上由于他治病休息耽误近一月时间，试验队伍已经组织好，他就只能等待以后的机会了。

1964 年的春节刚过，俞大光奉朱光亚副所长之命，与十五室两位科研骨干人员黄慧娜、祝国梁同去青海 221 厂出差，目的是与一年前业以搬迁过去的试验部人员共同讨论审定第一颗原子弹塔架爆炸试验的引爆控制系统方案。

这套由黄慧娜起草的方案，在刹车问题上引起了比较热烈的争论，经过反复讨论，最后修改通过。任务完成后，大家即时返回北京。这是俞大光第一次体验高原生活，在返回北京的旅途上，他暗自庆幸被驱走的病魔确已远离，并认为自作主张停药停休也没有什么不妥。

俞大光刚回北京，就听说李觉局长已经发出动员令：要求设计部尽早搬迁去青海 221 厂，参加被称为“596”工程的“草原会战”。这个代号是大家为牢记苏联单方面撕毁援助我国搞原子弹协议的年月而取的代号。正是在这种意义上来说，原子弹，被大家称为了“争气弹”。

设计部已经做好准备要包火车硬卧和行李车厢赶在 3 月上旬发车。当时，除极少数确有困难者和组织另有安排者不能前往外，大家个个精神饱满、斗志昂扬。

面对事业的召唤，俞大光激情澎湃，积极准备要上“前方”。这时，因为来不及熟悉新购压力锅的使用方法，他又不小心烫伤了脚。在高昂的工作热情的驱使下，他丝毫没有把脚伤看在眼里，撇下妻室儿女，按原定计划于 3 月 10 日踏上了西征的路程。

设计部到达青海“前方”以后，主管科研的领导增加了由试验部调过来的黄国光和姜靖两位副主任。人员稍经休息适应，很快就开始投入工作，拉开了会战的大幕。

221 厂 105 大楼

俞大光因为脚伤的原因稍微多休息了几天，经过医治也已基本痊愈。正当他要全力准备投入会战时，却又一次感到身体不适，到医院一检查，确认是胸膜炎复发，被医生留在了医院要他住院治疗。

由于是复发，体内的结核菌已经产生了抗药性，这就给治疗增加了困难并需要更长的治疗时间。俞大光在医院住了3周才使病情得到控制，出院后，医生要求他继续服药，休养3个月之后再行复查。

直到这个时候，俞大光才后悔先前没有听医生的话，还自作主张地停药停休，结果造成了今天这样的后果。怎么办呢？如果硬要参加会战能坚持到底吗？要是病魔再回头岂不更难对付！如果遵照医嘱休养3个月呢？那么3个月后“596”工程的重要准备工作恐怕就完成得差不多了，自己还能发挥什么作用呢？

经过激烈的思想斗争，俞大光最终想明白了一个道理：从事核武器研究事业是一项长期的工作，决不仅仅是一次“会战”，也不可能毕其功于一役。基于这样的认识，他选择了遵照医嘱，安心休养。就这样，俞大光于5月中旬回到北京，在家服药静养了3个月。

在当时的医疗条件下，治疗结核性胸膜炎所用的抗生素类药物只有链霉素。由于俞大光在初次治疗时没有彻底治愈就自主停药，此次再恢复用药就遇到了耐药性的问题，不得不加大用药剂量，由此造成的直接后果是对大脑第八对司听力的神经造成伤害，听力受到损伤，而且到老年逐渐严重，这成为俞大光终身无法挽回的一个遗憾，也是他为自己的一次贸然决定付出的惨痛代价。

当俞大光再次回到221厂时，已经是8月了。这时，正是距青海湖不太远的金银滩草原上的良好季节。参加草原会战的队伍大部分已前往位于新疆罗布泊附近的试验场区，全力以赴地投入到我国第一颗原子弹试爆的准备工作中。

这是221厂建造的较好的家属宿舍

当时，设计部领导和少量技术骨干包括俞大光在内，大部分因考虑到新建厂区房舍较紧而单身前来，已集中入住黄楼。这里便于领导们开小会，闲时也可娱乐：下棋打牌。直到1965年，才搬迁到单身职工双人间住宅29号楼，和群众打成一片。俞大光和疏松桂老师合一间。疏老师1964年不慎摔伤了腿，赴京长期治疗，俞大光照看着他的东西。

中国核武器事业的快速发展，引起了美国的密切关注。美国扬言说要对中国进行“核绝育”手术，要想方设法破坏中国原子弹发展的进程。在即将进行首次核试验前，为防止敌人搞破坏，各方面不得不有所提防。

在这紧要时刻，俞大光接到上面下达的两项任务：一是整理一套齐全的核武器图纸资料并尽快转移到指定的绝密安全地点；二是除少部分人员留守厂区进行下一步工作外，尽量将技术人员撤离到邻近小城镇暂避。经过一段时间的忙碌，两项任务均告完成。为了保密，将撤离人员的驻点定名为“采购站”。

作为设计部留守人员中唯一的技术领导，俞大光在这段短时间内要负责处理内部提出的和外部转来的各种技术文件和问题，有时，当他感到力不从心时，就采取过去的老办法，那就是走群众路线，找部内相关技术人员询问，从中找出较合适的处理方案。

在两个来月的时间里，俞大光每天在紧张和忙碌中度过。所幸没有出现什么纰漏，就此也使他对部里不是由他分管的几个研究室的工作有了一些粗浅了解。

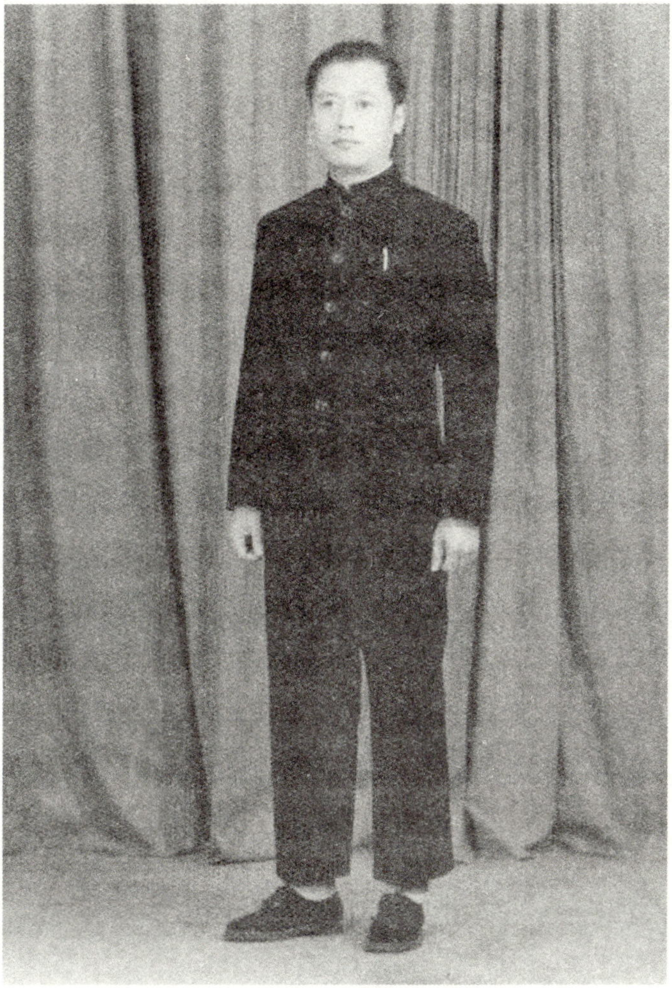

俞大光在221厂照相馆拍摄

这段时间里，还面临着许多非常重要的技术问题需要解决。因为首次核试验只是鉴定研制的核装置是否能正常工作，是一次把核装置固定在塔架上的爆炸，所用的引爆控制系统相对简单。但接下去要解决的是武器化问题，第一个目标已经确定为核炸弹。此前曾经成功地进行过弹道飞行鉴定试验和引爆控制系统飞行鉴定试验，核炸弹的外形已经确定，核装置结构设计工作量也已不大，只是还需进行力学试验，核炸弹也还有待进行地面的模拟环境试验。

从总体方案上考虑，当首次核试验成功以后，核炸弹空投试验的时间安排就不会相隔太久。然而，为了核试验场区测试的控制，主管核试验场的研究所提出，要求在炸弹起爆前定时由弹上先后向地面发出两个遥控信号，由地面遥测站接收、解调后，适时有线传输到地面主控站。另外，院内还要求在实弹飞行起爆过程中，监测多发雷管中有无瞎火并测出多发雷管起爆时间的最大差值，以及内中子源是否正常提供了中子等等。

因为有着这些任务，遥测系统方面的工作就显得异常繁重。还有不容忽视的一个因素就是，为防患于未然，在首次核试验前这段时间里，厂内多次于晚间进行应对空袭的演练，使大家的思想时刻处于紧张状态。

1964 年 10 月 16 日，中国第一颗原子弹在新疆罗布泊的戈壁深处爆炸成功。新华社向全世界发布了公开消息。首次核试验成功的喜报传来，建在草原上的 221 厂内一片欢腾！中国的争气弹“596”为国争了气，每一个从事核武器事业的科技人员都为国争了光。

在喜庆的日子里，俞大光虽然对自己在此次会战中因病掉队而感到遗憾，但又以在近两月来人手少、任务重、心情紧张的情况下，能平稳地走过来而未出纰漏感到高兴。病魔也没有再来骚扰，俞大光觉得自己在新的事业里已经站稳了脚跟，不会轻易再掉队了！

试验队的人员返回后，俞大光紧接着就投入到之后核炸弹遥测系统的准备工作。当时已经进入冬季，试验工作需要试验部派人员参加，配合打炮模拟实际状态。试验现场在 221 厂的六场区，海拔在 3200 米以上，夜间气温经常降到零下 20 摄氏度以下，需要穿着大衣工作。

在如此恶劣的自然条件下，发生工伤事故有时就难以避免。有一次试验部负责领取雷管的刘桂昇同志手拿雷管走向试验装置时，雷管忽然爆炸，炸断了他的食指。因为当地远离大城市，医院条件有限，仅能简单处理伤口，使他落下了终身残疾，非常令人惋惜。

那次事故，俞大光没有在现场。他后来了解到，当时采用的是高电压火花雷管，引爆它所需电压虽高，但能量甚微，因而对静电比较敏感，在身着毛皮大衣或是与身体摩擦时，雷管就有被静电引爆的危险。

这项准备工作完成以后，在 1965 年初，整体振动试验厂房里又发生过一次有惊无险的事件。当受试炸弹已装好在振动台上后，用试电笔发现弹壳带电。这使知晓情况的在场人员无不大吃一惊，因为试件上装有几十个火花雷管，哪怕任何一个因感受静电而起爆，都有可能会引爆炸弹上的几百千克炸药，岂不酿成重大灾难！

在危急关头，试验的领导者——设计部龙文光主任只好立刻下令将队伍迅速撤退到安全半径以外，集体待命，留少数几人查明原因。俞大光当时也在现场。不久就有人发现连暖气片上也显示带电，这才想到，肯定是人为因素所造成。

再接着往下查找原因，就有人怀疑到可能是因为试验人员的鞋底与实验室地面铺的橡皮垫相摩擦产生的静电。于是，就在橡皮垫上浇些水，人踩后再试，包括在受试弹壳上的带电现象就全部消失。问题根源找到并得到解决后，龙主任迅速集合参试人员，试验顺利完成。

没过多久，厂内对设计部内部进行了一次机构调整。原来的十五室被划分成五室和十五室，俞大光不再兼室主任，由惠钟锡和邱祖荫任五室副主任，赵修贤和程洪涛分别任十五室正副主任。疏松桂和俞大光仍分工主管这两个研究室。原来的十六室被划分成六室和十六室。原十八室撤销，人员调整到院七处，另外，新成立了十室负责装备设计。

# 建 功 西 域

在被调入九院整整 3 年之后，俞大光终于迎来了第一次参加核武器试验的机会。此前，他深以为憾的是错失了参加我国首次原子弹爆炸的宝贵机会，不过，这倒更加激发起他为国效力的高昂斗志，决心把握住每一次机会，完成好自己所承担的光荣使命。

这次任务是我国首次空投核炸弹的核试验，也是首次原子弹爆炸后向武器化方向发展的重要一步。在其他试验人员当初忙于草原“596”会战时，俞大光带领留守人员曾针对这次任务进行过精心细致的准备。而今，他们终于等到了这次上场的机会。

这次试验原定要在 4 月中旬完成，因为气象问题不得不一再推迟。原子弹大概在 2 月出厂，是在青海 221 厂生产，有一些零部件是在全国其他地方协作生产。产品出厂后，由专列火车运到西北某空军基地，再进行总装总成，最后由飞机运载到核试验场空投做试验。

作为一项国家级的重大保密试验任务，当时参与单位非常多，可以说是不折不扣的“万人一杆枪”。俞大光被分配在末区，也就是核炸弹爆炸的试验场区，作为试验队的负责人之一，主要管遥测任务，当时提出的口号是“保响、保联、保测”。

俞大光带领的遥测站组于1965年3月24日成立，4月14日进入试验场区，住在靶标以西6千米远的108营区。从那里乘大轿车前往被称为654站的遥测站有19千米路，因路况太差，途中需要1个小时。654站本身没有食宿条件，午饭只能从营区专门送去。

这个在俞大光脑海里留下了深刻记忆的654站，设在靶标南偏西方位，与靶标直线距离约15千米，全站的建筑也就是一个简单的木棚，孤零零地坐落在戈壁荒原上。

在此次试验中，654站承担着“保测、保联”的双重任务。所谓“保测”，除要求确保测到弹上发出的无线电遥测信号以鉴别弹上程序是否正常，各电压值是否符合设计指标外，还要求测到“同步瞎火”信号，即判别弹上雷管有无瞎火。若无瞎火还要测出雷管起爆时间的极差。此外，还要求测到中子信号，即判别弹上内中子源是否适时发出了点火中子。

所谓“保联”，则是要求将弹上起爆前发出的两个预备信号经无线电遥测接收后，以有线方式传送给主控站，再从那里转发到各分控点传给测试工号，它对整个场区的保测起到一部分关键作用，其中精度稍高的信号要求在起爆前一秒钟提供，启动高速摄影机等观测设备。

俞大光率领遥测队伍进场后，立即着手进行各项准备工作。4月28日，全场首次综合预演实施。在这次预演试验中遥测试验弹由轰6飞机按正式试验程序空投，地面全部测试设备参加演习。预演中显示出有干扰信号导致两套遥测接收车中一台不能正常工作。

为排除故障，确保试验任务正常进行，只能在有限的时间内尽快找出干扰源。可是，虽然经过多方努力，并有场地有关部门积极配合，却始终无法找到干扰源。最后，虽然试验任务正常进行，但对于遥测组来说，却存在两个问题，一是未能完成转发指令的任务，二是未能观察到出中子的信号。



首次带队参加试验任务就遭遇挑战，这让俞大光颇有些耿耿于怀。对于试验中存在的莫名干扰，他始终无法释然，一直在关注这件事情的进展。任务结束后，他又跟同事们一起花了许多时间巡查干扰源，却仍是一无所获。当时，甚至有人猜测会不会是国外敌人搞的破坏。

时间过去一年左右，当时参加654站工作的李幼平同志听到进行后一任务的同志们说：载机上专用于开启弹舱前转发遥测载频信号的功率放大器在失去激励信号时能产生自激振荡。他对此立即产生了警觉，估计这功率放大器可能就是当时654站未能抓获的“嫌犯”。由于当时载机上执行投弹任务的同志在投弹后可能未及时切断功率放大器电源，以致它产生自激振荡形成对地面遥测的同载频的连续波干扰。经过地面模拟试验符合所想后，拟经过后来的空投核试验再做证明。

俞大光和同事们这种求实较真的科学精神，对于更好地完成后续试验任务发挥出了重要作用。1966年5月9日，俞大光再次带队参加空投核试验。这次试验是一次增强裂变威力的核试验，大概有十几万吨TNT当量的威力。

位于新疆马兰地区的机场此时已经可以起降大型轰炸机，飞机不必再从甘肃那边的军用机场起飞。首区是在马兰，末区爆点往东走，经过甘草泉，再走三段路，搭建起临时帐篷，设备放在车上，设立了几个遥测站。

在这次任务中，俞大光被安排在首区，担负全面的工作。这次试验由于已经重新研制成新的转发遥控信号系统，大大提高了抗干扰能力，从而彻底解决了上次遥测信号受干扰、“保联”任务完不成的问题。试验于1966年5月9日进行。试验前对飞行员明确提出要求，投弹完毕，立刻把机上放大器电源关掉。

此次试验是将核爆炸装置装载在炸弹中用飞机投掷。炸弹挂机后照例要经弹上无线电遥测发射机的开机试验，不料进行中发现开机后的发射机已不能关机。这一意外情况的出现，使现场呈现出一片惊慌局面，而设计操纵弹上电子系统的机上控制台的人员又不在现场。

在此危急关头，听到这一已熟悉的“故障”情况后，俞大光从容地登上驾驶舱，用机上控制台进行了操作，使发射机正常关机，现场所有人员的紧张心情复归于平静。试验任务圆满完成，再也没有出现干扰问题。

连续两次空投原子弹获得成功，标志着我国原子弹的武器化迈出了重要步伐。但是，用作试验的核炸弹重达数吨，突防能力脆弱，为改变这种状况，需要及早研究将核装置装入弹道导弹的问题，其中最关键的在于要使核装置和引爆控制系统小型化轻量化并能适应弹头飞行中的恶劣环境。

对于这些问题，相关人员都已做过不少研究，在与导弹研制部门技术协调后，经过必要的设计修改，即可进入试件加工、环境适应性检验、总装测试等工序。后来又成功地进行了新设计的引爆控制系统的飞行试验。可是，这时又遇到了新的难题，就是对总装好的核弹头经飞行再入大气层的恶劣环境后，能否在预设高度正常爆炸，如何才能做出恰当的检验？

为了尽早解决这个难题，只能进行实弹飞行核试验。这种在本国领土上空飞行的导弹核试验有极大的安全风险，国际上尚无先例。以周恩来同志为首的中央专委显示出极大魄力，做出了正确决定，采取种种措施降低风险，包括试验期间要从导弹飞行走廊临时疏散万余居民。

在中央专委的督促检查和聂荣臻元帅的亲自指挥下，参试人员遵照聚精会神于试验任务，不谈“文革”运动中政治观点的纪律要求，齐心协力全面投入到定于10月下旬实施的史无前例的两弹结合核试验。

为了确保这次试验的安全和一次成功，中央专委要求在正式试验前先进行导弹的安全自毁试验和不装核材料的飞行化爆冷试验。

九院决定安排自毁状态、冷试验状态和核试验状态三种情况，按此生产并逐一进行装配的联试检测才能出厂。

这年9月，院领导为了试验任务的顺利进行，在通过各大部宣布这次参试人员时，就提出要求参试者要继续按周总理教导的“严肃认真，周到细致，稳妥可靠，万无一失”十六字方针专心投入试验工作。俞大光和姚礼屏被任命为试验队引控系统组正副组长。

人员名单确定不久，俞大光就乘专列进驻酒泉卫星发射中心，投入到紧张的试验准备工作之中。当时，每一名参加试验的科研人员都表现出强烈的责任心和使命感，在技术阵地，在靶区，到处都有参试人员为试验任务准备出主意、想办法的动人事例。

俞大光记得，一次在发射阵地准备时，一位同志提出自毁未设保险影响安全问题，便及时采取临时措施，将自毁装置供电的插头座用红布包扎示警，规定只在一切准备就绪之后才允许对接此插头。当时，李觉部长一如既往，总是在最危险的工序旁坐镇。

正式试验前，分别进行了三次试验，对安全自毁系统和引爆控制系统做了实弹考核，证明能够按指令化爆自毁弹头，也能在装定的爆炸高度附近可靠引爆核装置。在下决心进行正式试验后，试验指挥部又根据弹道偏差预测，临时疏散了一些居民以防万一。

俞大光当时和试验队的引控系统组人员住在7号，为核弹头装配到导弹上进行了严格的技术把关。这次试验于当年10月27日进行。当试验获得成功的消息传来时，他和在首区的试验队员们欢呼雀跃，喜不自禁。在现场指挥的聂荣臻元帅来到他们的住地看望了大家，勉励大家团结奋战，再攀高峰。

我国两弹结合试验的成功，彻底打破了核大国的核垄断，粉碎了他们搞核讹诈的梦想。但是，光有原子弹还不行，还必须进一步拥有氢弹。只有形成“你有的我也有”这种态势，才能更有效地阻止核战争。

早在1960年初，我国就集中了数十位研究人员，在原子能研究所组建了一个专门的研究小组，对热核材料的性能和热核反应机理等做了不少预先研究。待我国第一颗原子弹装置爆炸成功以后，及时地将由于敏、黄祖洽等同志率领的这个研究小组调入第九研究院，在院领导彭桓武、朱光亚的领导下，与已有核裂变装置设计经验的人员一起，研究进行热核爆炸装置的物理设计。

当年，科研人员曾经提出过多种方案进行讨论比较，由著名核物理学家于敏同志带领研究人员到上海华东计算所进行仔细计算，再回院进行讨论，最后，终于确定了其中一套方案作为首选。完成这一切工作，只用了一年多时间。

从原子弹到氢弹，核爆炸装置有很大的改型。自持的热核反应只能在原子弹爆炸形成的极高温度下进行，因此通俗地说成"氢弹中要有个原子弹"。科学的说法则是"热核爆炸装置中必有其核裂变放能部分"。这部分被称为"初级"，而由初级提供的能量引发并自持进行热核反应的部分则称为"次级"，从初级到次级间如何做到恰当地耦合是热核爆炸装置研究的重点之一。

热核爆炸装置的物理设计方案初定以后，立即展开了各项试制和局部试验工作。经过一段时间研究，确定了首先进行一次地面塔架核试验，以较方便地多取得些诊断核反应情况的数据。但因爆高的限制，只能进行减威力的原理试验，这可以较方便地从热核爆炸装置中裁减聚变材料的量来实现。

为了抢时间，这次试验赶在核试验场上天寒地冻的1966年末进行，在寒风刺骨的环境中，参试人员只能住在简陋的帐篷里，生活条件极其艰苦，但所有参试人员不为所动，终于在12月28日取得了试验的成功。这标志着我国已经突破了氢弹技术，或者说我国第一颗氢弹已经爆炸成功。

因为氢弹的原理已经突破，本来很快就能进行全威力氢弹试验，但因涉及载机投弹后的安全，必须在弹体上装降落伞。经研制试验降落伞成功后，1967 年 6 月 17 日才进行。这次试验实质上是为了氢弹大气层爆炸效应的测试而做，也为后来大威力大气层核爆炸试验做准备。

1967 年 12 月 28 日，俞大光担任第九作业队引控系统组组长执行了又一次空投核试验，试验弹的引爆控制系统工作完全正常；但试验没有取得成功。这是基于理论部搞出的一个新原理的物理方案而进行的，爆炸裂变没有引发聚变，威力太小，没有达到设想的目的。试验在马兰的核试验场区进行，俞大光当时就注意到这个问题，感到现象很微弱，不像氢弹。

从 1966 年开始，“文化大革命”运动已经在全国各地轰轰烈烈地展开，当时，尽管在周总理的指示下，国防科技战线要以科研试验任务为中心，不参与和讨论政治问题。然而，面对外界的强烈冲击，这片领地很难保持不受干扰，如俞大光曾参加的院科研规划会议，也只好安排在北京的京西宾馆来开。

在原子城展室展出的我国的原子炸弹模型



由于青海 221 基地是由苏联专家负责选址的，随着中苏关系不断恶化，为了预防万一，中央决定在内地紧急建设另一处核研制基地。1964 年 8 月，工作组在川北开始选址工作。按照二机部提出的选址原则，经过几个月的考察，在川西北选了绵阳等五县二市作为“902 工程”地址，所涉范围达几百平方千米，地形复杂，崇山峻岭，江河纵横。

第八章

# “文革”遭遇蒙冤挨整

在那场史无前例的浩劫中，尽管俞大光依然在从事着对国家和民族具有重要意义的核武器事业，然而，他个人和家庭却不可避免地受到了冲击。一次次审查、办学习班、被当众批斗，直到被关进监狱，俞大光遭受了不断升级的斗争手段。他的家人也被下放到五七干校，接受改造。对于从事技术工作的俞大光来说，虽然无法完全明白这场劫难的由来，但他始终相信乌云终会散去，太阳终将带来光明。不管是在科研岗位上，还是在养猪、养羊的改造生活中，他都保持着一个科技工作者的认真负责态度和一颗纯真的心。

# 浩劫冲击

当那场史无前例的“文革”席卷全国之时，俞大光正全身心地投入到我国核武器事业的发展之中。作为中央专委负责人的周恩来总理为了确保“两弹一星”事业能够少受影响和干扰，出于保护广大科研人员的目的，专门指示对当时的政治问题不争论的要求，专注于自己所从事的科研工作。

早在哈工大已经经历过数次政治运动的俞大光，最初并没有意识到这场运动会对自己产生怎样的影响。他以极高的工作热情全身心地投入到核武器研制的事业之中，而繁重的工作也的确让他无暇分心他顾。

1966 年 4—5 月，他作为第九作业队引控系统组长参加了第三次核试验；6 月，《电工基础》修订版的下册完成了初定稿，因“文革”原因被迫搁置；7 月，他提出核导弹引控系统设计中采用加速度延时引信提高引爆可靠度；9 月，他再次以第九作业队引控系统组组长身份执行导弹核试验任务。

然而，在全国各地纷纷开始掀起一个又一个“文革”热潮的形势下，草原的平静生活终究是难以维持下去的。

进入 1967 年后，中央派来不少军人来厂组成军管会，行使领导权。俞大光 3 月赴京参加九院科技规划会议；6 月又到四川 902 地区考察了解新基地的基建进展情况，及至返回青海 221 厂时，厂内已经开始出现“文革”武斗场面。

直至此时，应该说这场政治运动仍然没有直接波及到俞大光身上。当年年底，他仍然带领科技人员参加执行了又一次空爆核试验任务，但参加这次任务，已经需要经过造反派特许。

随着形势的日益发展，运动的热度在不断升高，波及的范围在不断增大，俞大光所在的221厂已经刮起了一次又一次政治风潮，造反派们正在抢夺工厂的领导权。许许多多看上去出身和经历都毫无问题的人都被造反派们以各种各样的理由揪上了批判台，像俞大光这样从旧社会走过来的知识分子自然是难以幸免。

虽然在电工基础理论方面的知识非常精深，教学经验丰富，并且在核武器引爆控制系统领域已经成为专家，然而，在政治运动方面，俞大光的知识实在显得太缺乏了些。其实，通过种种现象早已表明，他必将成为这场政治风暴中的受害者。

曾经跟俞大光在哈工大同事多年的周长源回忆说，早在“文革”一开始，打着造反旗号的红卫兵们就把大字报贴到了电工基础教研室门口，攻击“电工基础教研室的铁将军们”残酷迫害工农学生。周长源看到这些后心中暗想，俞大光幸已离开哈工大，否则树大招风，在劫难逃，这场运动肯定够他呛。

后来，在1970年下半年，哈工大准备南迁。国防科委派去的一位干部在礼堂做动员报告时公然说，“不要以为国防科研单位像玻璃砖那样一清到底，其实连国民党国防部长俞大维的弟弟都混进来了”。

当时在下面听到这番话，周长源不禁大为吃惊，这番明显是指向俞大光的话与事实并不相符，作为俞大光的入党介绍人，对他的家庭社会关系，周很清楚。而当初调他去九院，也是经中央指名抽调的，他本人还不大愿意离开教育岗位，而是服从组织需要。

现在代表组织的负责干部，明明不是“造反派”，却如此不负责任地在大庭广众面前胡说。周长源后来再想想，觉得在那颠倒黑白的年代里，也只有见怪不怪了。可是，对俞大光的担心之情却越发无法消散，并由此想到俞大光的处境肯定不妙。



直到1968年的上半年，俞大光依然在为核武器的研制忙碌着，还没有意识到这场政治风暴对自己的威胁。他带领手下的一批技术人员在为第一个型号导弹核武器的定型做着认真的准备工作。

风暴的来临是从下半年开展的“清理阶级队伍”运动中引发的。他的名字出现在有人贴出的大字报上，说他有“严重政治历史问题，至今未向组织交代”。

其实，这些所谓的政治历史问题，俞大光早在1953年的“忠诚老实运动”中已经交代清楚并由组织上作过结论。如今，这一切都被推倒重来，全不算数。为了交代问题，他只好冥思苦想补充细节，后来干脆写了一份长达数十页纸的详细自传，但却仍然无法获得通过。

## 身陷囹圄

随着形势的发展，九院进入军管状态，斗争形势越发显得紧张。就在这敏感时期，厂内又接连发生了3起影响较大的事件，经过往中央报告后均被认定成为案件。

这3起事件包括供电电缆爆裂事件、工号里炸药意外爆炸炸死4人事件以及一起失密事件。其实，这些事件只是出于技术性原因或者是管理不严造成的。但在当时那个年代，又是在九院这样的特殊单位，结果就全都被无限上纲上线，说成是阶级敌人搞破坏，并说九院是资产阶级的大染缸、帝修反的安乐窝。

正是在这样的背景下，九院被派来了两位代表着造反派利益的领军人物并进入到权力的中心，形成了“文革”时期的特殊混乱阶段。这两位均姓赵的人物分别是赵启民、赵登程，被人并称为“二赵”。赵登程在九院负主要领导责任。

在“二赵”掌权的那段时期，其手下采取逼供信的残忍手段，迫害了许多人。据不完全统计，在这一时期，九院共有16人被枪杀，多人自杀。后来，随着林彪的倒台，这两个人才失势，赵登程被判刑，但赵启民却并未受到法律惩处。

从1968年9月开始，对俞大光的管控逐渐升级，先是被停止工作，进入在哆吧办的学习班，让其交代历史问题，之后是强迫其坐在走廊上，成为群众专政的对象，个人物品全被搜查或贴上封条，来往通信都要接受检查。1969年8月，他又被突然转移到九院在西宁新办的学习班。

1970年1月，对俞大光的迫害再次升级，在宣布对他点名拘留的决定后，他被戴上手铐，并被要求在拘留证上签字，关进了西宁的南滩监狱，从此与外界彻底失去了联系。

在南滩监狱，负责提审俞大光的人，恰好就是西宁学习班中的骨干分子。他告诉俞大光说，九院已经开始搞“清队破案”，并已宣判了两人死刑，开了杀戒。俞大光的问题不单纯是历史问题，还有“现行问题”。这番充满着恐吓意味的话语，让俞大光充满了迷惑不解。

多年之后，俞大光获知自己在“文革”中曾被牵连受迫害的原因是被人怀疑他是根本未曾听说过的“西北派遣军”的成员。后来，他还从一个特殊渠道了解到，在他的问题上，当时那些专案组的人甚至怀疑他曾参加过国民党军统组织。负责外调的人员甚至找到俞大光过去的同班好友班冀超，企图索要证据，结果遭到了班冀超的严正拒绝。

在监狱关了一个月后，俞大光又被押回研究院。从监狱出来的那天，被绳捆索绑的俞大光，面对眼前对着自己的两排利刃，一时间真以为自己是要被押赴刑场执行枪决了。

回到九院以后，他被关进一个单人房间，门外有专人巡逻监视。白天的时间，只能坐在地铺上看毛主席著作，晚上被限定的睡觉时间是6个小时，一旦违反就要遭受体罚。

在这段被监视看管的日子里，俞大光遭到了非人的待遇，比在监狱里受的罪还多。看管他的人有时候不给水喝，有时送来的是发馊变质难以下咽的饭菜，这样的状况即便是在南滩监狱里时，俞大光都没有遭受过。

在此期间，作为被关押批判的对象，俞大光曾被多次拉出去批斗，那些痛苦的经历给他留下了终生难忘的记忆：有一次，因为长时间弯腰，实在支持不住的他累倒在地上；有一次，批斗他的人下手狠毒，将他胸前的皮肤硬是抓破了，他不得不忍受着钻心的疼痛接受批判；另有一次，那些看管他的人在给他戴上手铐后用力往紧里锁，直到3天后才给他打开，致使手部血液受阻麻木了许多天，如果再长些时间，俞大光的一双手只怕就保不住了。

这样的日子持续了半年多时间，这也是俞大光一生中所经受的最为痛苦的日子，无论是肉体还是精神上的折磨，都给他留下了深深的创伤。

作为一名从旧中国走过来的知识分子，他用自己的专业特长，为这个国家和民族的强盛尽职尽责地做着自己应做的一切。为此，他抛家赴业，远离亲人，在条件艰苦的西部荒原无私奉献，难道这一切都做错了吗？为什么自己反而成了被专政、被批判的对象了呢？

在那个黑白颠倒的特殊历史年代，曾有许多像俞大光一样蒙冤受屈的人无法承受肉体上的折磨和精神上的痛苦，选择了自寻短见的方式向社会表示抗争。但是，俞大光没有像他们那样想，他坚信自己是清白的，总有事实澄清的那一天。为此，他会坚持到底，并要继续等待机会为自己的国家和人民做出应有的贡献。

# 曙光初现

1970年11月，九院开始大规模从青海向四川902基地新址搬迁。俞大光跟随搬迁的队伍被押送到四川，旅途中他一直戴着手铐，连大衣都无法脱下，在货车厢里受了不少罪。

这次到达的目的地是902地区的五所，对他的管控措施仍是“住单间”。不过，让俞大光颇感奇怪的是，他很少再被人拉出去批斗了。期间只有过一次针对他的批判会，在会场上也不再被揪打，也不再被强迫深弯腰，似乎是“文明”了许多。

转眼间，半年多的时间就这样不知不觉间过去了。1971年7月的一天，俞大光终于被放了出来，能够和同事们住在一起。但是，仍然要求他要继续交代“问题”，并参加放羊喂猪等体力劳动，也允许通信，当然，还是要受检查。

对于俞大光来说，这已是巨大的改变，总算是摆脱了被拘禁关押的命运，获得了半自由的身份。不过，尽管他每天盼望着能够有人正式向他宣布解除拘留的宣判书，却始终没有等到，就在这样没有任何手续的情况下，他处在一种半被人遗忘的状态。

对于已经经历过多次人生磨难的俞大光来说，这种状态已经让他深以为幸。从先前那种被人惦记、被人折磨的政治风暴中心，到如今这种近于被人遗忘的边缘状态，这已经是一种难得的改善。对此，他暂时把自己的冤屈和愤懑还有对亲人们的思念深埋在心底，专心致志地投入到分配给自己的工作中，闲时帮人翻译进口仪器的英语说明书，从那里去寻找安慰。



在别人的监督下放羊喂猪，这本不是一件愉快的工作。和俞大光在一起的很多人都只是把它当作一件苦差事，应付了事，可是，俞大光却不像他们那样。他不但把猪圈打扫得一尘不染，还不厌其烦地向食堂管理员请教喂养方法。寒冬时节，为了避免猪吃冷食得病，他一直坚持用热水拌猪食。因为他的这种认真与执着，他养出来的猪又肥又壮，让别人不得不佩服他这位教授级“猪倌”的功夫。

即使是处在当时那种特殊的情况下，俞大光仍然没有放弃他酷爱思索，求实求真的可贵精神。

有一次，在浇菜地时，他同一起劳动的另一位“难友”讨论胶皮水管往桶内放水时是用手捏住一部分皮管口放水快，还是不捏住放水快，那位“难友”认为应该一样快。

俞大光未直接表态下结论，而是商定做个现场实验。结果证明，用手捏住一部分管口放满一桶水，要比不捏住管口放满一桶水慢几秒钟，这时他才用科学道理做了解释。

面对命运的艰辛与磨难，俞大光深信自己定能走过这段黑暗时光，去迎接新升起的太阳。

尽管未来前途依然未卜，但他坚信满天的乌云终会散去，前程依然会一片光明。那些日子里，他常常一个人静静地坐在山坡上眺望远方，仿佛在透过时间的帷幕，遥想着将来。

## 重 获 自 由

俞大光所盼望的日子终于到来了。

1972 年 4 月，失去自由达 4 年之久的俞大光终于获得了“解放”，并被允许探亲。

话分两头。1969年冬珍宝岛事件后，林彪发布了第一个号令：疏散北京居民。仍在北京九所幼儿园工作的韩颖娟，顺从命令准备去院里在河南办的五七干校。由于电报要求丈夫请假返京协助未果，虽感到前途艰难而落泪，也只能在几个未成年孩子的帮助下拼着命收拾物品，终于搬迁到了河南上蔡的五七干校并投入农事劳动。

俞大光在被允许通信后，先后和亲人们取得了联系。这时既获自由，当然要尽快去见自己一别4年的妻子。

当在干校劳动的妻子见到他时，不禁怔住了，记忆里那个红光满面的丈夫如今却面黄肌瘦，皱纹丛生。她禁不住扑到丈夫怀里，再也止不住眼里的泪水。

而看着妻子憔悴的面容，俞大光的心里也同样如刀割般地难受。这4年里，他真不知道妻子和孩子们到底是怎么过来的。他自身都难以保全，实在是无法尽自己作为丈夫和父亲的责任，欠他们的实在是太多了。

在五七干校，俞大光呆了近一个月的时间。之后，他又去河南信阳地区罗山县的一个干校探望嫂子，然后才到北京探亲，见到曾下放到河南安阳劳动回来的哥哥和自己的三个孩子。这时，大儿子已在北京农村亮甲店插队7年，后于8月返城并被安排在海淀供销合作社当营业员，两个小儿女已被妈妈安置在同事家生活并上学。这次探亲，前后花了一个半月的时间。

1972年6月，俞大光探亲结束回到单位后，恢复了工作，并被任命为五所六室主任。这显然是临时职务，但已告别工作近4年的他，仍是一样起劲地在干。8月，由于河南五七干校即将停办，他接家眷到五所定居，之后又被调到所里帮助所领导工作，不再任六室主任。韩颖娟也及时调离九所并转户口入川，被安排为所幼儿园教养员。

在那场史无前例的浩劫中，俞大光被关押一年半，停止工作4

年，身心均受到一定程度的摧残。然而，在回顾这段历史时，他却没有显露丝毫的不平和忿恨，而是不无庆幸地说，想到九院在这场运动中被触及者有数千人，其中 16 人被枪毙，1 人被批斗打死，还有近百人自杀，他觉得与他们比起来自己已是不幸中的万幸者了。

# 第九章

# 劫后复出
# 再肩重任

伴随着那场政治浩劫的结束，俞大光重新返回工作岗位。从青藏高原到四川绵阳，在新的工作生活环境中，他全身心地投入到工作当中，从研究室主任，到所领导，再到院领导，不断变化的工作岗位，是对他工作业绩的肯定，也意味着他肩上要承担更重的担子。他把自己曾经遭遇过的不公正对待埋在心里，抓科研、抓技术、抓人才队伍建设，一心想着如何能够更好地完成好党组织交给自己的任务，把单位的整体实力建设得更强，能够完成更多的科研试验任务。

# 平 反 风 波

1972 年，“文革”浩劫进入到第六个年头。从 4 月开始，俞大光终于获得人身自由，得以前往河南、北京等地探亲，在与家人分别数年后才有了一次短暂的团聚机会。而在过去的几年里，他蒙冤受屈，失去自由达 4 年之久，受到精神和肉体上的严酷折磨。

对于一向性格耿直、做事认真的俞大光来说，虽然曾以相较于那些受到打击和折磨更严重的同志而言自己的境遇稍微好些来自我安慰，但是，对强加在自己头上的那一顶顶与事实不符的“高帽子”，却无论如何都无法接受，迫切期待着组织上能够为自己平反和正名。

从河南、北京等地探亲回到所里后，俞大光被任命为五所六室主任，开始恢复工作。两个月后，他前往北京接妻子到五所定居，正式在四川的山沟里安家。回到四川后，他即被告知不再担任六室主任职务，而是被调整安排到所机关协助工作，没有明确任何职务。

对于工作岗位和个人职务上的变动，俞大光并没有太放在心上。到机关后，他依然埋头于自己的工作之中。不过，也就是在这个时候，他知道了疏松桂副所长将要去参加院党委在北京召开扩大会议的消息，并且了解到他被调整到机关也是因为这个原因。

从 1966 年开始的“文化大革命”运动，对九院原来正常的工作生活秩序产生了强烈的冲击和破坏。随着林彪反党集团的失败，九院党委决定抓住时机，对全院的发展进行一次全面的反思与谋划。就是在这样的背景下，九院党委扩大会议选择在北京京西宾馆召开，会期一直延续了半年时间，这次会议成为九院发展史上著名的“京西会议”。

相关资料表明，这次会议的主要成果是，清算“二赵”借“清队破案”之名，行破坏九院之实的罪行或严重错误，使受迫害的人员能获得解放或平反，使运动中受“二赵”欺骗蒙蔽而跟随其行动的人员能认清其真面目不再上当，使被分裂的群众有可能重新团结起来，继续为九院的事业贡献力量。

在当时的历史背景下，“京西会议”能够取得以上的成果应当说是难能可贵的。不过，尽管说希望尽早恢复科研生产生活秩序是大势所趋、人心所向，可是，要想真正统一思想，达成共识，却也并非就是一夜之间能够实现的，更何况当时的“文革”风潮也并未平息。如此一来，就给俞大光的平反增加了难度，使事情的解决多了些风波。

早在一年之前，在林陈反党集团自行暴露不久，九院仍然处在军管之中。当时五所政治部主任代表所党委提出要给俞大光一个党内处分决定，认定俞长期向党隐瞒重要政治历史，要给俞留党察看一年的处分，并让俞大光在处分决定上签字。

已经遭受过多种迫害，蒙受着不白之冤的俞大光对于这样的决定当然无法接受。他为反驳处分决定，专门花了两个半天的时间写了一份长达上万字的回驳申诉书，不承认隐瞒重要政治历史的事实，要求党组织再次出面查清，给出正确意见。

这份申诉书递交所里后，让俞大光想不到的是，事情就此被搁置下来，再也没有了音信。处分的事情没有人再提，但究竟是否对组织隐瞒历史事实的结论也无人过问。直到七八年之后，俞大光已经调到院部工作，党组织和他个人的组织关系都有很大变动以后，他才得到院党委1979年发给的一份结论，认定1953年“忠诚老实运动”后对他做出的政治历史结论是正确的。



围绕如何看待俞大光遭受冲击迫害的问题，除了五所政治部主任的意见之外，时任五所所长的王国屏也表明了自己的意见。有一次，他曾把当时在六室工作的俞大光找到自己的办公室，专门谈论了关于俞大光在运动中受迫害的问题。

王所长首先承认了运动中对俞大光有迫害行为的事实，但是，接下来，他又发表意见说，对俞大光进行审查是应该的。俞大光当时就向他提出了异议："那要看是当敌我矛盾审查还是当人民内部矛盾审查，而对我的审查是前者。有问题先把人管制起来再逼供，这就是我当时的感受。"

针对俞大光的抗议，王所长仍坚持认为审查没有得到明确结果之前，矛盾性质并不清楚，当敌我矛盾来审查也不能算错。这次谈话最终可以说是不欢而散。不过，俞大光再次借助这个机会表明了自己的立场，并希望能尽早摘除扣在自己头顶上的那些与事实不符的高帽。

京西会议结束以后，九院就开始着手进行平反工作。在经过了漫长的等待之后，终于迎来了这一天，俞大光感到无比的喜悦。他经过打听，知道自己被安排在六室平反，遂迫切地盼望着能够获得组织上的平反，以恢复自己的名誉与尊严。

怀着如此迫切的心情，俞大光终于等来了这一天。1973 年 6 月，俞大光在五所六室被正式宣布平反。然而，让他感到不解的是，平反决定稿中只是讲的他 1970 年 1 月被关押以后的问题。而事实上，自清理阶级队伍那时起，设计部就贴出了勒令他交代历史问题的大字报，并让他停止工作接受监督，勒令他在上班时间坐在走廊上学习毛主席著作，交代问题，个人的行动自由和通信自由完全被剥夺，这显然已经是被当作敌我矛盾对待了。

对于平反决定稿的这种状况，俞大光感到无法接受，为此，他书面提出对平反决定稿的意见，要求进行修改。不久，时任九院党委副书记的苗兆瑞找他谈话，向他表达的意见是，"二赵"借"清队破案"之名行破坏九院之实的罪行，跟军事管制委员会在工作中的差错是完全不同的两回事，不可相提并论，要求他要“正确对待”。

作为一名崇尚科学的科技工作者，俞大光有着自己的做人原则，加上他秉性正直、认真，对于苗副书记的话并不赞同。他坚持认为不论是谁的错都应该平反。面对俞大光的坚持，苗副书记当时未做明确表态。不过，毫无疑问的是，他肯定会对俞大光的认真、倔强的性格留下深刻印象。

尽管俞大光一直坚持自己的意见，并且引来了两级党委的领导出面给他做思想政治工作，但是，在当时那种历史背景下，个人的力量毕竟是极其微弱的。1974 年 1 月，在俞大光最终拿到的九院党委发的平反决定中仍是依照初稿中的表述，并未考虑他提出的合理意见，这件事一直让俞大光深感遗憾。

遭受了 4 年的批斗与迫害，如今终于获得组织上的平反，清除了以前加在自己身上的种种不实之词和诬陷罪名，俞大光从身心上感受到一种获得解放的轻松和喜悦。

1973 年初冬，俞大光决定请假一段时间，带上妻子一起到各地探亲访友。这样做一方面是为了见见分别多年的亲朋故旧，向大家通报一下自己这些年的情况，另一方面也是为了能够使经受折磨的身体得到休养。

这次旅行，俞大光从绵阳到成都，又转道重庆首先去看望了在那里的老同事周长源和冯纯伯。在分别了十多年后，猛然接到老朋友要来的消息，周、冯两人都非常高兴，他们一大早就驱车从北碚到市区火车站迎接。按照约定的车次，他们没接着人，而是在后一趟车到站时看到了俞大光夫妻两人。

在哈工大工作的那段时间里，俞大光和周长源结下了很深的同事情谊，“文革”开始后，周长源一直为俞大光的安危牵挂不已。如今，在历经磨难后重又相逢，当他们把手紧紧握在一起时，两人都同时生出了恍如隔世之感！

对于遭受批斗和迫害的那段苦难历程，俞大光只是轻描淡写地说了一下经过。说起进监狱的事情时，俞大光解释说并不是像外面传言说的因为是俞大维的弟弟的缘故。周长源也没有深问，而是关切地问他："绵阳那里很潮湿，又蹲了一段监狱，身体怎样？"俞大光回答说："幸好地上铺了块板，没有留下什么大病。"

周长源和冯纯伯两人是当时随着哈工大南迁重庆那批教师中与俞大光关系最密切的两个人。他们一起游览北温泉时，周长源把能叫来的电机系教工都叫来了，大家听说是俞主任来了也都愿意来看望他，结果一下子搞成了电机系的大聚会，学校为此专门派了一台大客车。

俞大光到重庆的消息传开后，系里的同志们更是要抢着招待他。在他们的帮助下，俞大光夫妇到市里转船的一应事宜，全都顺利解决。重庆饭店的经理是军工校友，轮船公司里也有熟人。头天下午，周长源陪同到朝天门游览，晚上在重庆饭店住宿，翌晨登船启航。

周长源后来在一篇回忆文章中记述这次重逢的经过时说，按照规定，送客的人不让上船。周说自己是首长秘书，硬挤了上去。俞大光在成都买的联票，轮船是五等统舱。其实只要事前说一声，军工陪同的同志去换两张船票，应该是没有问题的。俞大光却从来不计较这些。

这次重逢，给周长源留下了很深的印象，他说，国防科研单位有些同志经过浩劫，感觉受了伤害，内心里不大愿意继续留在那里工作。在北返哈尔滨后，特别是在"四人帮"倒台后，周曾多次向哈工大领导建议争取俞大光同志回校。听说高等教育出版社也争取过要聘请俞大光当总编辑，这更增强了周长源的这种愿望。

在周长源看来，俞大光当教师，是一个难得的优秀教师；当编辑，是一个出色的高级编辑；但是让他从事工程项目，是否用其所长，让人心里始终存有疑问。直到 20 世纪 90 年代初，周长源偶然读到了中国科协主办的《现代化》杂志登载的《点燃原子弹——记核弹引爆控制专家俞大光教授》一文，他深受感动，也就是从这时，他开始认识到俞大光是在从事对国家民族更具重大意义的事情，自己原来的看法有些偏颇。

作为相知多年的同事和朋友，周长源后来在回忆文章中写道："在他的一生中，从事教学，便投入教学；从事核工程，便投入核工程。一分耕耘，一分收获，这就是他的成功之道。正如人们常说的那样，只要是金子，放在哪里都会发光。于是我有了一个新看法：俞老师如果一直留在哈工大，肯定是一个名教授；一定能为学校、特别为我们这个学科的建设做出很大的贡献；但是我想恐怕达不到现在的高度。他的离开，对哈工大无疑是一大损失，但从国家角度看显然是合理的。"

## 主政五所

在俞大光被公开宣布平反不久，当时担任五所所长职务的王国屏就向他传达了"京西会议"的成果和中央对九院体制进行改革调整的决定，以及院党委将任命俞大光当五所所长而王本人将撤离九院等信息。这时，军管干部将要撤离九院的消息已经传开，随之而来的就是领导干部调配等一系列复杂问题需要解决。在此期间，九院院长朱玉榕和院党委书记姚禄结伴来到俞大光的住宅为他口头平反并赔礼道歉。

随着人员平反和军管干部将要撤离两项工作的全面展开，俞大光所在的五所即转入新老领导共同研究所内新建制、中层领导班子人选确定和军队干部去留等问题。此外，还包括对一些未完事宜的处理方案等。为了搞好人员的更替和工作的交接，先要搞好双方关系，这就需要先从建立友情开始。王国屏所长首先把俞大光夫妇邀请到自己家里共进晚餐。在席间，两人交换了一些看法，他没有再用那次把俞大光找到自己办公室谈话时那种居高临下的语气，而是诚恳地谈了关于撤军、建班子和其他未了事项，双方话语还算投机。这次席上还有陈铭副政委作陪。

九院五所当时的办公楼

此后，作为回礼，俞大光夫妇也做了几个菜，把王国屏所长和陈铭副政委邀到家里小酌，双方的关系得到进一步加深。从后来交接工作中新老领导班子的配合来看，情况还算不错。对新班子中层干部的配备和军队愿留人员的安排开过几次会，大家坦诚交换意见，基本都能取得一致；稍有分歧的也都尊重了接手方的意见，只有个别问题请院领导协助也得到了解决。改组交接工作得以较顺利地完成。

1973 年 8 月，俞大光被正式任命为五所所长，不久又迁到所领导集中居住的楼内，此处离所办公楼很近，开始他生命中又一段极富挑战性的难忘历程。由于当时仍处于“文革”时期，加上五所又是在一个特殊的山沟里，给俞大光造成了许许多多让他意想不到的困难。

对于经受过长达 4 年失去自由和工作机会的俞大光来说，他当时在接手五所所长位置时，无疑是充满了带领大家成就一番宏伟事业的雄心壮志的。就在这年的上半年，他参加了九院计划会议并参与了为所里制订“四五”规划和“五五”设想的工作，另外，五所又是以他自己擅长专业为主体的科研单位，他当然对领导五所实现既定目标充满了信心。

作为一个科研单位的领导，同时自身又是一名科技专家，俞大光始终把自己的关注点放在如何更好地完成好上级交给的核武器的研制任务，如何有效地提高单位的科研水平和技术进步等根本性问题上，他知道这是一个单位安身立命的根本所在。

正是在他的率领下，五所这驾战车在“文革”尚未结束的这段时间里，依然保持着一定的科研试验能力，相继完成了几个第一代核武器型号的引爆控制系统和遥测系统研制中的部分任务，关于可靠性的研究也取得了实质性进展，开了一个好头。

上任之初，经过一番研究，所里决定于当年第四季度撤销激光引信和电容引信两项课题。针对原子弹的一些部件受到核辐射的影响会失效的问题，必须要寻找解决的办法。为此，所里建立起突防组开展抗核加固研究，通过加固元器件和电路结构，提出不同的方案，进行效果测试。

随着核武器研制能力的不断提高，产品的小型化成为发展的必然趋势，由此引发了新的矛盾。在原本就空间紧张的弹头上，雷达引信和遥测设备的两台发射机难以同时装进去，设想的解决办法就是让两套系统共用一台发射机。为攻克这项难题，俞大光支持遥测室李幼平主任提出 S 波段脉位调制遥测系统和雷达引信合用发射机的建议，领导开展了研制工作并取得了积极进展。

关于无线电遥测设备测量体制的选择确定是俞大光在主政五所期间解决的又一项难题。当时七机部采取的是能够完成全程遥测任务的连续波体制的遥测设备，这种体制的优点是路数多且占用频带窄，但缺点是功率小，设备体积庞大。而对于核弹头引控部分的遥测设备而言，其任务重点是弹头再入大气层后的遥测，所需路数不多但有些需要微秒级的测量，如果用连续波体制，就很难完成任务。经过一番论证和攻关，俞大光与科技人员一起，最终决定搞小型的设备，采用脉冲体制，它的优势是脉冲功率大，缺点是占用的频带宽，但是能够更加有效地确保任务的完成。经过大家的艰苦努力，最终成功解决了这一难题。

核武器的研制设计是一项庞大的系统工程，经过成千上万人的努力，最终制造出来的一个成品往往代价高昂。引爆控制系统是核武器爆炸前的最后一道控制关口，要求它具有近于百分之百的可靠性，否则，势必形成巨大的损失和浪费。

还在青海的时候，俞大光就提出来要提高可靠性的问题。在主政五所后，他更加重视这个问题。如果单纯依靠试验来提高可靠性，肯定是不现实的，那样的话，花费巨大不说，也根本不可能做到。如何跳出这个思路，不一定非用试验来实现，就要找其他的解决办法。针对这个问题，俞大光带领大家做了大量的研究工作。

俞大光在任五所所长期间，正赶上毛主席发布指示要多办大学，为响应最高领袖的号召，五所在 1974 年办起了名为“721 大学”的职工培训学校。后来，九院也决定要办，在此基础上，进行了整合、补充，成为日后为人所熟知的“曙光工学院”。俞大光从五所所长升任九院副院长后，就兼管这所学校的筹建工作。

从武汉大学的普通教员，到哈工大电工教研室主任，再到九院的设计部副主任、研究室主任，俞大光虽然一直奋战在教学、科研的第一线，但是，也不乏当领导的经历和经验，应当说，如果能够让他一心一意地主抓科研试验任务发展，是完全能够开创出新的局面的。

然而，在当时那个特殊的年代里，限于当时的内外部环境，许多他想做、愿意做的事情难以付诸实施，而他不想管、不愿管的大量事务性工作却又占据和消耗着他宝贵的时间，使他感受到一种进退两难的烦恼。

俞大光接手五所所长的职务后，首先面临的一个严峻挑战既不是来自于科研方面，也不是来自于物质层面，而是当时残余的派性斗争的严重干扰。它不仅表现在行政工作中，也一定程度表现在接下来的政治运动，如批林批孔运动和批邓反击右倾翻案风中。

当时在五所存在两个针锋相对的政治派别，两派人员之间互相指责，争斗不断。一派支持的，另一派就坚决反对，如此一来，所里几乎无法决定任何事情，出现了严重的无政府主义，整个研究所的工作生活秩序被完全破坏。

所里的职工们自觉执行按时上下班的工作纪律欠佳，可能是动乱遗留下来的自由散漫影响。为了恢复基本的生产生活秩序，俞大光使尽浑身解数，到处找人做思想工作，大会上做报告，磨破了嘴皮，动员大家一定要正常上班。经过艰苦的努力，总算恢复了基本的上班秩序。

这种已经存在数年的无政府状态，所形成的另一种直接危害就是无政府主义思想盛行。与整顿上班秩序相比，要克服并消除存在于许多职工头脑里的这种思想，就更加困难了。

当时，五所共有1000多人，在分配住房问题时，行政科科长遇到难题解决不了，就把矛盾推到俞大光那里，直接就说自己干不了，不干了。所里一名职工对俞大光处理他爱人超假扣发工资的问题不满，作为报复，他就到所办去把俞大光的工资领走。

面对这样一个烂摊子，俞大光单靠自己一个人的力量肯定是势单力薄，难以为继的，而在他最需要帮手的时候，所里的党委书记却因为男女关系问题被反对派抓住了把柄，还被游街批斗，连正常工作的机会都被剥夺了，更不要说再指望他能够作为领导协助俞大光。

第五研究所所处的位置是在四川绵阳地区梓潼县下辖交泰公社的旁边，分布在一条山沟里，交泰公社在山沟的沟口。因为是沿着山谷布局，研究所显得分散、隐蔽，应了当时设计界流传的这样

“左”的指导口诀：“远看像村庄，近看像民房”“不用围墙，要用人墙”等。

从所里到梓潼县有一座漫水桥，遇到水大的时候就会漫过桥面，阻断交通。九院的院部机关在县城附近，但徒步走路大约要一整天时间。当时，四所、六所有一部分在剑阁，二所有一部分在安县。这种分散布局的根本原因是为“确保安全”。

第五研究所分别于1969年和1970年两次往山沟里搬，因为交通和时间等方面的原因，还有大量的收尾工作没有完成，所里的人员经常要参加义务劳动。在这些劳动中，工地上常能看到俞大光带领大家搬石运土，勤奋劳作的身影。

虽然曾经有过当教研室主任和研究室主任的领导经历，然而，在当时那种领导岗位上，俞大光更多的还是把心思和精力放在业务建设上，不用为部属的吃喝拉撒睡过多操心。但在五所所长这个岗位上，由于特殊的地理位置的原因，使这里成为一个独立王国，而俞大光就成了这个独立王国的掌舵人，所里的所有大事小情都要向他报告，经由他决断。

从俞大光过去的经历不难看出，他是一个纯粹的科技工作者，平生的志愿是利用自己所掌握的科技知识报效祖国，报效人民，为

俞大光在五所的住宅

国家的强盛贡献自己的力量。然而如今，作为一个研究所的所长，他却不得不面对各种各样的矛盾和问题。

九院有人生病住院要输血，血库里没有血，电话打到俞大光这里，让他想办法解决；试验基地的相关人员深更半夜里打电话给他，让他做好参加武器试验的准备工作；所里的职工与当地的老百姓发生了矛盾纠纷，同样要找他来给出解决纠纷的意见。

五所当时建了一个农场，根本目的是为解决员工家属是农村户口的人员的就业安置问题，以便让他们全家团圆。但是，因为农村户口与城镇户口待遇差别很大，不好处理，就经常有人向上面告状。此外，还有孩子上学的问题，职工福利的问题等等，不一而足。

除了这些大量繁琐的行政事务，俞大光还要应付上面布置下来的搞批林批孔、“文革”中科研生产成绩展示等一项又一项政治任务。对于这一切事情的处理和应对，俞大光并不擅长，从内心里来说，他也不愿干这些事情。然而，置身在那个位置上，他却又不得不去干。在那段日子里，俞大光感觉自己像是坐在火山口上一样，真想早日得到解脱。

就这样干了几年后，像当年刚到九院被安排在机关工作时所有过的感受，俞大光觉得自己在这个位置上用非所长，还是希望能够专注地从事技术方面的工作。这一时期，哈工大校长李昌已经调任中国科学院副院长，他辗转听说了俞大光的处境后，非常关心，一度曾想要调俞大光到位于合肥的中国科技大学。

出于对国防科技事业的热爱和对九院的感情，俞大光没有选择离开，而是依然留在了那片大山里。在这段时间里，他的长子已经在北京参加工作，老二在北京远郊的一个煤矿当工人下井，老三则在上学。

借助一个偶然的机会，俞大光向当时院里的党委书记刁筠寿反映了自己的想法，表示还是希望能够从事技术方面的工作。这位书记对俞大光的想法表示理解，他说那个所长的位置确实不太好干，也不是你的强项，对此，院里是有考虑的，你还是到院里来吧，当副院长。

就这样，1978 年 10 月，俞大光正式调任九院主管技术工作的副院长，结束了主政五所的 5 年时光，不过，他仍然主管五所的科技工作，对于他工作和生活了多年的五所始终怀着一份特殊的感情。

## 情系国防

从童年时即经历日本帝国主义侵略中国的“九一八”事变，之后又在日军侵华战火中断断续续地读完湖南高工，再到求学西迁的武汉大学的那些困苦艰难的经历，在俞大光的成长历程中所经受的一次次的苦难，使他深刻地认识到落后就要挨打的道理，这也使他早早就立下了用自己所学习的知识报效国家，让国家早日强大起来的人生志向。

可以说，正是由于有过上述这些人生经历，在从高校的教学岗位上转到国防尖端武器研制这个特殊领域时，他很快就把自己调整了过来。如果说在高校是为了为国家培养更多的优秀人才的话，那么，在国防尖端武器领域他所从事的则是直接保卫国家安全的根本性工作。在这个特殊的战线上，他倾注了自己毕生的精力和心血。

尽管受到“文革”的一些冲击和影响，不过，总体说来，我国国防尖端武器的研制试验工作仍然保持着一定的进度，基本没有出现中断，在当时那种时代背景下，这应当说是极其难能可贵的。俞大光在率领科技人员完成大量基础性科研试验工作之外，还多次参加了不同型号的武器试验任务。

“东风”5号导弹过去一直是由七机部所属单位在北京研制，“文革”期间由于指导思想方面的原因，说是可以两家都做，于是，上海就试制了“风暴”1号。在两弹结合试验时，仍在五所的俞大光与时任副院长、主管型号研制的谢家祺率领科技人员组成试验队与“风暴”1号做了两次配型试验，对专项研制的引爆控制系统进行实弹飞行考核，均获得了成功。

1978年9月，俞大光参加与“东风”5号的配型试验，再次对引控系统进行实弹飞行考核。虽然此前他曾参加两次与“风暴”的配型试验，一切都很顺利；这次却出现意想不到的情况。已在发射场装接好的试验导弹，头天晚上检查弹头时微波遥测还是好的，第二天早上再检测时就出现了问题。九院试验队人员怀疑是七机部试验队对弹头中该队分工部分做检查时造成的，坚决要求卸弹拆检并排除故障；然而，七机部试验队却因担心卸弹拆检引起新故障而坚决不同意。

面对这种情况，在现场的国防科委朱光亚副主任感到不便个人决策。于是暂缓加注发射，候双方派代表进京向科委汇报后，再由科委详细研究并及早决策。俞大光随即跟朱光亚一起坐飞机到北京去汇报了试验情况。遗憾的是，领导的最后决策同意七机部意见。试验推迟约10天后带着故障进行了。

由于带着故障试验的结果，引控系统的数据几乎全部丢失。虽然不少重要数据曾指望七机部的米波遥测和磁记录等设备的并行测量而获得，但仅前者收到一个有用的暂短信号。可见自行研制脉位调制的微波遥测是正确的。虽然这次与“东风”5号配型的试验基本未成功；但由于已有与“风暴”配型的两发成功，也可以不另进行这种飞行试验了，因为两种型号并无实质上的差异。

1979年初春，俞大光与九院的谢家祺副院长一起带队再次执行“东风”5号两弹结合飞行试验，其重要任务是测量模拟核装置是否出中子。根据“东风”4号和“东风”5号相仿的情况，为尽可能节约经费，他们提出共用一套方案的设想。谢家祺负责“东风”4号测位移，俞大光负责“东风”5号测中子，最后，双方均获得了成功，实测数据可资相互借鉴。这次试验，让俞大光最感欣慰的是，由于他们的努力，为国家节约了大量经费和极为宝贵的时间，同时也成功的补测了引控系统配“东风”5号飞行的程序和参数，弥补了前次被迫带故障试验丢失的数据。

触地引信测试问题也已在“东风”4号的两弹结合飞行试验成功解决。这同样是一件令俞大光引以为豪的事情。由过去的空中爆炸到触地爆炸，其最大难题在于能不能把弹引爆而且是核爆炸？针对这个问题，过去用了很多方法。比如回收法，就是在试验弹里装一个硬回收装置，可是经过试验，发现回收装置遭到破坏，无法判读相关信息。

俞大光带领科技人员对此展开攻关，经过研究论证，大家认为，还得用遥测的方法。但是，所面临的问题是，弹头触地后，遥测设备同样会被破坏。俞大光决定寻找新的检测方法，保证能够正常发出遥测信号。按照这一思路，通过艰苦努力，最终成功攻克了这道难关。

潜地导弹是由潜艇在水下发射，用以攻击陆上固定目标的战略导弹。装有核战斗部的就形成潜地核导弹。它具有隐蔽性高，机动性好，生存能力强的特点，便于对敌实施突然袭击，是国家战略安全的重要保障。俞大光所负责的武器型号就与此相关。

由于潜艇内的空间有限，它对潜地导弹的外型尺寸有严格的限制，要求体积小、重量轻，能适应苛刻的环境条件，在水下机动发射。这样，战斗部内的核装置和引控系统等必须小型化、轻量化，并且可靠性和安全性要高，能满足各种特殊环境条件的要求。

在任五所所长期间，俞大光就带领广大科技人员进行了大量的方案论证和技术协调工作，并成功研制出许多安全性能好、体积小的新装置，使全系统的安全性能大为提高。同时，他支持有关科研人员提出的引测合用弹上无线电发射机的独特方案，并采用了合理的结构和布局安装，解决了弹头超重、空间小、部件安装困难等技术难题，使全系统达到了结构紧凑、重量轻、适应性强的目标要求。

该型号武器的引爆控制系统加工好后，曾于1979年8月进行了陆上飞行试验。通过试验，考核了引爆控制系统对飞行环境的适应能力，系统运转正常，试验取得了成功。

为了对该型号武器的引爆控制系统进行水下发射飞行试验考核，1982年8月20日，俞大光率领九院试验队抵达大连海军试验基地潜地导弹试验区，参加我国首次潜艇水下发射导弹试验的准备工作。此前，在这年的春季，俞大光曾与五所所长惠钟锡共同带队参加了在海上实施的“巨浪一号”全武器系统艇上匹配试验，获得成功。

这是一次真实环境下的全武器系统发射飞行试验。大连是发射试验的首区，弹着区在舟山群岛附近某海域。九院也有参试小分队在弹着区的打捞船上参加飞行试验测量的准备工作。根据试验计划安排，九院拟通过此次试验使该型号武器引爆控制系统适应水下发射和主动段、再入段的飞行环境的能力得到考核，进一步考核系统的可靠性及其他性能，为定型提供依据。当时与俞大光一起参与此次试验的国防科委核技术局的宋炳寰处长详细地记录了试验的进行情况。

8月25日上午，九院试验队召开了到达发射区后的第一次任务动员大会。作为试验队临时党委书记的俞大光在会上做了动员讲话。在充分肯定前一段准备工作所取得成绩的同时，他重点分析了试验队面临的任务形势，向大家提出了具体要求。

经过全体人员的共同努力和试验队领导的科学调度，到9月1日，相继完成了各部件和设备的单检、组装、自检、分系统联试、上艇设备检测等各项工作。9 月 2 日下午，成功地进行了全系统的总联试。此后，在完成弹头总装配、气密性检查等工作和弹头与弹体对接后，9 月 17 日凌晨，已装载引爆控制系统的潜地导弹运到发射阵地，并吊装入潜艇发射筒中。在艇中，经过几天的专门监测和参加两次弹、艇全系统的总检查和模拟飞行，证明九院的引控系统状态正常。

作为九院试验队的负责人，俞大光在抓试验队的工作中，既注意结合技术工作做好思想政治工作，也注意配合行政和后勤人员抓好生活管理，以保障技术工作的顺利进行。

九院试验队当时住在发射区导弹技术阵地附近山沟里的一栋营房中，环境幽静，空气清新。为了让在一线工作的同志休息好，避免被上下楼梯的声音所惊扰，他自愿住在对着楼梯的房间。

要保证参试人员有充沛的精力投入工作，就要尽可能地多参加体育锻炼。年逾花甲的俞大光以身作则，率先垂范，每天清晨，在住地附近的一块场地上，都能见到他跑步、做操、打拳的身影。在他的带动下，试验队许多人员都加入了锻炼者的队伍。

熟悉俞大光的人都知道，无论在何时何地，他总是处处严格要求自己，从来不搞特殊化。身为副院长、试验队临时党委书记，他一直同试验队的人员一起在食堂就餐，吃同样的饭菜。集体活动中，跟大家一起乘坐大轿车。去礼堂看电影时，也从不计较位置的好坏。

在俞大光的带动和影响下，九院试验队保持了高昂的工作热情，涌现出许多感人事迹。经过发射区和靶区全体参试人员的共同努力，到 9 月底，完成了潜艇水下发射导弹的一切准备工作。10 月 1 日，我国政府通过新华社对外发布公告，宣布我国将向北纬 28 度 10 分、东经 123 度 23 分为中心，半径 35 海里的圆形海域发射运载火箭。

北京时间 10 月 7 日 15 点 14 分，担负发射任务的海军潜艇下潜到渤海预定海域发射了第一枚潜地导弹。正常发射的导弹在第一级发动机在水面上点火后不久，就出现失控翻转，最后在离海面100多米的空中自毁爆炸。

第一枚导弹的飞行失利，对发射区参试单位的一些人员的思想情绪有一定影响。不过，在俞大光和其他几位领导的努力下，九院试验队的全体参试人员思想上并没有受到多大影响，大家以更加认真细致的态度，全身心地投入到下一发导弹的准备工作中。

经过9日、10日两次监测，特别是11日上午的最后一次检查和监测，九院于9月17日装艇的引爆控制系统和外弹道测量系统的有关电池电压等监测参数均稳定、正常，监测设备正常，系统静态监测也都正常。11日当晚，试验指挥部决定12日15时发射第二枚潜地导弹。

1982年10月12日，这是一个在俞大光生命历程中留下深刻记忆的日子。上午9点半，他和惠钟锡所长在潜艇码头与出海参加发射试验的金惠杰、林仁、袁天德三位同志合影留念。10点10分，欢送艇员上潜艇。10点25分，潜艇徐徐离开码头，驶向大海。

这次试验的指挥所设在旅顺附近的庙西。11点15分，俞大光和其他领导一起乘车赶往指挥所，等待发射时刻的到来。

快到下午3点时，在指挥所里的每一个人都怀着激动的心情，紧紧注视着远方海面上显示潜艇所在位置的浮筏。

北京时间15点刚过，在众人关切的目光中，第二枚潜地导弹像一只蛟龙从水下腾射而起，在水面点火后，喷射着阵阵烈焰，随即，从各个测控站点传来了导弹飞行状态的监测情况的报告，数百秒后，当广播中传出“弹着区发现目标”的报告时，俞大光和所有在场人员都为飞行试验即将成功而欢呼雀跃，热烈鼓掌。第二天，俞大光收到了弹着区试验小分队发来的电报，比较详细地报告了测量数据。这些数据表明，九院参加的这次飞行试验取得了圆满成功。14 日，核工业部向九院试验队发来贺电，祝贺试验获得成功。15 日，刚刚赶到大连的核工业部副部长李觉从棒棰岛来到九院试验队驻地，兴致勃勃地与俞大光对饮庆功酒。

1983 年 11 月，俞大光被任命为某武器型号的第二总设计师，也就是核战斗部总设计师。从此，成为某型号的院内技术总负责人。其实俞大光早在 1980 年就在院领导中分工负责这个型号，行政任命常常是滞后的。

潜射导弹发射成功，直冲天际

俞大光这时深深体会到数学、物理、力学、电工与电子学等基础知识的重要性，有了这些就可以较快地去熟悉所需要的某些专业知识。也正是在这项工作中，他深刻体会到我国高等教育所设置的专业太窄，基础也打得不够宽，以致常能遇到不同专业出身的人员在学术讨论时互不理解，以致影响相互配合，使大型设计项目难以做到总体上最优。

经过反复论证和多次试验，该型号战略武器最终于1988年7月成功定型。在此前一个月，俞大光还到海上参加了一次贮航试验满5年的终检。这项试验是对潜艇贮存满5年的导弹通过检查测试和实际发射，检查验证导弹的各项功能状态，以确保导弹的可靠性。后来他并参加了首批订货会议。

俞大光（左四）参加研制型号的订货会议

除了担任武器型号的总设计师以及作为引爆控制系统的专家直接参与我国核武器的研制设计任务之外，俞大光还以其他不同形式为国防安全建设做出不可磨灭的贡献。他曾先后作为特约编审人员，组织编写《中国军事百科全书》核武器部分词条和核武器分册。他主持审定了国军标《核武器术语》和《核武器安全设计及评定准则》，并亲自做这两项国军标的宣讲报告。此外，他还完成了审定院科技丛书，大学电路课程教材以及可靠性国家标准，量和单位国家标准的制定、宣传与贯彻，完成了审读《中国军事百科全书》战略导弹部队技术分册以及修改《中国军事百科全书》核武器条目和新增条目等任务。



## 智 慧 结 晶

在 1962 年仲春时节调进九所时，俞大光对核武器的了解基本上是一片空白，称得上是一个标准的门外汉，然而，经过短短数年时间的努力，他就成为一个无可争议的核武器引爆控制系统的专家。在我国核武器事业的发展历程中，他在自己的专业领域勤奋钻研，发明和提出了许多有创见的新思路，为我国核武器的发展做出了不可磨灭的贡献。

在谈到这一切时，俞大光总是以极其谦逊的态度，将成就归功于集体和大家的努力。他认为自己在核武器型号研制中取得的那些成就，并非全是个人的功劳，而是与他多年来形成的研究设计思路有密切的联系。这个思路就是充分依靠群体智慧，善于集中合理意见并加以综合做出决策，用以指导设计工作。

根据这个思路，结合自身的感悟，俞大光总结出了在组织实施大型工程项目中一些值得后人借鉴的经验。这些经验是他多年从事核武器研制事业的智慧结晶，也是他作为一个科学大家勤于思索、善于总结的结果，对后来者颇具启迪作用。

第一，如何使大型工程项目从全局获得最优，是每一个总设计师应时刻着想的问题，并赖以指挥各个分系统以至每个局部的设计。



核武器作为一个总体有多项战术技术性能指标要求的特殊武器

项目，各项指标常常互有矛盾，经过协调形成研制任务书以后就要共同保证这些指标的实现。总体对分系统、分系统对下属装置或部件都必须按照这些要求，合理地提出相应的指标要求。经过一轮设计、试验工作以后，常又需要对原定指标做出必要的修改。实际情况往往是指标提得过高而致完成困难，这就需要上一级设计师的审度与协调。做好这些工作，主要是靠总设计师和总体设计部门，下面的分系统也是这样。

第二，要大力协同做好工作，这是毛泽东主席对“两弹一星”事业提出的正确方针。

由于大型工程项目是需要各方合作才能完成的，相互之间的衔接免不了要多次协调，取得谅解和一致，并形成相应的技术文件。这是不可小视的重要工作。

第三，认真抓住在试验中出现的种种现象，特别是那些与当前发生的问题可能有牵连的，进行理论分析，辅以模拟试验。如654站在执行任务中出现干扰后，对干扰源的耐心查找，最后就可使此类问题在试验任务中得以避免或解决。

复杂系统组合到一起进行联试，是大型工程项目中不可或缺的重要环节。由于设计一个新的装置往往由于经验不足，或对与其有联系的其他装置及分系统相互了解不够、匹配不当而留下的种种问题，都可能在联试中暴露出来。

在俞大光的印象中，曾经通过组织联试发现并解决了上弹无线电设备间的电磁兼容问题；联试中大电流电弧放电对地面检测设备的干扰问题；一个弹上系统的检测对另一个暂不工作的弹上系统的影响问题等等。

某次导弹飞行试验在发射阵地检测中，已经检测完好的遥测数据采集器，经过一夜时间，次日晨再检测就发现有严重故障而不能工作。但在要求查清并排除此故障原因时，却又涉及已装好封好的整个弹头的一装一拆，怕影响可靠性。

针对这个问题，双方争执不下，最后经上级裁决：此一故障不再拆弹排除。最终导致此次遥测完全失败。事后在对该型数据采集器进行地面模拟试验才找到原因：故障是由于个别元器件失效造成的，虽说失效原因难以查清，但根本缺陷在于设计中缺乏可靠性设计的方法。

第四，工程研究属于应用研究，研究设计的产品是否先进，首先要看它是否切合实际需要，因此，在方案选择中，不在于应用的理论多么高深，构思多么巧妙，而在于获得的各项技术指标是否恰到好处。

核武器是要用来作为核反击力量的，因此可靠性是重要指标。引爆控制系统中采用什么样的引信？使用部队常给设计方提出很高的要求：爆高要连续可调而且动作的精度要高，同时要不致遭受敌方干扰，还要有很高的可靠性。

如果真能有这样十全十美的东西，当然是令人高兴的，但在我国尚处于在起步阶段的情况下，就如此高指标地要求却是不现实的。根据我国国情，核武器不可能搞很多，只是用以作为一种反击能力来遏制有核国家对我发动核袭击。精度高的雷达引信由于易受敌方干扰，而且因本身较复杂就难以做到高可靠性。

要保证引信的可靠性，俞大光根据七机部一院提供的一些理论弹道加以分析，认为有可能做出简单的惯性延时引信，至少可作为一种辅助引信在弹上作为保镖。只要雷达引信不因遭受干扰而提前误动，这种简单但工作十分可靠的机电引信的上弹不失为一种正确选择。这一方案一直在第一代各核武器型号上选用。

触发引爆是使用部队对核武器的另一项要求，实现它所用的装置也很简单可靠，而且所占体积重量都很小。但核武器不同于常规武器，后者只要在装药撞碎以前给出引爆信号并使雷管起爆就可以满足毁伤要求，而核武器在引爆雷管以后还要经历主装炸药爆炸压缩核裂变材料到超临界并适时提供点火中子的时间，在这一称为总作用时间的历程中应不致使核装置因撞击应力而发生变形。

如何进行这种测试，曾是对设计人员提出的一个难题。由于撞击后到核装置的破坏解体时间极为短暂，大家曾经试图用最简单的记录回收方法来鉴别触发引爆作用时间加总作用时间之和是否短于撞击应力波传递到核装置的安装位置所需时间。

经过多次飞行试验均未成功，主要问题在于回收物经过撞击烧蚀后难以分辨其状态。后来，俞大光与大家共同分析，既然核装置尚能在极短时间内保持完好，弹上的遥测设备亦应可通过合理布局防止在核装置破坏前被破坏，关键问题在于要使遥测发射机在这最后时刻能加快发送信号的速率和地面遥测设备能接收到这种极低仰角发射来的信号。按照这一思路终于通过遥测解决了这个测试难题。

第五，认真编写好武器装备的操作使用说明书才能规范使用操作，这是解决好交付后可靠性问题的重要环节。

编写操作使用说明书是设计者的最后一道工序。这道工序看起来研究工作很少，设计者往往重视不够，但它如同一套教材，必须从内容到用词逐段逐句反复斟酌，必要的内容是否都写全了，有无误解的可能，应该让操作使用者懂得的道理都讲清楚没有等等，都需要仔细考虑并严格审查。

由于操作使用者不是研制者，他们都是以十分审慎的态度对待战略武器装备在维护使用中的正确操作，因而对操作使用说明书倍加重视，常常要求给予培训并对照提供的教练模型反复操练。就像1966 年 5 月发生在核试验场的炸弹挂机后，弹上无线电遥测发射机开机后却不能关机的问题，实际上并不是什么故障，而是控制台使用说明书遗漏了这种操作程序，使飞行员未接受这一训练科目所致。

# 奠基未来

1978年10月，俞大光调任九院主管技术的副院长，这使他能够相对彻底地摆脱行政事务，有精力专注于思考全院科研技术工作的发展。同年12月，考虑到他曾经有过在高校工作多年的经历，院党委决定由他兼任九院职工学院的院长。

就任副院长后，俞大光感觉行政事务的处理明显减少，遂开始熟悉和了解其他各所的技术工作，一所、四所联系比较多，俞大光经常受他们的邀请前去指导工作。六所有总装车间。十所是搞电子的，原来在五所时联系多些。对于相对不太熟悉的二所和三所，他也经过调研，慢慢对所里的技术状况有所了解。

俞大光任九院副院长期间，以前担任五所所长职务的王国屏仍有机会来院部，两人见面时也聊上几句。通过交谈，俞大光得知他离开五所后就去国防科委位于绵阳的一个基地当政治部主任。后来，俞大光曾代表院里去该基地商谈联合办学的事，还专门去拜访他并请他引介，但可惜的是最后商谈未能成功。

从五所调到院部机关后，俞大光就把家从山沟里搬了出来。院里分配给他住的平房以前是王淦昌住过的，条件非常简陋。院部机关所在的位置离梓潼县城还有一段距离，徒步行走大约要40分钟。刚开始，大家要去县城的市场采购生活用品时往往只能靠步行前往，后来，院里考虑到大家的这种需要，决定统一发班车。班车是那种最普通的大轿车，条件一般。不过，只要有了代步工具，大家就已经感到非常满足了，没有人再去计较车的好坏，车上经常是坐得满满的。有时没有客车，派卡车去，照样是载得满满的。

虽然已经是院领导，但是，俞大光仍然严格要求自己，从不搞特殊化。每次进城里采购生活用品，他都和大家一样挤班车。当然，从内心的感情上来说，这么多年来，他已经习惯并且愿意过这种与群众打成一片的生活。他从来不把这种挤班车的经历视为痛苦，相反，在多年以后，每当回忆起这段经历，他都感到无比的珍贵和美好。

作为九院主管技术工作的副院长，俞大光除带队参加核武器试验任务并直接领导有关武器型号的引爆控制系统的研制任务外，还参加了院里相关的科技发展规划等基础性工作。而兼任职工学院院长的职务，使他重新找回了自己多年前在高校从事教育时的那些感觉，充分发挥出他在这一领域丰富的经验和知识。从学科建设规划，到教材编写，再到人才培养规划，已届花甲之年的俞大光以满腔的热忱投入到教育事业上，为九院人才的培育和成长做出了突出贡献。

俞大光兼任职工学院院长期间，正是学院初创时期，缺人手，缺财力是一方面，而最核心的问题是缺乏懂得如何办学的领导人才。俞大光的到来，使这一关键问题迎刃而解。在他的具体指导下，从学科规划建设到学生培养方向，从专业教材的审定修改到教学方案的设计确定，经过艰苦细致地工作，使学院的各项建设一步步走上正轨。在学院师资力量紧缺的情况下，俞大光亲自登上讲台，为学员们讲授电工学课程。

早在哈工大工作期间，俞大光就曾因为撰写出版《电工基础》一书而被确定为全国电工教材编审委员会委员。在时隔20多年后，1980年6月，俞大光被聘为电工教材编审委员会第二届委员，接续上了被“文革”中断十多年的工作。一年后，在他编写的教材基础上早已重新修订的《电工基础》下册获得出版。



从某种意义上说，主抓职工学院这项工作，等于提供了一个机会，使俞大光重新与20多年前的教学工作接上了头。也正因如此，国家教委为抓职工大专教学质量，于1983年在无锡召开会议，讨论编订职工高等工业专科学校各基础课程教学大纲和与之相适配的统编教材问题，俞大光被邀请去参加并主持电工基础小组的讨论。这次会议确定了课程名称及其教学大纲；并基本落实了相适配的教材编撰人员。

也就在这年，俞大光还被聘为全国电工电子产品可靠性与维修性标准化技术委员会委员和全国量和单位标准化技术委员会第二分委会顾问。10月，他去青岛参加在那里召开的电工教材编审委员会议，他还在会上做了题为“谈教材编写中贯彻新国标GB 3102.5—1982”的宣讲报告。

1984年2月，已经年满63岁的俞大光因为年龄的原因被免去副院长职务，但同时被任命为九院科技委副主任。1986年6月，凝聚着俞大光心血和汗水的职工大专教材《电路及磁路》上册通过审稿，年底作为职工高等工业专科学校教材由高等教育出版社出版发行，下册紧接着于翌年出版。

《电路及磁路》的编者相互审稿

对于从副院长到科技委副主任的领导职务的变化，俞大光处之泰然。在这个时候，时任核工业部部长的张忱正在为部里在湖南主办的衡阳工学院物色院长人选，得知俞大光从九院副院长的位置上退下来后，基于对俞大光过去曾有在高校工作的经验和他是湖南人的了解，就主动联系，并亲自登门造访，希望他能到衡阳工学院主持工作。

俞大光为张部长的热情所动，应邀前往衡阳工学院考察了一番，因为学院里没有设置电专业，俞大光觉得自己到这所学校不太合适，最后就推荐了自己了解的一位同事前去。

在任职科技委副主任之后，他很快以敏锐的眼光发现了这样一个问题：在20多年的发展历程中，九院的广大科研人员积累了不少宝贵的科研成果和知识，由于缺乏必要的平台，这些无形的财富极有可能随着当事人的离世而消失。

如何才能有效地解决这个问题？经过反复思索，俞大光率先在院里倡导编撰出版院里的科技丛书，抢救发掘九院在过去的发展历程中积累下来的科技学术成果。这一倡议获得了大家的热烈响应。1987年5月，九院首届科技丛书编审委员会正式成立，俞大光当之无愧地当选为编委会主任。在他的积极努力下，编委会全体成员立即投入到工作当中，很快就选定了一批出版选题。经过俞大光和编委会相关专家的仔细推敲和把关，一批又一批具有较高科技含量和学术水准的专业书籍得到出版，为后人留下了这笔宝贵的精神财富。

1990年3月，近70岁高龄的俞大光被推定为院编制的核武器术语等国军标领导小组组长，主持审定国军标《核武器术语》。这是又一项最为基础、又最为重要的工作，一般说来，如果不是相关领域的权威人士，是根本不可能担负得起这项工作的。

在积极完成好国军标审定工作的同时，同年6月，俞大光在九院中长期发展设想座谈会上，结合自身的体会和多年思索研究的成果，做了关于人才培养发展的报告，得到有识之士的广泛认可。

已出版的30多本中物院科技丛书

1991年1月，俞大光被评选为中国电子学会会士，开始享受政府特殊津贴。5月，年满70岁的俞大光正式办理退休手续，同时，他接受了返聘为院科技委科学顾问及院科技丛书第二届编委会委员的聘请。

在此前一年，九院已正式改名为中国工程物理研究院（简称中物院）。在更早一些时候，经张爱萍同志的亲自批示，院里的大部分单位从山沟里搬迁到绵阳市区，工作和生活条件大为改善。院机关和五所当时尚未搬迁。

从1972年8月将妻子接到四川落户，俞大光举家在梓潼山沟生活了近20年。在此期间，他一心扑到工作上，对家人和孩子未能尽到为夫为父的责任，对此，他曾深以为憾。

俞大光夫妇在梓潼山沟生活的20年里，他们的长子在北京结束插队生活后回到城里，当了一名普通的营业员。二儿子在煤矿插队锻炼时因表现突出，获得被保送上大学的机会，到沈阳药学院学习，成为一名工农兵学员。毕业后在俞大光的支持下前往西藏支边，在艰苦的藏北那曲工作了5年，才被调到九院附属医院，工作一段时间后，因为爱人执意回她的老家，只好随爱人迁往江苏赣榆。爱人进入到一家县级医院任病理医师，他则进入县职工卫校改从教业。俞大光夫妇的女儿高中毕业在北京农村插队近两年后，被安排在集体所有制的一家图钉厂当工人，也于1980年元旦结婚成家了。

正式办理完退休手续后，院里考虑到俞大光夫妇的子女多在北京，为了解决他们的养老问题，同时也为了照顾他们能够与亲人团聚，安度晚年，决定让他们回北京安置。就这样，在阔别京城近30年后，俞大光于1991年回到了他初次调入九院时的首都北京。

# 第十章

# 人生暮年 壮心不已

从青少年时期的求学生活，到武汉大学、哈尔滨工业大学两座高等学府近20年的执教生涯，再到中物院30余年的科研历程，经历过人生风风雨雨、成败沉浮的俞大光，始终以一颗赤诚之心对待人生。他在年届70时，从工作岗位上退休，却又在年近80之际，改回为在职，始终奋战在国防科技事业的第一线，时刻关注着我国核武器事业发展的每一个细微变化。作为一位经验丰富、理论功底深厚的科技领导者，他在积极为国家建设做贡献的同时，也在关心、关注着家人、同事、老师、朋友们的工作和生活。

# 九院之恋

自从1962年告别哈工大，奉调进入位于北京的九院后，俞大光的后半生就始终与这个标志着我国国防尖端技术的神秘单位联系在一起。正是在国防科研这个特殊的战线上，他利用自己所掌握的科学理论知识，刻苦钻研，勤奋学习，从一个对原子武器一无所知的门外汉成长为这一领域的知名专家，并为我国核武器事业的发展做出了不可磨灭的突出贡献。

回首人生历程中这近30年的时光岁月，不由人不感怀万千。

从北京近郊古长城脚下的爆破试验，到青海基地艰苦创业；从罗布泊深处的原子弹爆炸试验，到戈壁滩的两弹结合试验；从被造反派关进监狱受尽磨难，到被武装押解进入四川新建场所；从屡经申诉终获平反，到再肩重任为核武器事业发展建立新功……期间的种种喜悦与悲伤、梦想与打击、欢聚与离别，又怎么可能不让人心潮激荡，胸意难平呢？

然而，当辉煌的蘑菇云渐次消散，当一切变幻都归于平静之后，俞大光开始进入到自己人生的暮年。

北京，这是他当年调入九院、加入到我国核武器事业建设大军的地方。当年，刚来到这座城市的时候，正值不惑之年的俞大光年富力强、壮志满怀，而今，30年的人生岁月如流水般逝去，再回到这里时，他已是满头华发的古稀老人。

对于为九院做出了重要贡献的俞大光，组织上为了安排和照顾好他们夫妇，使他们能够与子女生活在一起，家人团聚，安享晚年，进行了积极努力，特地将他们安置在北京北太平庄附近的塔院，在那里解决了一套住房，并帮他俩将户口转回到北京。

对于塔院这个九院的生活区，俞大光夫妇并不陌生，当年，他们刚在北京安家时，就生活在这里。虽然周围的高楼大厦建了不少，但总体环境还是熟悉的。更加让俞大光感到欣喜的是，这里住着不少的老朋友，而且，房子前面就是离退休干部活动站。

对于爱好文体活动的俞大光来说，能够与老朋友们在一起聊聊天、打打牌，这无疑是晚年生活中的一大快事。当然，在高兴之余，让他感到遗憾的是，搬回北京后，由于地域的分割，很难再与九院在四川的老同事们谋面叙谈。

正是为了打破这种地理空间的局限，当时北京已建立起了“二九联谊会”和“二九五联谊会”，这是两个九院人自发建立起来的联谊组织。获知情况后，俞大光较快地联系上了这两个组织并积极参加活动，这使他由此获得了与曾经共同为九院事业并肩战斗过的老同事们会见叙谈的机会。不久，他就被推选为“二九五联谊会”的理事长。

1993年10月10日，俞大光（左一）参加“二九五联谊会”并邀请了老领导李觉副部长（左二）和郭英会老院长（右二）同游北京地坛公园

俞大光主持“二九五联谊会”的工作后，首先提议制定联谊会章程并登记会员。在开展活动方面，除保持原有的游园聚会的形式或改作室内聚会外，又倡导发起举办内部刊物，并提供京外“二九五”人员自愿参与的机会。

在他的努力下，“二九五联谊会”的各项工作开展得有声有色，大家在这个集体里获得了与老朋友相聚的机会，都把它当成贴心服务的老年之家来看待。联谊会也常邀请在京的老领导参加。由于他的出色工作，俞大光连续三届被选为理事长，后来，由于年龄原因，在他坚持退下来后，又被聘为名誉理事，继续关心着联谊会的活动。

1997 年参加在北京九院召开的“二九联谊会”部分人员合影。
前排左起为刁有珠、俞大光、刘西尧、吴益三、孙维昌

俞大光在九院工作了近 30 年，为我国的核武器事业贡献出了自己的聪明才智，实现了自己的人生价值。在这 30 年的人生历程中，无论是对九院，还是对核武器事业，他都建立起了极其深厚的感情。

虽然从工作岗位上退了下来，然而，俞大光依然在牵挂着九院

的建设和发展，依然在尽自己的所能为九院的强大做着哪怕是点滴的努力与贡献。

早在退休之前，他曾应五所共青团委之邀，专门做了一次“建院三十年来的回顾”的专题报告。后来，他一直关心所史、院史、核军工史等的编纂，积极提供支持。对于五所编出的所史，他曾两次借阅并提出了自己的意见，而对院所的史实展厅也经常前往参观察看。

退休后，由于有了相对充裕的时间，俞大光萌生了通过撰写回忆文章记录和总结过去工作的历史，特别是通过回顾一些重大科研试验项目遇到挫折的来龙去脉，总结经验，挖掘教训，为后来者提供积极而有价值的启迪参考作用。

他撰写的第一篇回忆文章就是《忆654站》。在这篇文章中，他详细回忆并记述了自己首次参加核试验就面临挫折考验的前后经过。接下来，他简略地写了《我在文化大革命中的遭遇》，文章刊登在武大同班老同学内刊《乐嘉电情》上，作为向关心他的挚友们的报道。

通过撰写上述这些回忆类文章，不仅锻炼了他的文笔，也使他的视野和思索的深度大大拓展。此后，他着重结合我国核武器事业的一些重大事件和发展历程，又撰写了《在引爆和遥测系统方面技术进展的回顾》，此文被收入《核军工史资料丛书·核武器》卷内部出版；在院办内刊《曙光报》上先后发表了《唯一一次导弹核试验回顾》《缅怀曾任多个型号总设计师的谢家祺副院长》和《我国第一颗氢弹究竟是哪天爆炸的?》等多篇文章。这些文章对于记录和再现我国核武器事业的发展历程具有重要的史料价值。

在接下来的时间里，为了回忆和记录自己调入九院和如何适应专业转变的心路历程，他又写下了《我被调入九院的前后》和《我在京西会议前后》，登载在内刊《二九五联谊通讯》上。此外，为纪念中华人民共和国成立60周年，他又写出了《忆我国核武器工程的开创》一文，被《工程研究——跨学科视野中的工程》刊发。

从1962年调入九院到1991年退休，俞大光先后担任过研究室主任、设计部副主任、研究所所长、副院长、科技委副主任等领导职务，与九院的多位领导和专家有过较密切的接触，并与他们合作共事，彼此间关系融洽。在这些领导和专家们身上所表现出来的高风亮节，给俞大光留下了很深的印象。

曾在革命战争中建立过赫赫战功的李觉，是让俞大光分外敬佩的院最高领导，他所表现出来的克己奉公精神至今令人感佩：草原基地初成期间他率先住帐篷；在试验产品组装时，他总是驻守在最危险的工序旁；对科技骨干人员的工作和生活，他关怀备至；为了留住俞大光在九院，他曾不止一次地坚决回绝了几处来商调者。

刚调入九院时，俞大光因为深知负责组织领导科技工作的副院长朱光亚同志工作繁重，不忍心多占用他的时间，然而，朱光亚却总是平易近人地与他商讨问题，使人对他充满了敬重，因而在全所树立起很高的威信。

核弹元老邓稼先，当时也是俞大光的同事，由于专业不同的原因，俞大光在学术方面与他交谈不多，但从内心深处感佩他学识深厚且出语谦逊；不过，在业余娱乐中，两人却有不少相同爱好，他们都喜欢京剧，并曾有过围棋对弈和桥牌赛组队参战的难忘经历。

在科技工作中，俞大光接触较多的院领导要算陈能宽和谢家祺两位同志。他对“两弹一星”功勋奖章获得者陈能宽院士最突出的印象是才能卓越，多才多艺，为此，他曾写过一篇以《文韬武略的科学家》为题的回忆文章祝贺陈院士八十华诞。他与谢家祺副院长的交往前已述及。

俞大光是一个热爱生活、兴趣广泛的科学工作者。在他的建议和努力下，塔院离退休干部活动站很快建立起了歌咏队和京剧小组，这两个小组的活动他都积极参加。尽管这些组织规模小、水平也高不到哪里去，但是，却能定期开展活动，给大家提供了自娱自乐的机会。此外，在联欢会上，他们还能够出些小节目，很受大家的欢迎。

继香港回归祖国之后，澳门也将于1999年回归祖国，歌咏队为庆祝这一盛事，特别找来一个适时的新歌《七子之歌》练唱。在练唱新歌之际，俞大光回忆起九院的辉煌历史，内心深有感触，于是，就亲自动笔，撰写出一首豪迈的歌词《歌唱九院人》。歌词是：

我们是从五湖四海，奔共同目标九院来。
为打破列强核垄断，个人一切宁愿丢开。
哪怕长城外寒风凛，会战大草原巧安排。
核绝育威胁何所惧，争气弹成功笑开怀。
乘胜利紧将氢弹研，总理十六字铭心间。
两年两个月齐奋斗，突氢弹速度世界先。
武器化进程不容缓，导弹核试敢保安全。
九院人走过艰苦路，汇交成果喜上眉尖。

文革分我们成两派，二赵到草原怀鬼胎。
多蒙周总理发现早，才免除一场大祸灾。
不忌嫌团结为事业，三抓任务再显能才。
身居山沟条件简陋，矢志不移继往开来。
斗转星移形势变迁，科学城新貌在眼帘。
设备和房舍大改善，新任务当前意更坚。
五种精神尽当牢记，四项任务均应承担。
为强国强军再献力，九院人誓当冲锋员。

在九院近30年的工作历程中，俞大光通过自身的努力，成为我国核武器引爆控制系统和遥测系统的开创者和奠基人之一，在我国核武器事业的开创过程中做出过不可磨灭的重要贡献，并取得了一系列重要科技奖项。

1985年，俞大光在“氢弹的突破及武器化”项目中获得国家科学技术进步奖特等奖，排名第六。在此前后，他还得过多次科技奖励，其中包括国家级科学技术进步奖三等奖一项，排名第一；国防科技重大成果二等奖两项和部委级科学技术进步奖七项。

在20世纪80年代，他曾经连续三年被九院党委评为优秀党员，1989年又被四川省国防科工办评为省国防科工系统优秀党员。1990年，由于他在担任某战略武器型号第二总设计师时出色地完成了任务，获得了国防科工委颁发的专项荣誉证。

1995年，成立一年后的中国工程院首次增选院士。

俞大光直到得到九院相关部门要他准备材料的通知，才知道自己是院里拟议中的被推荐者之一。尽管认真准备了申报材料，但对于自己是否能被推荐和推荐后能否当选，俞大光并未抱很大希望。因为他深知全国范围内能者甚众，而名额极其有限。

俞大光始终低调地认为，自身的所作所为仅是在领导一个能实干的好团队里做了应有的贡献而已。对于申报院士的事情，他交完材料就放在了一边，直到后来接到中国工程院朱光亚院长签发给他的书面当选通知，他才意外地获悉自己居然当选为信息与电子工程学部院士。

对于无数人梦寐以求的院士头衔，俞大光并没有把它作为一种标榜自己成就的金字招牌来看待，相反，对于这个意外得来的荣誉，他所看重的是这个头衔所蕴涵的重大责任。

当选院士后，俞大光重新点燃起青春时代报效国家的巨大热情，他渴望能够继续推进我国工程科学的发展，继续引领团队攻坚克难。然而，经过一个时期的努力，他最终发现自己的这一愿望已经很难实现。

这个时候，俞大光已从原技术领导岗位上退下来4年，由于保密等多方面的原因，对于这4年里的技术发展情况，他不可能完全掌握。组织上也不太可能安排他从事机要科研任务，只是按规定给他安排了一间办公室。

然而，这一切并没有影响俞大光继续报效国家的热情，在他的主动要求下，研究院于1998年将他从退休改为在职。他的职务名义仍为原来退休返聘时的院专家委员会成员，尽其所能，为院里的建设发挥余热。

## 薪火相传

早在1987年，在俞大光的倡议下，九院成立了由他兼任主任委员的院科技丛书编审委员会，计划将建院以来各学科积累起来的科技实践经验，系统地进行搜集整理，组织院内有关专业的老年和中年专家，编写出版一套内容丰富的科技丛书，使科研中的实践经验，经过提炼，上升为理论，用以指导今后的工作，让后人少走弯路。

这无疑是一项意义深远、造福子孙的浩大工程。为让后人沿着前辈开拓的道路，继续攀登核科学的新高峰，给新一代核武器科学家留下一份丰厚的精神财富，俞大光甘为人梯，任后人攀援。为把丛书编撰的工作做好，他投入了大量精力。

鉴于俞大光在这项工作中所发挥出的重要作用，在他退休后，仍被续聘为院科技丛书编审委员会第二届委员，后来一直延聘到第四届，由于年逾八旬才改聘为顾问，直到如今，他已是第六届顾问，成为参与此项工作资格最老的元老，可他干工作的劲头却还是一如既往。

从丛书编审委组建到现在，他一直关心着丛书工作的进展，并经常会向丛书编辑部提出一些自己的想法和意见。在具体工作上他虽未参编书籍，但却承担了大量的审稿工作。

丛书的审稿分为初审、专审和终审。前者是通过泛读审查书稿是否基本符合已订立的“丛书编写要求”；中间的专审则要求逐句逐字审阅并提出修改意见，是审稿的最主要、也是工作量最大的环节；最后的终审是审查书稿是否正确处理了专审人提出的合理意见、符合丛书质量要求，提出能否出版的意见。

俞大光始终保持认真审稿从严把关的工作作风，承担了多本书籍的审稿任务，并曾否定过某些不符合丛书编写要求的书稿。为专审丛书书稿，他花费了大量的精力和时间。

早在退休以前，他曾专审过谢铭勋编著的科技专著《再入遥测技术》上、下册，为使这套篇幅长达 90 万字的专著更加精益求精，他花了两个多月的时间仔细阅读，合理地提出修改意见，并多次邀作者到办公室面谈。作者也很高兴地接受了他的意见并认真做出修改。后来这套专著获得第七届全国优秀科技图书奖二等奖和国防工业出版社优秀图书奖一等奖。

退休后，他参加了赖祖武编著的科技专著《抗辐射电子学——辐射效应和加固原理》的专审，该书修改出版后也获得了国防工业出版社优秀图书奖二等奖。另外，他还专审了潘吉安编著的《可靠性、维修性、可用性评估手册》、金碧辉主编的《复杂系统可靠性技术》两本科技专著。还有一些不能公开出版的保密书稿也有不少经过俞大光的专审。

除了上述书稿，还有一些图书，俞大光虽未承担专审，但却起到较大作用。例如，商顺昌主编的《惯性引信技术》涉及到的“过载”一词，虽说从习惯认可已多年，也符合国标 GB/T 14410.2—1993，但他认为汉译与原文 Load Factor 有差异，且与工程中常用以表达“超过设计载荷”的术语矛盾，当采用该国标中的“载荷因数”一词为妥。又如王泰春主编的《核电磁脉冲的理论与实验》中并存国际单位制和高斯单位制，他泛读该书稿后认为应予修改统一，而且必须统一到前者。但这一修改将涉及到有关定律的表达式，工作量很大。他耐心地向主编讲清道理后得到主编的采纳，完稿后他并郑重推荐作为国防科技图书出版基金的资助出版物。

在编审科技丛书的同时，俞大光还负责组织领导着两项国军标的编订工作。关于《核武器术语》一项于1991年批准发布，经会商准备后，九院于1993年3月专门召开宣讲报告会，请他作为第一位宣讲员做了一场生动的报告。

《核武器安全设计及评定准则》是他负责组织领导的另一项国军标工作。在退休后，他对这项工作投入了较多精力。好在因属机密，参加研讨的人员相对较少，做到了较快通过审定，连同后面的报批和发布，只用了一年多时间。

此项准则的标准修订完成后，上级决定再请俞大光做一次宣讲报告。开会那天，俞大光准备好讲稿，正要去会场时，忽然感到有眩晕现象，由于时间已排定不便更改，他还是坚持去做完了报告。散会后他去医院检查，结果被医生诊断是颈椎病。经住院治疗10天后，症状消失，所幸的是出院服药巩固后亦未复发。

随着形势发展的需要，国军标《核武器术语》的修订被提上日程。这时，由于俞大光年过八旬，组织上未再找他参与活动。但在获得报批稿已形成的消息后，他赶到机关主动索阅并提了不少意见，做了处理修改后仍留下些暂未统一的少数问题，经开小会讨论解决。这样做虽使报批和发布时间延迟，但却可使质量和贯彻时的问题大幅减少！他对国防事业的一片热诚之心，令参与此项工作的人员无不感动。

俞大光还担任着全国量和单位标准化委员会顾问的职务。在认真学习这些标准的基础上，他总是在各种不同的情况下尽可能给予贯彻。后来又应邀参编《量和单位的规范用法词典》，该书已由上海辞书出版社于2000年出版，俞大光编写了电学和磁学部分。

量和单位和标准化是一项影响广泛的基础性工作，俞大光总是尽自己所能积极宣传贯彻。在科技丛书审稿中，他就在这方面提出了不少意见。

在教材审稿中，他早在1989年就审了许道展主编的高校教材《电路基础》上、下册并为之作序，后由中国计量出版社出版。这套书被确定为高校电工课程教材贯彻量和单位国家标准的示范。在被接聘为大专层次的电工教材编审委员会委员后，他又审读了两套大专教材：蔡元宇编的《电路及磁路》和胡翔骏编的《电路基础》；接下来他又审了周克定主编的高校本科教材《电工理论基础》上、中、下册，他欣喜地看到路与场又合并到一门课程之中。

俞大光与高等教育出版社有过很长的交往历史，彼此间关系也不错，然而，在贯彻量和单位的国家标准问题上，俞大光却立场坚定，毫不循私。高等教育出版社因为担心影响发行量，曾经在国标"量和单位"的贯彻问题上采取了有选择地"逐步过渡"的办法。俞大光发现这种情况后，对他们做法表示了不满，除通过多次说理批评之外，还常在他的审稿意见中写入很多关于这一问题的事例和意见。他的坚持和认真终于感动了出版社的有关人员，向他表示决心要一丝不苟地贯彻"量和单位"新国标。

该社电工编辑室主任楼史进曾写道："可以告诉俞老师的是，近几年我社在出版各种教材、图书时已经不折不扣地执行了国标的规定，我社还多次获得新闻出版总署、国家标准局颁发的执行'量和单位'国家标准的先进单位的称号。"这使俞大光感到异常的欣慰。

作为一名有卓越贡献的国防科技专家，同时又有过近20年高校从教经验的教育工作者，俞大光在完成自身各项工作的同时，一直热心于科学知识的宣传普及工作。

从1972年搬迁到四川到1991年退休后进京，俞大光在四川工作和生活了20个年头。他对这片土地有着很深的感情。1997年，俞大光曾在参加工程院在川院士联谊会活动中，前往四川做过一次关于“再入遥测”的科普报告，受到听众的欢迎。

因为历史的原因，四川有为数不少的军工企业，俞大光认为，应当充分发挥好三线军工企业在科教兴川中的作用，使之焕发出青春活力。要寻求突破条块分割体制制约的有效办法，开发军工企业的人才和设备资源，加快科技成果向现实生产力转化。

在回四川的时候，俞大光无意中发现清明节去绵阳圣水寺烧香拜佛的人群人山人海，挤得水泄不通。在烧香的人群中，居然有好几位是来自当地科研单位的科技人员。这件事使俞大光深受触动，感到了开展科学普及的重要性。他对人说，迷信多了，相信科学的就少，要让群众从靠佛爷保佑转向依靠科技进步，使科技之树常青，这就要求科普工作不能放松，要常抓不懈，以达到在全社会弘扬科学精神的目的。

对于大多数人来说，核武器是一个充满着神秘色彩的特殊领域。为了向人们揭开这层神秘的外衣，让更多的人们了解有关核武器的知识，俞大光在2000年曾主动约请九院五所的王树棠研究员拟出撰写“核武器是怎样引爆的——电子系统扮演了特殊角色”的提纲，作为院士科普系列丛书之一申报审查。在报审后俞大光曾抓紧时间草拟完两章初稿，然而，后来不知何种原因，此事没了下文，加上王树棠研究员不幸病逝，此事只能作罢。

尽管书籍没有出版，但是，俞大光却并没有放弃这方面的努力。他专门准备了一个以“核武器引爆”为题的科普报告，并于2006年应浙江绍兴科协之邀到该市做过一场“当前世界核态势和核武器引爆”的报告。腾讯网院士论坛栏目对报告内容进行了转载。

早在武大求学期间，俞大光就开始在中学兼课教书，对中学生的成长一直非常关心。长沙明德中学在获悉他被选为院士后，专门寄信给他，与他取得联系，他很快回了一封回忆当年真实历史情况的信件。让他颇觉意外的是，这封回信竟被《三湘都市报》于2003年5月15日头版头条刊发，后又被湖南省委宣传部发行的内刊《新闻评阅简报》上以“慧眼识珠，精彩头条”为题做了正面评论。

就在这一年，他又被邀请参加明德中学百年校庆庆典和该校举办的院士论坛。他在和学校的中学生们座谈时，就他自己的经历现身说法，讲述“德育是别人给记账的，智育是自身记账的，体育是老来算总账的”这些人生道理。

此前，俞大光早在2000年3月就在《来自科学殿堂的期待》一书中，发表了教育和勉励青少年的文章《勿忘过去苦难 开创祖国未来》。后来又在资深院士联谊会的组织下参加过两次与中学生面对面对话活动：一次是在中国科学院，学生来自多个学校；另一次则是去深圳第二实验学校。此外，他还为《中学生》杂志写过稿，参加过高中物理课程教学改革的部分活动。

百科全书的编审是俞大光投入精力较多的另一项工作。早在上世纪80年代初，他就应邀成为《中国大百科全书·物理》电磁学和经典电动力学编审小组成员，撰写了“交流电”“趋肤效应”和“媒质中的平面电磁波”三个条目，并参与小组内一些其他条目的审稿和全部条目的评议和讨论。1988年，他又应邀作为特邀编审人员参加中国军事百科全书《核武器分册》的编审工作。在框架基本确定后，他主动承担了分工九院撰稿部分的撰稿和初审等组织工作。该分册出版后曾获得国防科工委科学技术进步奖二等奖，他排名第四。他个人撰写的“核武器战术技术性能”条目被评为优秀条目。

教育救国，曾是俞大光早年立下的人生志向。大学毕业后，他在高校教书育人近20年，与高等教育建立了深厚的感情。当初奉调进京时，他对离开高教界颇感不舍，此后，他虽说奋战在国防科技战线，但却仍然时刻关注着我国高校事业的改革发展，并与他的两所母校保持密切联系，尽自己所能为高教事业做贡献。

在调离高教界后，俞大光仍被聘为全国高校电工教材编审委员会委员。“文革”后，被划分在电路与信号分析小组参加活动。这时已是第二届。1985 年换届后改称“电工课程教学指导委员会”，他被续聘。他先后共担任三届委员直到 1990 年，后两届他是唯一一位已不在高校任职的委员，但会议活动他基本上都能参加。1983 年还被邀请去福州参加电磁场小组的扩大会议。聘期届满以后，他仍常接到相关活动的信息。2005—2007 年，他连续参加了三届全国电工电子教学报告论坛。

20 世纪 90 年代初，他接到一项意外的审稿任务。《电工基础》课程一分为二达 20 多年以后，高等教育出版社忽然约请他审一部新编的电工基础教材。原来，由于教学改革拓宽专业面，拟试建一个新的宽面电专业“电气技术”，为了加强该专业的基础教学，要求将原电路课和电磁场课合并为新的电工基础课程。

被确定为新编的电工基础教材的主编周克定，是俞大光在武汉大学相熟的老同学。面对老同学的邀约，他十分痛快地接受了这项审稿任务。这套书纳入了“离散信号激励”的内容，分上、中、下 3 册，审稿工作量很大，但他如期完成了任务，保证了全书于 1994 年顺利出版。

对于母校哈工大电工基础课程的教材建设，俞大光一直非常关注。当年正是在他和同事们的努力下，率先编写出版了被国内普遍采用的电工教材。被调离哈工大后，在周长源编写《电路理论基础》及其修订版的撰稿过程中，他与周多次通信，书面讨论书稿编写中的相关问题。修订版（第二版）出版后，他还在第一期《教材与教学研究》杂志上专门发表过一篇评介文章。

继周长源之后，该课程的第三版由陈希有主编。因为知道俞大光对此书甚为关注，就曾把大部分书稿邮寄给他审阅提意见并讨论，后来于 2004 年出版。陈调离哈工大后又由孙立山接班，而孙也曾用电子邮件向俞大光较详细地汇报过教研室电路课程的现状，俞大光据此推荐将哈工大该课程评为精品课程。

同样是在20世纪90年代初，他又被聘为全国高等工程专科学校电工教材编审委员会委员，参加电路与信号分析小组活动。除审定各课程教学大纲和基本要求外，他主审了蔡元宇主编的《电路及磁路》上、下册和胡翔骏主编的《电路基础》。

研究生的教育培训是九院人才培养的一项重要工作，俞大光虽甚关注，但因种种原因，参与相对较少。他曾多次参加九院研究生教育研讨会议，提出了自己的意见和建议。2002年，他多次参与全国信息电子行业研究生教育协会活动，并曾撰写题为《搞好政治素质教育，追求真善美》的文章，发表在《二十一世纪信息电子行业研究生教育》特刊上。

作为业界的权威专家，俞大光曾多次受邀参加研究生考评工作。2001年和2002年，他分别参加了对九院五所多人的博士论文评议及答辩。此前，在1996年，他还曾参与对北京理工大学某博士后出站的研究工作报告《电磁场工程问题整体分析方法初探》的评议及答辩活动。

## 母 校 情 怀

在俞大光的生命历程中，他与自己的几所母校均结下了深厚的感情，也正是这份难得的情谊，在他人生的几个关键结点对他起到了至关重要的作用。无论是大学毕业时留校任教、进哈工大进修、调进哈工大以及后来再调入九院，其中均得益于老师或是同学的帮助推荐。

俞大光从进入初中开始，先后就读过三所中学和两所大学。除开已停办的复初中学和湖南省立高工外，他与其他三所学校直到现在都还保持着来往联系。随着年纪的增长，他不时回忆起母校老师们的教导、当时在校的学习生活、同窗间的情谊；特别是对于他曾工作过的两所大学，还时常回忆起当时的工作情景。他所撰写和发表的这些回忆文章，不仅丰富了母校的历史资料，也使后人对当时的那个年代有了更深的了解。

对于战乱时代那段艰难的学习历程，俞大光始终难以忘怀。他深为感触的是，当时的青年学子多能感到学习条件来之不易而能尽最大的努力去学习，这与现时代有些在良好学习条件下不知努力安于生活享受的青年学生形成了极大反差。正是有感于此，他为了教育青少年，专门写了一篇《勿忘过去苦难，开创祖国未来》的文章，刊登在《来自祖国殿堂的期待——院士寄语青少年》一书上。

为了将在湖南流浪式的上学和家庭经济状况的牵累较详细地追忆清楚，俞大光颇为用心地撰写了回忆文章《在湘往事的回忆》，作为向家乡组织和亲友的汇报。在接到母校哈工大的征稿信后，他又写了《我在哈工大研究班学习的回忆》和《忆哈工大电工基础教研室的建立》两篇文章，分别登载在哈工大北京校友会的刊物和哈尔滨工业大学出版社出版的《报春晖——校友的回忆和畅想》一书上。

武大的生活同样是俞大光难以忘怀的。他将在西迁乐山的武汉大学求学和工作的6年史实写成《我在乐山生活的回忆》一文登载到武大西迁乐山70年的纪念文集《乐山的回响》上。这部文集还转载了他此前6年在武大台北校友会创办的《珞珈》刊物发表的一篇《回忆武大力讯社》的文章。

同学之情，同窗之谊，这是一个人生命历程中最为纯洁和美好的一段感情。退休以后，俞大光有了较宽松的时间，因为在“文化大革命”以后逐步恢复了与几所母校和要好的学友们的联系，这使他有了较多地参与联谊活动的条件。

早在1988年，他就接到湖南省立高工同班挚友李振的信函，建议编印一本当时曾在电九班的老年同学录。李振比俞大光年长4岁，在学校时就是班里公务活动的积极分子，现在又重新想要为同班老同学联谊活动出力。他的建议立即得到了俞大光的积极响应。通过往来信函约定分工后，他们很快得到已联系到的老同学们的一致赞成并提供个人资料。

在九院的支持和协助下，俞大光迅速编印了《湖南省立高级工业职业学校电机科第九班晚年同学录》，其中除通信地址和电话外，还有个人和家庭近况、个人近照等。同学们获得这份资料后莫不欢欣鼓舞。此后，俞大光还在寻访尚未联系上的班友中做过些卓有成效的工作。在他的建议下，由李振、文名根和他分工负责出了3期《电九班晚年同学通讯》、6期《电九简讯》和4期《电九特讯》。另外，还在一位老同学建议和全体支持下出过一本《老同学相片专辑》。

这些联谊活动按计划于高工毕业70周年，即2009年终止。他们这个集体中相互联系较紧密的一个客观原因是人数较少，在编印晚年同学录时，全班在世的已仅17人；到2009年，则已只剩下5人。从三年一期30多页的通讯，简化为每年一期仅2页的简讯，以及为身故老同学临时出刊1～2页的悼念特讯，从中也可看出这是自然规律的支配使然。

俞大光所在的武汉大学电机系1944年级同班老同学的联谊活动由积极分子杨孝仲学友发起。他在90年代初联系上班友17人，另有4人按所知地址去信无回复或被退回。他编成简单的通信录印发。后借母校百年大庆有6人在武汉相聚的机会，倡办一个以自写为主的《同学名录》，1994年发行。此后杨趁去北京面访俞大光时机，协商好出通讯事宜，由他俩开路，各自自费承办一期，期望连续获得后续的自愿承办者。这一约定意见发出后，果然获得老同学们积极回应。同班的老大哥班冀超十分热情参与，并建议刊名为《乐嘉电情》，以怀念在学4年的地址是在有“嘉定”别称的“乐山”，得到大家的赞许。

杨孝仲承办的第一期于1996年发行，约一年半后俞大光承办发行了第二期，这样一直持续到班冀超和同住兰州的施致铳合办的第七期为止，是2004年末发行。当时，正值大家毕业60周年纪念，作为特刊，也作为收尾，也是自然规律使然。为了使此后老同学们的简要信息仍能及时传达，他们中的几位热心同学也商定再出3期简报，按原来的间隔周期发行，先后依次由宋丕哲、杨孝仲和俞大光承办。这个良好的设想虽然已于2009年7月成为现实，最后一期作为收尾，俞大光推出插入近期人像彩照的新颖方式亦获成功，但其中却插入了悼念杨孝仲学长和另一位学友辞世的悲痛信息！

令俞大光深感庆幸的是，武汉大学电机系1939级～1953级校友通讯从1995年创办以来，每年一期还在继续。此刊承办者为1946级校友陈锦江，华中科技大学退休老教授，已坚持办刊16期，实属难能可贵。俞大光和他是编写《无私奉献一生的赵师梅先生传略》一书的合作者，他俩一直保持着密切联系。俞大光也积极支持和关注着这一通讯刊物。此外，他还为祝贺武大挚友周克定八十华诞，撰写了《勤奋攻读 严谨治学 淡泊名利 为人师表》的纪念文章刊登在为其出版的庆贺文集《玉壶冰心》上；在阅读武大老学友康华光教授的自述集《我的教学生涯》后，俞大光有感而发，撰写了《赞康华光教授》一文发表在《武大校友通讯》2009年第2辑上。

除了《武大校友通讯》活动外，俞大光也在关注着其他几所母校的发展。他先后参加了武汉大学建校100周年和建校110周年两次校庆庆典，并在后一次庆典大会上作为校友代表做简短发言祝贺。他还将自己长期保留的当年读大学时期的历史文物捐献给学校，被陈列在武汉大学乐山纪念堂内。他还积极参与捐助制作王星拱校长塑像，并参加了校友年度捐献。

俞大光当然也与哈尔滨工业大学保持较密切的联系，曾参加了建校 75 周年和建校 90 周年两次校庆庆典和相关活动，并先后两次捐献助学基金。哈工大新办的博物馆恰于 90 周年校庆之际开放，其中就陈列有他捐献的照片和文物。他与湖南明德中学也保持着联系。这 3 所母校出刊的校报，他都能按期收到阅读。



# 风 范 长 存

俞大光如痴如醉地献身核科学试验，可是对金钱、名利却看得很淡。他为人正直、待人以诚，是位诚实谦逊的科学家，处处身先士卒，为人师表，受人敬重。

他去青海 221 厂会战时，那里住房较紧，他撇下家人，只身在那里工作 6 年。为了祖国的国防科技事业甘愿舍弃小家，无法尽到自己照顾妻室和教养子女的职责。他的 3 个儿女“文革”前期和中期都先后下乡插队，接受贫下中农再教育。返城后，女儿被安排在一家集体所有制的图钉厂工作，曾几次想通过这位当“官”的又颇有名气的爸爸调换一个好一些的单位，均被他一一耐心说服。小儿子大学毕业后，分配进藏工作，他毅然表态支持。

熟悉俞大光的人都知道，他律己甚严，从不为私事动用公家的车辆，外出开会、办事，也尽量搭乘班车。国家自 1981 年发行国债以来，他每年都自愿认购 1000 元，将自己的积蓄用于支持国家建设。



中物院原副总工程师、五所前任所长赵彦山在题为《淡泊名利的“铁将军”》的回忆文章中写道，对于名利俞大光毫不计较，也许是因为“文革”时有过乘卡车拉石头的经历。在酒泉基地，当时已经是九院副院长的他，无论是坐卡车，还是坐小车，他都无所谓。说实话，所里群众对俞大光的信赖就是从一点一滴的小事积累起来的。他的心里始终如一的平和自然，从来不会去做那些作茧自缚的蠢事。

赵彦山在这篇文章中感叹地说：“那些年火车卧铺票不好买，有一次去基地出差，买不到卧铺票，他就与作业队的同志同甘共苦，坐硬座上路。这类事例很多，他确实是时时处处都以科学事业为追求的目标，与之相比，其他诸如名利或生活上的事情统统退居次要位置。”

在这篇回忆文章中，赵彦山说：他是一个闲不住的人，退休后，为加强已调出五所的在京老同志的感情联络，通过交流信息为所里的二次创业献计献策，参加已成立的“二九五联谊会”，俞大光被推选为理事长。为支持联谊会的工作，在我任所长期间，每年都给他们一点活动经费。作为五所的老所长、副院长，后来又成为工程院院士，他每次回院的时候，总要打电话给我，要我约个时间，汇报联谊会的工作特别是经费使用情况。我听后有些不好意思，一个老领导向一个晚辈的后任所长汇报，而且非常认真、谦逊。

曾任中物院结构力学研究所情报室主任的殷仁通回忆说：大家知道俞大光是资深的副院长，回北京后，他去花园路6号上班，70余岁高龄，骑着一辆破旧的自行车，常人难以想象。当我们问他，俞院长你身体很好，但你不撞别人，别人撞你怎么办？他总是一笑置之。他家里的摆设也非常简朴，一把藤椅几十年不变，接待四方来客，他经常穿一件旧中山装，在家务事上他坚持自己动手。尽管他个人生活简朴，但从院机关到九所，每次对外的捐助却都少不了他。

2001 年初，俞大光即将迎来 80 寿辰。

此前，他曾看到过这样一首打油诗，“人生七十古来稀，而今百岁不稀奇，合理饮食勤锻炼，八十还是小弟弟。”俞大光自感进入八秩寿辰并没有什么值得骄傲的，也没把如何度过这个寿辰做特别考虑。

然而，鉴于他所做出的重要贡献，组织上自然要对此有所考虑。按照相关规定，年过 80 的院士一律被称作资深院士并受到组织的祝贺，这就在客观上受到约束和要求都会相对宽松不少，组织和亲友都要来庆贺。

九院为了庆贺他的这一寿辰，专门组织力量为他编写了一本纪念文集。这本文集共收集了将近 40 幅照片和 4 幅领导题词，20 余位亲友写了回忆文章和诗词并收录了他个人的自述和几篇散文，时任总装备部领导的李继耐同志为文集作序，四川科学技术出版社正式出版。

2001 年 1 月 14 日，九院在北京九所召开了“俞大光院士八十华诞学术座谈会”以示庆贺。

在这次座谈会上，九院副院长杜祥琬院士亲自主持会议，俞大光和许多老领导、老同事纷纷与会。李觉副部长、彭桓武院士、程开甲院士、陈能宽院士、胡仁宇院士、马祥副院长和宋绍俊副院长等都到会参加，总装备部、第二炮兵、中国工程院、四川省科技顾问团和核工业总公司等都有代表参加，九院现任领导朱祖良院长、姜悦楷书记等亦均参加，领导们加上俞大光的部分亲友共 60 余人应邀到会。

座谈会的气氛温情而热烈。会上不少领导和嘉宾们热情发言追忆往事、畅谈情谊、陈词祝贺。俞大光发言除向领导和嘉宾们表致深深谢意、向组织筹办会议同志们和组编纪念文集与撰文同志们表达衷心感激外，也做了一个简短的自述，强调自己的成长和做出的一点贡献来自于集体，要感谢曾相与共事的同志们。

在发言结束后，进入到赠书环节，尔后是集体和自由组合合影，最后是午宴。宴席中，除敬酒、交谈外，还安排有京剧清唱表演。为向领导嘉宾们表示感谢，俞大光的老伴韩颖娟登台演唱了京剧《凤还巢》中的一段“日前领了严亲命”，俞大光和九所的胡家赣研究员为其操琴伴奏。

2001 年春节前俞大光（前排左三）全家在京团聚

座谈会后的第八天，俞大光寿辰到来。而再有两天时间，就是中国人的传统佳节大年初一。他的子孙们和妹妹从外地来京祝寿并春节团聚。除邀请在京亲属赴宴共庆寿辰外，他赢得了一个难得的全家三代人无缺的大团聚。俞大光年满 70 周岁退休后迁居北京。虽然他从单位工作岗位上退了下来，但无论是在个人心理上，还是在实际生活中他都没有全休。退休后，在研究院里，他被返聘为院科技委科学顾问、院科技丛书编审委员会委员；在院外，则继续承担着量和单位标准化技术委员会顾问等社会兼职，那一年，他又在中国电子学会升为会士。由于有这些职务在身，他还是有不少工作要做，并没有形成在职繁忙与退休养老之间的巨大反差，只是不再上班、不再有如在岗时的诸多约束而已。

在一般人看来，科学家的生活也许是单调而刻板的。然而，俞大光却以他对生活的无限热爱，爱好各种文体活动，这使他的生活显得丰富多彩，更加充实。

从“文革”后开始，他一直坚持晨练，退休后更是坚持不辍。时间的相对宽裕，使他有了更多自由，他就近较多地参加离退休活动站组织的定期活动，有门球、歌咏队和京剧队。此外，还有不定期的参观旅游、报告会、节日联欢会、老年运动会等，这些活动他几乎都参加。对于他喜爱的桥牌活动，过去因为工作繁忙难以参与，现在也有时间能够经常与一些牌友共同打牌。通过参加这些活动，在老有所乐中有交谊，也有锻炼，对保持他的身心健康是很有裨益的。

多年来，在工作和事业上获取成就的同时，俞大光一直深感自己对家庭和子女未能尽到自己应尽的责任。退休以后，他在此方面非常注意，有意识地进行弥补。刚搬回北京时，他的长孙小学尚未读完，为便于孙子上学和自习，他同意他们父子二人与自己住在一起，从此，在6年多的时间里，他对长孙的生活、教育尽了不少心力，在家务上也投入了相当一些时间。

从少年相识，到1948年正式结婚，俞大光与他的老伴韩颖娟已经在一起共同度过了超过一个甲子的岁月时光。多年来，为了他的事业，老伴坚定地给他以支持，做出了无数的牺牲与奉献。为满足老伴想要和自己一起外出旅游的心愿，这些年里，除开随集体安排的旅游外，他们还于1997年携手专程去九江、南昌和井冈山游览。1998年又专程去九院为职工兴建的北海疗养院疗养一期，并集体去海口和三亚游览。

俞大光在京生活的两个子女，工作和生活条件都不是太好。长子于2001年下岗，长媳则在2007年病逝。他已退休的女儿自2003年7月起一直在社区居委会工作，每年有十多天时间轮休。

在这样的情况下，他曾与老伴一道，于2006年、2007年先后偕女儿和长子去绍兴探访、旅游；2008年偕子女去厦门和福州旅游；2009年又齐去丽江、大理和昆明旅游。这样一来，两位老人出远门既可得到子女照顾，也满足了子女远出旅游的愿望。

俞大光的次子于世纪之交转职南京，在江苏职工医科大学任教。由于工作努力，数年后成为学校骨干教师并担任行政职务。该校近期改制面向社会招生，更名为江苏建康职业学院，他任药学系主任、副教授。每年利用暑假回父母身边团聚。

作为一位功成名就的科学家，俞大光并没有满足于现有的知识储备，学习已成为他多年来养成的一种良好的品质。在退休之后，除了工作、休闲、家务之外，他并未曾忘掉学习。电脑是信息时代的主要标志，刚开始他没有掌握。对此，他看成自己还未能跟上时代的表现，于是，下决心花时间去学。1998年，他购置了一台电脑开始自学，边学边用，逐步熟练掌握了电脑操作，并成为自己不可或缺的重要工具。

从1991年搬回北京，他在北京生活超过20个年头。在这20多年里，对于俞大光来说，工作和生活发生过几个较重大的事件。其中之一是当选院士，在单位又有了一间办公室并从退休改为在职。另外一项是在他刚过80岁后的一次搬家。由于绝大多数离退休职工仍然在原单位居住生活，对新进入的职工再安排住房十分困难，因此九院在北京的九所也就不得不想方设法为职工筹措解难，新建、与友邻单位合建以及成栋购买的方法都用上了。在世纪之交时，院里进行了一次较大的住房调整。为了落实住房政策，在自愿的原则下，俞大光的住宅被调整到北京西北三环外的新建万柳小区。由于这套新建房舍是毛坯房，需要房主自行操办装修后才能入住。那时，他已年届80高龄，家中儿女还在工作，缺乏劳力。所幸的是，他自感体质尚强，在九所管理人员的大力协助下完成了装修。可是，他却未能经受住搬家过程的劳累考验，在因疲劳而致免疫力下降的情况下遭致病毒感染，高烧并腹泻病了一场。

随着年岁的日渐增加，俞大光的老龄生活也在悄悄发生一些变化。首先，由于九院和院外部门考虑到他身体体质的逐步老化，不宜常如退休初期那样给他任务。他参审院科技丛书和高校教材的数量慢慢在减少。同时，鉴于他听力的不断衰退，被邀请参加的讨论会也逐年递减。在他创建的九院科技丛书编审委员会中，他的身份自2004年起从委员改为顾问。他热心参与的《中国军事百科全书》第二版的“军用核技术”条目审稿会在参加几次后也没再出席。对于这些因自然规律支配而不可避免的变化，俞大光都能坦然处之。

当然，也有一些变化主要由于客观环境或是条件的原因造成的。俞大光由退休改为在职后，在九所被分配到一间办公室，为充分利用，刚开始他每周定时去3次各两小时。后来，由于住宅搬迁的原因，距办公室太远，只能依靠九所的上下班班车来往，遂改为每周去两整天，其中有半天是在离退休活动站参加约定的桥牌活动。

由退休转为在职后，俞大光的关系已不在离退休处且由于迁居后离开较远，他只能放弃离退休活动站的活动，转而参加万柳社区组织的歌咏合唱队和自相邀约的桥牌活动队。他的业余爱好如京剧因组织不起来、门球则因缺乏场地而只能放弃。

除了上述这些变化，还有一个变化是，他的长孙顺利考进北京工业大学并去校寄宿，家里又只剩下他和老伴两个人在一起生活。这使得他有了更多的空闲时间。然而，多年来的勤勉工作已经成为习惯，他也不是一个能够闲得住的人。在这段时间里，在身体健康情况允许的情况下，他抓紧时间整理撰写一些回忆文章，而之前学的电脑知识也正好派上用场，给他带来不少便利。

中国有句古话，叫作“叶落归根”。虽然俞大光已定居北京，并将在这里颐养天年，但是，对于祖居的绍兴老家终不免有所挂怀。在一个偶然的机会里，他终于与故乡绍兴取得了联系。

原来，一位曾在绍兴日报社工作过的记者名叫吕金水，退休后对俞氏家族情况进行了研究。经俞大光在绍兴的远房族外孙袁维德的通信介绍，他和俞大光建立了联系。

在闲暇时间相对较多的2005年，俞大光应吕金水的邀请，对他正承担的越文化研究所组编的《俞明震家世》一书的编撰工作提供了一些帮助，包括协同查找与提供资料、参与讨论个别问题和校阅初稿等方面。成书后更名为《俞明震研究》，于2008年出版。俞大光兄弟作为俞明震的族侄，书中各编为一节做了介绍。

往事如烟，岁月如流。

虽然已是90高龄的老人，俞大光依然保持着年轻人的心态。在每天有规律的生活中，他坚持晨练、写作和其他各种力所能及的工作，依然在为社会做着自己应有的贡献。

只是，每当闲暇的时候，他总难免会想起自己所走过的人生道路，那其中的一幕幕场景会不由自主地浮现在眼前：童年时因赶上“九一八”事变而逃难长沙时的艰辛，少年时家庭屡遭变故、求学倍尝艰辛所带来的磨难，青年时在乐山武大求学时的激情满怀，还有在高校教书育人，在九院从事尖端国防科技等种种艰难与喜悦、痛苦与彷徨……

他无法确知当年父亲给自己起名“大光”时的确切想法，“大”是显示的他所排的辈分，“光”字才能算是他真正的名。按照一般的推理，父辈给孩子起名用这个字，自然是希望孩子将来能够光宗耀祖、光耀门楣，为家族争光。

然而，俞大光将自己的人生追求与国家、民族的事业结合在了一起，从早期的确立教育救国的人生奋斗目标，到后来投身于祖国的尖端核武器事业，他始终以国家、民族利益为重，在国家民族的宏伟事业中，创造了自己人生的辉煌，以其人生的光辉照耀着华夏大地！

他的卓越贡献，赢得了世人的赞誉。

著名科学家朱光亚为庆贺俞大光80寿诞，特意为他题词祝贺：“丹心育桃李，奋发铸惊雷。”

中国工程院院士，原哈尔滨工业大学校长黄文虎专门为他写的《满江红·祝俞大光先生八十华诞》一词，则更为形象地概括了俞大光辉煌的人生历程：

一代宗师，齐景仰、群星拱北。
育多士，功高言立，著书缜密。
创导新风臻立德，把关铁将严规格。
笑谈间、为我树楷模，情堪忆。

云水怒，强权逼；
西风急，飞鸣镝。
案牍连寰球，愤然投笔。
本色书生追伊吕，凌烟两弹功仲伯。
院士坛、握手话桑麻，迎风立。

# 附　录

# 附录一　我国核武器工程的开创[①]

俞大光

**摘要**　本文简述我国开发核武器工程的决策及其时代背景后，较详细地回顾了在简陋的条件下，依靠自力更生、艰苦奋斗和全国的大力协同，在较短的时间内，完成我国第一代核武器研制的全过程：原子弹和氢弹的突破和武器化，先后定型多个武器型号并陆续生产交付部队。文中列举了出现的几个较大的问题及解决情况。最后简述了步入第二代核武器研制的时代状况和已有基础，并展望前景。

**关键词**　核武器　核［爆炸］装置[②]；核炸弹　核弹头　核［爆炸］试验

（nuclear weapon；nuclear ［explosion］ device；nuclear bomb；re-entry vehicle bearing a nuclear warhead；nuclear ［explosion］ test ）

## 前言

核武器的建造是一项大型工程：需要从核材料的开发、核武器的物理设计、工程设计和制造、试验到定型生产多个步骤才能完成；要求多种学科的人才、必要的计算、测试手段和设备、厂房和试验场地等的建造，因而也必将运用国家的大量资源、资金和科技力量才能实现。

核武器拥有巨大的毁伤作用，又能与先进的运载工具相结合。因而这项工程又必然受到国际上核大国的阻挠和牵制、甚至威胁。

① 本文已载《工程研究跨学科视野中的工程》2009 年第 3 期，1 ~6 页，转登时在第 3 页上作了些修改。

② 去掉方括号为全称；去掉方括号及其中的字为简称。

这项工程只能由国家最高领导下决心来启动并组织实施。我国1956年11月经人大常委会决定成立［第］三机［械工业］部搞核武器。1958年毛泽东同志指出，“搞一点原子弹、氢弹，我看有10年工夫完全可能”。他批示，“要大力协同，做好这件工作”，动员全国各有关部门和地方适当集中必要的人力、物力、财力，投入原子能事业。成立以周恩来总理为首的中央专［门］委［员会］，有效地组织领导各有关方面协调一致地工作。在中央正确、得力的领导下，虽然有苏联背信弃义撕毁援助协定和美国要对我国实施“核绝育手术”的威胁，然而有全国的大力协同，有各方调集从事核武器工程人员的艰苦奋斗，终于提前了一年实现了毛泽东同志的预言。

本文仅回顾我国第一代核武器的研制简历，不涉及研制工房和试验场地的建设，也不涉及核材料的研制生产。以下分阶段叙述。

**一、艰苦奋斗，探索前进，实现原子弹爆炸试验**

苏联撕毁援助协定后曾藐视我国的核开创能力，说再过20年我国也搞不成原子弹。此前苏联提供过一些极不完整的原子弹资料，需要理解、反推。众所周知，核［爆炸］装置的物理设计离不开高性能的电子计算机。由于当时我国计算条件极差，手摇计算机甚至计算尺也得派上用场。为了弄清资料上数据的正确性，只能艰苦奋斗，用劳力来拼。个别数据经反复计算就是对不上，校验计算方法亦无差错；却是由于资料上就有错误，以致花费了许多劳力和时日。在某方程的求解问题上就曾步入歧途，是在秦元勋同志的研究下才回到正轨的。这无疑又花费了许多精力和时间，但却是科研探索中难以避免的。

核装置的物理设计必须与其各组成部件的试验紧密结合，部件自身的性能和部件相互接触处的界面影响都必须经过试验研究，并将研究结果融入核装置整体的物理设计后，再进行整体的模拟试验并获得成功结果，才能基本保证设计的正确性。这些实验中都含有真实炸药爆炸，都只能在爆轰试验场进行。根据经福谦同志领导的试验研究，发现某些部件边缘的爆轰波稀疏效应和界面不稳定性都不如原来估计的严重。爆轰试验的跨步同样不敢大，因而次数多，工作量大；且早期只有北京八达岭长城外的简陋试验场，条件艰苦。为了抢时间，搭起帐篷作工房，用开水炉制蒸汽用以熔铸炸药。

核装置的部件和整体试验都必须经过试件的结构设计和加工制造。由于有些试件形状独特或有甚高的精度要求，常需要进行细致的工艺研究和反复多次的加工检测。又由于当时拥有的设备条件极其有限，有时只好由抽调来的人员出差原单位求援协作，例如某一重要精密部件，就是由那时刚由三机部 410 厂调来的谢家祺同志返回原厂协作，并指挥安排完成加工的。核装置上起爆用的电雷管因有特殊要求，是由院领导吴际霖同志亲自给他在延安自然科学院的学生、五机部 804 厂郭力杰总工程师写信，由黄有成同志去联系协作研制完成的。

核装置还需要带上一个中子点火设施，称为中子源。有置于核装置外部的外中子源；也有装入核装置内部的内中子源。当时决定采用后者。由王方定同志牵头率领十来人在简陋的条件下奋战 300 多个日日夜夜，克服了多个技术难点，才完成了研制工作。有了这个中子源，还得检验在炸药爆轰作用下，它能否正常动作。但这一试验由于药量大，无法在前述的简易爆轰试验场进行。幸喜我国的第一个核武器研究试验基地经过从全国汇集的千军万马、在经济困难粮食严重不足时期苦战 3 年多，于 1963 年初已初步具备了入迁条件。

核装置的起爆必须从外部引发。用以引爆核装置上多个电雷管的部件称为引爆装置，其输出参数应满足核装置的引爆要求，即多路互不影响的高压同步电脉冲。由于对各雷管爆轰输出的同步时差要求极高，增加了研制引爆装置的难度。在科研组群策群力、边学边干，加上协作单位研制提供重要器件的情况下，虽然按时完成任务，但提供用作首次核［爆炸］试验的，却仍重达30千克以上。又由于对其可靠性不很放心，在那次核试验的引爆控制系统中加添了人工刹车按钮。试验时要求刹车岗位人员在数秒时间内连续看表监视高压是否满足要求，准确操作按钮以防发出不合格的引爆脉冲。由于此岗位责任重大，致使神经较紧张的同志不敢担当，结果由领头研制引爆装置的惠钟锡同志勇敢接手，让试验正常进行。

以上种种，为我国第一个核装置试验按计划时间进行创造了条件。在核试验场条件和核爆效应试验准备齐全后，于1964年10月16日成功地进行了我国首次核试验。这次试验的成功打破了核大国对我国的核垄断，顶住了美国对我国的核威胁，也回击了苏联对我国的核藐视。

## 二、尽快完成原子弹武器化，形成战斗力

我国第一个核爆炸装置试验成功随即发表了公报，让全国人民欢欣鼓舞；但并未形成我国的核反击力量。当务之急应是尽快完成原子弹武器化，好在对此已早有准备。原来我国在启动核武器研制之初就已将核炸弹定为第一个目标。从1960年起已逐步确定运载战机及其改装方案、投弹参数、炸弹壳体尺寸和气动外形、环境条件地面模拟试验项目及要求、引爆控制系统方案和所属部件研制、地面测试和飞行遥测设备研制等。由于创业之始技术贫乏和设备短缺，为了抢进度，将大量低层次的部件、有特殊要求的非标准设备和器件等都拿到国内有关企业去协作，同时派专人联系、了解甚至参与工作直到对成品的测试检查和验收。这些在总体上可称顺利，体现了中央提出的要大力协同的要求，也使去协作的人员增长了知

识和技能。到1963年末，已成功完成按设计要求的试验弹引爆控制系统飞行鉴定试验。

为即将进行的首次空投核试验做准备，核试验研究所提出在弹内预置设施，在投弹后起爆前某时刻发出特定指令信号，通过无线电遥测接收并转发到地面主控站的要求。又为了掌握技术，从武器化需要考虑，拟探索实弹飞行中测量雷管起爆同步时差和主装炸药爆轰出中子的时间的技术。这两项新任务成为首次核试验后遥测系统研制组的工作重点。经过紧张的设计加工和爆轰试验部门的密切配合，在新研制基地的爆轰试验场，于寒冬季节紧张地奋战两个多月，才基本完成了地面的模拟试验。

由于试验弹质量太大而振动试验的荷重能力不足，为进行整体振动试验，研制人员提出下承兼上挂的方案，经研究认为可行。执行中在装满炸药的试验弹上插好全部雷管以后，忽然发现弹壳带电。为了避免一场严重事故的发生，试验队伍的领导龙文光同志紧急决定试验队伍迅速撤离后听命，仅留少数人员排查；不料却是由室内干燥橡皮垫与参试人员鞋底相摩擦引起，乃采取措施后重新集中参试人员完成试验，一场虚惊宣告结束。

各项地面研究和试验完成以后，不久就有千军万马聚集在核试验场，在那里准备和部署。遥测队伍进入到离试验靶标十余千米的654站，准备就绪并经地面试验一切正常后，即进行空投无核材料的试验弹作为全场综合预演，却迎来了新的挑战：预演中显示出有干扰信号导致两套遥测接收车中一台不能正常工作。为排除故障，只能在有限的计划时间内尽快找出干扰源；然而虽付出紧张劳动，也承场地有关部门热情配合，仍然不见踪影。带着问题参试的结果，一是未能完成遥测转发指令的任务，二是未能观察到出中子的信号。事后再用较多时间巡查干扰源仍无所获！经过不到一年的时间，这个干扰“嫌犯”终被抓获。原来参加654站工作的李幼平同志因听到在下一个型号的地面试验中曾发现原安装在飞机弹舱内、用以在开启弹舱前转发遥测信号到机外天线的功率放大器，能在失去激励信号时产生自激振荡，遂机灵地估计到这可能会对遥测的地面接收造成干扰，并很快地通过地面模拟试验获得初步验证。可能由于当时载机上执行投弹任务的同志在投弹后未及时切断功率放大器电源（任务书上无此要求）所致。经后来的空投核试验证明了这个估计是完全正确的。

首次空投原子弹1965年5月14日核爆成功，标志着武器化迈出原始的一步。但用作试验的核炸弹重达数吨，突防能力脆弱。为了前进一步，还得及早研究将核装置装入弹道导弹的问题，关键在于要使核装置和引爆控制系统小型化轻量化并能适应弹头飞行中的恶劣环境。好在对这些问题也都已做过不少研究，在与导弹研制部门技术协调后，经过必要的设计修改，即可进入试件加工、环境适应性检验、总装测试等工序。但对总装好的核弹头经飞行再入大气层的恶劣环境后，能否在预设高度正常爆炸做出恰当检验，却成为一个难题。为了较快地获得解决，只能进行实弹飞行核试验。这种在本国领土上空飞行的导弹核试验有极大的安全风险，国际上尚无进行的先例。以周恩来同志为首的中央专委显示出极大魄力，做出了正确决定，采取种种措施降低风险，包括试验期间要从导弹飞行走廊临时疏散万余居民。在中央专委的督促检查和聂荣臻元帅的总指挥下，参试人员本着聚精会神于试验任务、遵守不谈“文化大革命”运动中政治观点的纪律，齐心合力于1966年10月27日成功地实现了史无前例的这种核试验。

### 三、原子弹有了，氢弹也要快

这是毛泽东同志的要求。有了原子弹，打破了核大国的核垄断；但毕竟威慑作用还不是很大，还必须进一步拥有氢弹。你有的我也有，才能更有效地防止核战争。我国在这方面也早有准备。早在1960年初，就集中了二三十研究人员，在原子能研究所组建了一个专门研究小组，对热核材料的性能和热核反应机理等做了不少预先研究。待我国第一颗原子弹装置爆炸成功以后，及时地将由于敏、黄祖洽等同志率领的这个研究小组调入第九研究院，在院领导彭桓武、朱光亚的领导下，与已有核裂变装置设计经验的人员一起，研究进行热核［爆炸］装置的物理设计。通过对曾经提出过的多种方案的讨论比较，由于敏同志带领研究人员到上海华东计算所的仔细计算，再回院讨论后，终于确定了其中之一为首选。这只用了一年多时间。

从原子弹到氢弹，核爆炸装置有很大的改型。自持的热核反应只能在原子弹爆炸形成的极高温度下进行，因此通俗地说成“氢弹中要有个原子弹”。科学的说法是“热核爆炸装置中必有其核裂变放能部分”。这部分被称为“初级”，而由初级提供的能量引发并自持进行热核反应的部分则称为“次级”，从初级到次级间如何做到恰当地耦合是热核爆炸装置研究的重点之一。

热核爆炸装置的物理设计初定以后，即展开各项试制和局部试验工作。经过一段时间研究，确定了首先进行一次地面塔架核试验，以较方便地多取得些诊断核反应情况的数据。但因爆高的限制，只能进行减威力的原理试验，这可较方便地从热核爆炸装置中裁减聚变材料的量来实现。为了抢时间，这次试验赶在核试验场上天寒地冻的1966年年末进行，在大风劲吹的环境中只有帐篷可住的条件下，自然增加了广大参试人员的不少困难，但都被参试人员的热心和毅力所战胜，终于在12月28日取得了试验的成功。这标志着我国已经突破了氢弹；或称我国第一颗氢弹已经爆炸成功。

因为氢弹的原理已经突破，本来很快就能进行大威力氢弹试验，但因涉及载机投弹后的安全，必须在弹体上装降落伞，经研制试验降落伞成功后的1967年6月17日才进行。这次试验实质上是为了氢弹大气层爆炸效应的测试而做，也为今后大威力大气层核爆炸试验做准备。

## 四、氢弹的武器化构成我国的核威慑力量

随着我国弹道导弹研制的进展，运载能力的提高，在氢弹爆炸试验成功后，战略导弹部队接连提出新型核弹头的研制要求。从需要和可能相结合出发，经过使用部队与有关各研制部门的共同研讨，形成研制任务书，由国家审批后下达，作为各方进行研制和相互协调的依据。在各个新型号核弹头中，都是用热核战斗部实现战斗使命，也就是提出了氢弹武器化的具体目标要求。

由于任务书中提出的完成时间要求都不很长，只能对核装置的构成方案按照所需的威力、容许的尺寸和重量和协调的安装条件等，依据已经试验成功的原理方案，重新进行物理设计和工程设计，安排必要的局部和整体的研究和考核试验来完成。对引爆控制系统也基本如此；但须依据新弹头的飞行弹道参数和要求适应的环境条件重新设计研制。

这里只对几个新问题作些简介。一是核弹头的整体试验鉴定问题。随着核弹头威力的加大和运载导弹射程的变远，显然难以像1966年唯一一次的导弹核试验那样进行。只能与使用部门讨论协商，取得共识，采用飞机空投核爆试验加导弹发射模拟飞行试验相结合的鉴定办法来代替。

二是由于曾在某一型号的核装置设计中，采用了一种新的材料，导致在稍长时间的储存后，用该材料制成的部件损坏，为此经过重新研究试制和较长时间的部件储存试验，才通过会议验收。这影响到该型号核装置定型不得不推迟几年时间。

三是随着核弹头小型化要求的提高，在核弹头内装入核装置和引爆控制系统后，剩余空间狭小，无法再装入遥测上弹设备以进行核装置的模拟飞行试验鉴定。经与使用部门讨论协商后，只能在模拟核装置地面环境模拟试验项目内，增添新项目来代替飞行鉴定。

四是地面环境条件模拟试验常因人为制定的试验条件过于苛刻，以致通不过此项地面试验的部件往往却能在实际飞行试验中经

受住考核。查其原因多为从实测环境条件取得的极大量的数据中简化成便于执行的试验环境条件时难以做到恰如其分。为了确保产品质量，研制中从严要求是必要的；但过分苛求则将阻碍事业的发展，因而也是不可取的。在遇到问题时进行实事求是的研讨，对过于苛刻的试验条件和试验方法做出修改是必要的。

以上 4 个问题只是笔者印象比较深的。出现和解决的问题还很多，不可能一一列举。经过 20 多年的努力，先后完成了多种热核弹头的定型。根据部队的订货需求，陆续进行小批量生产，装备部队形成战斗力。在国庆 50 周年纪念时安装在相应导弹上接受检阅。

**五、转入第二代，展望未来**

走完开拓核武器工程的道路，从组建机构到多种型号核武器小批量生产，到装备部队形成战斗力，总共只用约 28 年时间，进行了 20 多次核试验，总的说来是快的，也是节省的。主要的原因在于：(1) 中央领导重视和全国的大力协同；(2) 参与人员事业心强，自觉遵循周恩来总理“严肃认真、周到细致、稳妥可靠、万无一失”的教导，能在困难环境下艰苦奋斗；(3) 当时核武器在世界上早已存在，人家能做到的我们经过努力也必能做到，研制人员具有坚强的信心；(4) 叠式安排，提前开始下一步的预先研究，节省了时间。

笔者因年龄关系未参加第二代的研制工作。回忆介绍也只能到此为止。由于已有第一代核武器的研制经验作为基础；第二代核武器又早已在第一代核武器研制的后期即已进行探索预研，估计这第二代核武器在我国现已基本完成，其性能较第一代必有大幅度提高，以之装备部队后，其威慑作用亦必有相应的增长。

我国研制核武器的目的是为了遏制核威胁和核战争。从首次核试验成功后就已郑重向全世界宣布在任何情况下绝不首先使用核武器或威胁使用核武器。我国在核军备控制方面的最终目标是全面禁止并彻底销毁一切核武器；而1996年签署的《全面禁止核试验条约》至今尚未全面生效。核国家虽然已经停止进行核试验，但核武器的研究也并未停止，仍在运用数值模拟、非核爆试验等方式持续地进行着。在当今的世界里，核武器虽已在60多年里的各式战争中从未使用过，但仍然被认为是主要的战略威慑力量。但拥有的核武器，其性能必须跟上时代。对仅用于反击的核武器，必须有较强的生存能力和突防能力，也要有较长的有效储存期限。因此我国的核武器工程在第二代研制任务的后期，在探讨不做核试验发展核武器技术并建立必要设施的前提下，应在提高机动性能和突防能力，提高储存安定性和寿命，增强安全和保安性能等方面继续前进。

**参考文献**

（略。）

# 附录二 漫谈核武器引爆

## ——俞大光院士访谈录

郭桐兴：各位观众，大家上午好！欢迎大家来到《院士访谈》栏目，我们今天非常荣幸地请到了中国工程院院士，中国工程物理研究院专家委员会研究员，曾任中国工程物理研究院副院长，电子工程研究所所长，中国工程物理研究院科技委员会副主任，我国著名的电工理论和电子工程专家俞大光院士，俞老您好。

**俞大光：谢谢。**

郭桐兴：欢迎您。俞老曾经主持完成的核武器引爆控制系统，曾经获全国科学大会奖，参与主持的氢弹的突破及武器化，1985年获国家科学技术进步奖特等奖。我们今天请您来，就核武器引爆这样一个话题，首先我们想请您给我们介绍一下核武器的原理。核武器都包括哪些内容呢？

**俞大光：核武器包括的范围挺宽，而且一般称核武器，都是应用核能做成的武器，主要运用核能这点是突显的。至于它的方式，有导弹，有炮弹，有炸弹，也有鱼雷，各种各样的方式都有。每种方式又有多个品种，可谓五花八门，但是原理还是大致有些相同的地方。**

郭桐兴：核武器基本上就是包括原子弹、氢弹吗？原子弹和氢弹的能量来源来自哪里呢？

俞大光：核武器就是运用核能做成的武器，总的来讲可以这样说。现在一种叫作原子弹，一种叫作氢弹，这是一般的俗称。学术上的称呼，原子弹就叫作裂变武器，氢弹就叫作聚变武器。但是聚变武器现在也包含一部分裂变，是也有聚变，也有裂变。所谓裂变，就是利用重原子核裂变所提供的能量来做成的武器。原子核的性质是这样的，有轻原子核，有重原子核，但是能够提供裂变能量的一般都是重原子核，但也不是所有的重原子核，这与各个不同的原子核的核性能有关。现在一般用来做裂变武器的原子核比较多的是铀235，这个235是铀的一种同位素，并不是所有的铀同位素都合适，235这种是合适的。还有就是钚239应用也比较多。这两种是主要的。其他也还有一些。比如铀238也可以裂变，但这个裂变就困难得多。所谓裂变，就是一个原子核受到中子的打击，打击之后原子核裂开了，变成了两个原子核。两个原子核是中等质量的，是重原子核裂变成两个中等质量的原子核。裂变过程当中有质量亏损，根据质量和能量的转换关系，获得的能量就是原子核裂变能量。

郭桐兴：这是重原子核的裂变？

俞大光：对，这是一个能量的来源。第二个能量的来源就是轻原子核的聚变。就是原子核本身的重量比较小，最轻的，我们知道化学元素中间最轻的就是氢，氢原子是最轻的原子，氢的核也是最轻的核，氢也有它的同位素，一个是重氢，还有一个超重氢。重氢称作氘，超重氢称作氚，这是根据汉字的写法读音。这两种同位素都具有比较容易聚变的条件。所谓聚变，就是一个轻原子核跟另外一个轻原子核聚会到一起，发生核反应。原子核和原子核合在一起构成一个较重的新原子核。这有什么特别的呢？这里有个困难。因为原子核都是带正电的，相互间的静电斥力与距离平方成反比，靠得很近时距离差不多等于零了，因而斥力很大，所以要很大的能量才能够使它们聚合在一起。这一般就需要很高的温度，所以这个反应又叫作热核反应，就是靠高温使轻核获取足够的动能，以克服静电斥力而聚合，造成核反应。这种核反应就叫聚变反应。就一对核的聚变来说，这个反应的能量比一个核的裂变反应能量还小；但能聚变的都是轻原子核，本身质量轻，而能裂变的都是重原子核，如果用同样重量的聚变材料的聚变与裂变材料的裂变相比，因轻原子核数量多得多，所以总的能量就大出三四倍。另外，聚变放出的中子还能更有效地引发近处的裂变材料的裂变。这就是两种能量的来源。

郭桐兴：裂变反应需要什么条件呢？

俞大光：光一个原子核裂变，这个能量也并没有多少，几百个兆电子伏，这个也不能算多。但是裂变的过程中间，还会放出几个中子。这是经过前人做过很多试验得出来的结论。放出来的中子数量是多少呢？不是一个定数，有的多一些，有的少一些，但平均是两到三个。一次裂变还只须注入一个中子，而能够发出的中子是两到三个，所以中子数会增加。裂变发出的中子又可使周围其他的重原子核裂变。这样就会使中子数不断增加，是有一个变成两三个，再变成七八个、十来个，如此一代接一代，使众多的核都裂变，这样的状态就称为超临界状态，才能产生高能量；一个原子核，几个原子核都不行，要很多原子核都发生裂变反应，才能产生作为武器使用的能量。这是链式裂变反应的含义。

郭桐兴：聚变反应需要什么条件呢？

俞大光：需要高温。一个聚变反应放出的能量很少，也放出一个中子，这种小规模的核聚变反应还是可以借助人为的方法避开高温获得的，但只是获得少量的能。如果要获得大量的能，就必须热核反应，使材料中的聚变反应成为一个连续自持的反应，就是自己维持自己反应所需的温度。就像烧火一样，煤要烧起来的话，一部分燃烧了，这部分燃烧产生的能量又影响到另外一部分温度提高了，另一部分又燃烧了，能量越多，燃起来就越有力气，所以越来越旺。聚变也是同样的性质。就是一个聚变了之后，能够放出中子，同时也产生一些能量。靠本身的聚变提供热的能量，维持温度。这个温度很高，高到什么程度呢？至少要好几百万摄氏度。少于这个温度的时候，聚变一会儿就熄灭了，就像烧火一样，火烧得不旺一会儿就灭了。所以大规模的聚变反应要持续保持这么高的温度，这用人为的普通办法很难达到，只有靠原子核的裂变，即以裂变放能获得高温来引发聚变。聚变有一个好处就是没有核污染，裂变有核污染，所以人们希望做出没有裂变的纯聚变武器，但还在研究中，没有做出来。

郭桐兴：从环保的角度来看，聚变比裂变好一点？

俞大光：好得多。

郭桐兴：请您再给我们介绍一下原子弹，核材料怎么能够实现超临界呢？

俞大光：凡是裂变的核材料，比如说铀235，钚239，这些材料本身在自然环境下，一定的形状都有一个临界质量，就是一个原子核裂变的时候放出来的中子，能够把接近的其他原子核也打成裂变。但是中子放出来的时候不一定都能够打到其他原子核里面去，因为原子核跟原子核中间的间隔、空间还是很大的，说不定就跑掉了，打不进去，这就碰运气了，所以需要靠比较多的中子在里面聚集才行。这个中子打进原子核引发裂变之后，又发出了几个中子，虽然裂变吸收了中子，总的来讲还是增加了中子。但是增加了中子，这个中子不一定能打到其他易裂变核里面去，要散失掉一部分，还有未能引发裂变而被俘获的。所以要聚集得好，散失得小，才能维持中子有一定的数量，才能维持后续的裂变反应。如果中子大部分都散掉了，留在里面的数越来越少，裂变就会熄灭了，即链式裂变反应就进行不下去了，能量也就无从再散发，所以这样就不行。科学上来讲这个，规定了一个临界，什么叫作临界呢？就是在这个临界的条件之下，产生的中子数至少能够跟消耗掉的中子数相抵消，不至于亏损。比如说我本来有一万个，裂变反应过了，我还有一万个，正好保持，也不多，也不少，这个叫作临界状态。这个临界状态与材料的多少、形状都有关，另外与周围的环境也有关。为什么与环境有关呢？因为中子打出去之后，散失掉一般就回不来了，但若碰上有反射中子能力的反射层，比如说里面是核材料，外面是反射层，中子碰到这个反射层又反射回来了，吸收得比较少，这样就容易造成裂变。所以在不同的环境和材料形状，临界质量都不一样。像铀235裸球在空气中，需要50千克才能构成临界质量。如果外面有一个厚的反射层，有十几千克就可以了。所以这个差别还很大。

郭桐兴：也取决于周边的环境？

俞大光：另外也取决于它本身的形状，因为球形是最好的形状，临界质量最小，如果是扁平的话，中子容易散失，不易聚集在一起。

郭桐兴：跟材料的形状、环境都有关系？

俞大光：还有压力，压力大了之后，被压缩的材料体积变小而密度增大，临界质量就变小。因为压缩得小了之后，原子核间相互距离变小，都聚拢了些，较容易产生裂变，所以临界质量就小了。构成这个状态的系统是超过了临界，还是没超过临界，超过临界还可以超过一些或者是很多，不到这个临界可以叫作次临界，次临界一旦发生了核裂变反应之后，这个核反应会自动熄灭，不会成为核爆炸。

郭桐兴：只有处于超临界的状态，才会使核爆炸试验成功吗？

俞大光：对。

郭桐兴：实现超临界有哪些方法呢？

俞大光：用作武器的一块核裂变材料，平常是不允许超过临界质量的，而且接近临界质量都是危险的，容易出现核事故。为什么这样说呢？因为自然界总有一些游荡的中子，数量很少，但是万一它碰到核裂变材料上，打击引发了一个裂变，由于这块材料本来在临界质量以上，就酿成了链式裂变反应，也就是发生了核爆炸，这可不得了。所以平常核裂变材料都应该处于次临界状态，而且要处于比较深的次临界状态，这样才安全，否则很不安全。又因为在使用的时候，要让它很快地超临界，从次临界转变成超临界，通过什么手段呢？一般有两种方法，原子弹研究的历史就这样，现在一直还是这两种方式。一种是枪法，就是首先把几块处于次临界的裂变材料分开放着，隔着一定的距离，当你需要的时候，用炸药把这几块（最简单的是两块）材料很快地推拢到一起，合到一起的时候就很快实现超临界，因为总加起来质量是在临界以上。还有一种方法是内爆法。枪法核裂变材料利用率低，超临界也有限，点燃之后，即发生核爆炸以后，材料很快散开了，本来超临界的不超临界了，链式裂变反应就熄灭了，散开得越快越不好，能量利用率越低，所以到最后总有一些裂变材料没有裂变，浪费掉了，这是不可避免的。现在任何先进的办法也都是有一些裂变材料要浪费掉，就是少得很多而已。

郭桐兴：都不可能完全地被充分利用。

俞大光：枪法浪费的就更多。所谓内爆法就是只用一块裂变材料，一般来讲都是球形，刚才讲了球形临界质量最低，利用球形且处于次临界的裂变材料。

郭桐兴：这个材料是不是可以加工呢？

俞大光：可以。

郭桐兴：比如说可以加工成扁平的或者是球形？

俞大光：是的，一般来说做武器的话都是做成球形。开始的时候，一个球在临界质量以下，整个系统是次临界状态，使用的时候靠炸药爆炸，用聚心的爆轰波来压缩这个材料，也就是从材料的周围紧紧地均匀压缩，不能说这边压缩而那边放开，必须是周围同时压缩。这样的话，球形材料受到这种内爆压缩，聚到里面，密度被压缩得很高，密度一高临界质量降低了，于是超临界了。超临界的时候，再注入中子就起核爆炸了。

郭桐兴：是不是得把这个发生变化的材料放在一个固体容器里面？

俞大光：这个材料本身外面有一些支撑，作为武器来讲都是有结构，比如说这个材料是球形，外面是炸药包住，最后还要装到弹壳里面，不固定是不行的，随便游动不行，要固定到弹体里面去。如果要装配成什么结构，可以自行设计，设计一个比较好的结构，让它质量比较轻，威力比较大。

郭桐兴：根据需要，这是比较灵活的。核武器的引爆，大概分为几个步骤或者是怎么引爆的呢？

俞大光：刚才是讲了两种方法怎样实现超临界，但是实现超临界以后，还不能就说完了。还必须要注入中子，不注入中子，超临界只能是暂时的，炸药压缩之后要膨胀，最后的时候又不到临界了。所以超临界的持续时间很短，要想在这个短时间之内，就一定碰到外面来的自由游荡中子激发它，这是不现实的，所以必须人工地注入中子。人工产生中子，注入中子的程序就叫作核点火，已经超临界了，你不点火还是燃不起来，就像煤温度已经很高了，你点一下它就燃烧起来了，不然也燃烧不起来。

郭桐兴：点火之后呢？就开始引爆？

俞大光：引爆以后才能使裂变材料达到超临界，此时进行核点火，核爆炸随即瞬刻进行，这是我讲的程序。下面就是怎么样实现这个程序。实现这个程序，我主要讲内爆法，因为内爆法是现在比较通用的，比较节省材料。内爆法，首先要压缩，压缩靠什么呢？靠炸药。炸药一般要选择能量比较高，而且安定性比较好，而且易于加工的炸药，很容易起爆的炸药容易出事故。

郭桐兴：一般使用什么炸药呢？

俞大光：像TNT、黑索金都可以使用，要让它各方面的性能比较好，包括加工性能、起爆性能和爆轰波的能量等等。我们通常把核武器上所用的整个的火工品和炸药称作爆炸序列。这个爆炸序列包括两部分，一部分就是起爆、传爆部分，称为起爆序列；另一部分是主装炸药，称为爆轰序列。起爆完了之后，主装炸药就是提供能量，因为你要把一个金属的东西压得很小，就需要很大的能量，能量小的就不行。另外波形还要很好。所以为了创造合适的波形，起爆序列中间就需要能使爆轰波形成为球面，并让它聚焦的设施，这个是通过特殊成形的炸药传爆而获得的，冲击波走的方向要聚到一个点上面，不能散焦，满足往中心压缩，这样才行。爆炸序列的最前端是雷管，一般为了便于控制、安全，通常是采用电雷管。这个电雷管还要采用一般不容易造成的电压，电压要比较高，同时起爆雷管的能量要比较大，这样才安全。因为一点小能量就使雷管起爆了，比如说过去的火花雷管，这个就不好，火花雷管毛皮摩擦一下就可以使它起爆，这样就危险。要尽量减少危险，从安全方面来考虑。主装炸药主要的问题是要用量少，而提供的能量还要多。这样的炸药一般都是混合炸药，很多品种混合在一起。起爆序列加上爆轰序列构成爆炸序列，工作时起到压缩裂变材料的作用，使整个系统达到一个超临界状态。

郭桐兴：从而完成它的使命。

俞大光：要使这个雷管引爆，所需要的这套东西就叫作引爆控制系统。

郭桐兴：引爆控制系统都包括哪几个部分呢？

俞大光：一个是电能源，一般就是电池，还有保险装置，这个对安全非常重要，还有一个程序控制装置，因为整个武器都设计有一定的工作程序，什么时候干什么，这是程序预先设定的，控制这个程序的就是程序控制装置。还有引信装置，根据外面来的信息，提供一个引爆信号。还有一个是引爆装置，就是接受引爆信号并发出点火用的电脉冲以直接引发雷管的。因为雷管还不只一个，一个的时候，就是一点起爆，要变成一个球面的爆轰波很困难，所以需要多个点都起爆，是多路起爆，同时起爆，这个就叫作同步起爆。这个同步是要求非常严格的，对内爆法来讲，对同步的要求，一般是在亚微秒，就是不到一微秒的时间，即百万分之一秒以下。

郭桐兴：就是一瞬间？

俞大光：一般来讲，一瞬间到不了微秒量级，一般都是毫秒量级，即千分之几秒。

郭桐兴：比这个还要快很多吗？

俞大光：对，比微秒量级还要短，所以叫作亚微秒量级。

郭桐兴：电能源的作用是什么？

俞大光：非常重要，是提供整个引爆控制系统能量的设备，这个设备，不在乎使用的寿命长，使用的时间很短，核弹几十秒就用完了，最多一分钟就可以了，就是这样的时间。但是得要求短时间能够提供很大的能量。第二，要求能源小型，不要装一个很大的电池放在上面，这就太累赘了，不好带，不方便。一般用银锌电池，或者是锂电池，与手表里的电池相类似，但是做得比这个大，因为手表里需要的能量太小，所以要做大些才有足够的能量。现在还有一种热电池，就是要在高温下才能工作。电池里有个点火头，用外加电点燃后自己可以利用化学反应，产生高温，高温状态下电解质熔化成为电解液后才能工作。这个有一个好处，平时电池不带电，比较安全。这几种电池现在都有采用的。总的要求是，单位体积重量所能够发出的能量要比较高，还要安全和方便。

郭桐兴：保险装置的作用是什么？

俞大光：保险装置在引爆控制系统里面是很重要的组成部分，因为我们要保证核武器安全。如果只要一通电马上就爆了，那危险性就太大了。所以要经过很多道保险，地面上可以设置一些保险。在弹道过程中间也要有保险，这种弹道保险是利用在地面不容易产生的那样的条件，这样才好。还有一个作用，就是防止非授权使用。现在恐怖分子搞破坏，把你的东西抢去了，把你的核武器抢去了，他就可以用，那么就要防止他使用。我们做的时候就考虑这个了，有一个方法是用密码锁，密码是很难识破的。同时考虑被抢去了之后，可能被拆卸，还应把有些关键的东西装在一个铁盒子里面，像保险箱一样，有钥匙才可以打开，没有钥匙，你破坏性的打开，一打开就坏了。然而，道高一尺魔高一丈，保险非常重要，还需要不断研究。

郭桐兴：程序控制装置是怎么回事呢？

俞大光：程序控制装置是控制武器的工作程序，第一道程序是什么，第二道程序是什么，往往第一道程序为第二道程序创造条件，不能乱来的。第一道程序还没发生，第二道程序来了也不起作用，要控制它的程序，不能乱来。这个程序还要有可临时调整的措施。比如说飞机带个炸弹，驾驶员可以临时叫它不解除保险，因为飞机发生危险了，他不能随便把核弹投下去，灾难之后，万一机毁人亡，但是核弹还应没事，最坏也不会核爆，应该是有这样的要求。

郭桐兴：当驾驶员或者是飞机出现了问题，原子弹不会出问题？

俞大光：要求应该是不出问题，实际是否不出问题，还要看设计的情况。驾驶舱里可以对程序控制装置进行操作，就是驾驶员在临危的状态下，可以让保险不解除，叫它不起爆，还可以叫能源消耗殆尽，再也无法起爆。程序控制装置里还必须有一个远调部分，因为临时去弹旁调整是不可能的，就得像我们用电视机的遥控一样，只能遥远地进行调控。一般都是有线电，比较牢靠一点。很多东西可能在临使用以前已进行调整，调整的机构都是通过程序控制装置。程序控制装置还能对核武器的其他部分发出一些必要的信号，假如说地面上知道这个武器的飞行方向已经不对头了，打不到目标那里去了，不能叫它爆炸，要把它毁掉，这种情况下的信息指令可由程序控制装置接收，并转发到预设的自毁设施来起作用。核武器起爆的过程中，还可以预设一些要求，让程序控制装置发出某些控制信号，这些都是可以做到的。所以要把满足这些要求的设施都统统包裹在里面。另外还可带上一个微型计算机，通过临时测量的数据，自动通过计算调整程序中的某些参数，让武器在合适的时间准确起爆。

郭桐兴：随时都可以调整？

俞大光：自动调整。比如说引信，可以有四五台同时工作，但是哪一台引信最好呢？要让程序控制装置通过其中微型计算机的综合分析来做出判别。

郭桐兴：完全是自动的？

俞大光：自动化控制，但是这些东西做得很小，还要有很强的功能。

郭桐兴：请您介绍一下引爆装置好吗？

俞大光：就是最后提供引爆脉冲给雷管的装置，这是引爆控制系统中最核心的部分，你真正要引爆就要靠它。这个引爆，比如说高压雷管，既要高电压，又要做得小，还要安全，这就不太容易做到了；同时还有一个同步时间的准确度要求。起爆一定要多个雷管同时起爆，就是说相互之间起爆时刻的差异要非常小。怎样才能做到？这个就要求有特殊的技术，让引爆装置产生一个电脉冲，这个脉冲前沿必须很陡，电压从零一下子就冲上去了，用一般的开关或继电器都不行，因为时间太长。要一下子冲上去，就得专门研制一种触发开关，要一触即发。另外还要将这个脉冲分成互不影响的多路并输送到各个雷管。这样的话所有雷管的爆炸时间才能差不多一致。

郭桐兴：有的爆，有的没爆就麻烦了。

俞大光：爆是爆了，但是爆的时间参差不齐也不行，这个不符合同步要求，核爆炸不会正常甚至不能产生。

郭桐兴：达不到预期的效果。

俞大光：达不到同步起爆的要求，不同步起爆往往可能造成聚焦的失败，聚焦的失败就使中子发不出来，或者是压缩有些不足，以致超临界很少，发出的能量也比较小了。因为压缩得不好，这些情况都容易发生。

郭桐兴：以至于导致最后核武器试验的失败？

俞大光：是。还有一个引信装置，这个也是很重要的。一般核武器空爆的比较多，因为威力比较大，在空中爆炸的杀伤力大一些。根据武器不同的威力和不同的目标硬度有不同的爆炸高度要求，如威力大应该高一点，威力小应该低一些，威力很小就应该到地面再爆炸。这个就是靠引信提供的信号。都有什么样的引信呢？一种就是气压引信。从上空掉下来的核弹，气压是越来越高，高到一定程度就发出信号。水里的爆炸，可以用水压引信，就是在水中一定深度起爆，越深压力越高，利用压力的变化提供信号。这是利用气压或水压的变化。还有一种是用无线电信号，一般就是测高，利用无线电波的回波。就是发出一个电脉冲，看收到它的回波需要经过多少时间，离地面越近时间就越短，离地面越远时间就越长。

郭桐兴：这个是不是雷达？

俞大光：就是雷达，但需要发出一个信号出来，也称为雷达引信。它的好处是比较准确，缺点是容易受干扰，另外也比较复杂，比较复杂的话可靠性就会比较差些。

郭桐兴：请您给我们介绍一下核点火有什么方法？

俞大光：核点火是不可缺少的一个环节。总的来讲，核点火是人工地提供点火中子，不能依靠自然界游荡的中子。人工提供中子，这些中子从哪儿来？要有一个产生中子的源，产生中子的源一般有多种，有一种恒源，时时都在产生并发出中子，但这个不行，刚压缩到临界的时候就马上爆了，等不到超临界，所以这个不行。必须是只在给它一个信号后，它才产生中子，这才比较好，而且给的这个信号要比较准确。一般用两种办法：一种办法，就是有个内中子源，装到核裂变装置的中心部位，就是刚才讲的裂变材料压缩到最后的中心，把中子源做成一个小球，这个小球里面装上一些氢的同位素的化合物，这里面就有一定数量的轻核，最中心的地方也是最高温的地方，利用这个很小范围的高温产生局部热核反应，但这个高温范围是很小的，里面可以聚变的核素也比较少，但是不依靠它提供能量，只依靠它提供中子。因为每一个聚变都会放出一个能量还比较高的中子，这个小球就可以作为中子源，适时地发出中子打到核裂变材料里面产生裂变。这个小球装到核裂变中心就行了。

郭桐兴：专用名词怎么称呼它呢？

俞大光：就称内中子源。还有一种就是外中子源，不装在裂变装置里面，而放在它外部的一个地方，靠近就行了。因为不在中心部位，发出的中子就要多一些才够，如果像内中子源那样少，就不够用了。外中子源一般用什么办法呢？一般是用中子管，中子管里面有一个靶，这个靶是轻材料的，例如把含氘或氚的化合物涂在上面，用离子打上去，离子也是轻材料的，氘离子就可以。一个离子源产生离子，发出离子之后，用很高的电压把这个离子高速吸到靶上，高速撞击靶而产生聚变。这也是一个小规模的聚变。但是这个有几个缺点，这个中子管体积大，还要控制时间，要正好在超临界的状态，在超临界的最好点火时机，早了的话产生的裂变能量就不够，晚了的话最好的时间过去了也不行，所以时间需要准确。从引爆控制系统发出引爆脉冲，起爆之后，达到理想的超临界状态的这段时间，一般是微秒量级的，要经过这么长时间正好产生中子才行，这个延时就要有很高的精确度，一般用导爆索，这是比较准确的，但有一个缺点，只能一次，爆了之后就不能再用了。所以我们希望用电子的，准确程度可能不那么容易做得很高，但还得做。看起来外中子源有不少缺点，但是也有好处，就是它可以不占用核裂变装置的中心部位，这个中心部位，对有些裂变装置的设计来讲，是需要排用场的，不能被占用的。这就不得不采用外中子源。它虽然庞大一些，但如果用电子精确延时的办法，用之前可以先检测一遍，就更可靠些，用以前检测和不检测的可靠程度是有差别的。第三个就是它的安装条件比较低，体积大的话，可以装在弹壳里面不很重要的地方，没有其他用场的地方。当然隔得越远，提供的中子数要越多，否则的话打到裂变装置里面的量会不够。

郭桐兴：您介绍的内中子源和外中子源，实际上都各有利弊。总而言之，内中子源和外中子源采用哪种办法，目前更实用，更好一些呢？

俞大光：如果裂变装置里面的中心部位可以占用的话，我觉得还是内中子源比较合适一些，体积小，装配也比较方便。如果那部位不能被占用，还得照顾核裂变装置的设计，让它发挥更好的性能。

郭桐兴：还要取决于具体的环境和情况，根据情况灵活掌握。大家都知道核武器的威力非常大，它的可靠性和安全性是一般老百姓关心的问题，您能不能给我们介绍一下有什么办法可以提高核武器的可靠性和安全性？

俞大光：这里面要说的内容很多，话也很长，我简单说一下。安全性我刚才已经解释了，保险装置里面考虑了很多安全性。还有一个，遇到恐怖袭击的时候，武器怎么样保持不爆炸，哪怕是化学爆炸，最好都不要有，因为爆炸的话影响就很大了。为了解决这些问题，设计方面还得采取一些措施。比如说炸药，现在有一种安全炸药，一般都是敲打不响的，要能够做到这一点。当然这个不是绝对的，要看被撞击的程度如何。这类炸药叫作钝感炸药，产生的能量低一些，为此要维持同样的能量，就要加大炸药量，同时体积也就会增大。还有一个是采用了这些手段，到底有没有做到安全，还得做一些武器试验。当然我们平常武器都要做一些环境试验，这些环境是正常环境试验，比如说弹头进入大气层，受阻急剧减速，弹壳内的温度会要高一些，这些都是正常环境条件，能不能承受？必须通过试验。还有一种是异常环境条件，比如装核弹的武器库，被恐怖分子放火了，烧起来了，烧起来之后能不能保证安全，不要求你这个武器还好用，但是要保证安全，就是在异常环境试验方面要做的一些工作。

再一个就是可靠性。这个可靠性还联系到其他的问题，比如说一个导弹打出去，别人还有拦截导弹，可能正好打上你，没打上你可能会有一个核爆炸，产生一个核的环境，你的电子设备经受不了，过去了之后，虽然看起来没有把你打坏，但你已经不能工作了，这是不行的。一般可靠性是在考虑这些问题之外，本身是否会发生偶然的失效，这就是一个可靠性的问题。因为弹里面装的东西多，地方又小又挤，所以容易有一些不可靠的因素在里面，产生很大的危害。比如说有的导弹发射不成功，就是一些小的地方出了问题，有很多环节，只要有一个环节出了问题，就是一粒老鼠屎坏了一锅粥。所以在设计的时候要尽量考虑这些。

怎么考虑这些呢？一个是引爆控制系统，这个还是比较重要的环节，因为东西多，都是很精密的。在这种情况下可以采取一些办法，一个叫冗余设计，本来一个引信就够了，万一这个引信失灵了呢，还有另外一个跟它并行的，只要两个中有一个能够正常，就能保证需要，这个就叫作冗余设计。这个好是好，但是重量增加，这也是它的缺点，那也没办法。还有电池，电池一旦坏了，整个就全完了，所以再加一个电池，这也是采取的冗余办法。第二个叫降额设计，即降低使用应力条件，比如说这个灯泡是220伏的，在这个情况下白炽灯容易烧坏，使用的时候装一个较低电压来供给它，不要十打十足，降低它的使用应力，就是大材小用吧！再一个叫作老化筛选，有些器件出厂的时候就经过了筛选，如果筛选不够可以抽查，经过老化筛选把发现的一些失效的先行剔除掉，反复筛选后才装入整机。还有一个就是在使用以前加强检测，中子源使用前检查不检查，这个对使用的时候可靠程度有很大的影响，看到有问题就马上换掉，不能带着问题去使用。

现在办法虽然很多，真正评定核武器使用可靠性的高低，还有多种方法。这些方法各有一些道理，但还统一不起来，还需要继续研究下去。还有一个就是库存可靠性，存到库里面，要及时地进行一些工作，做出一些平行的储存器件和整机，比如说我这里用了某一种晶体管，库存的时候，同样的晶体管还放上几个，数量多的话就好评定一些。

郭桐兴：总而言之，希望它在客观环境当中，无论出现什么情况尽可能保证它的安全，保证它的可靠。

俞大光：经历了异常环境（等同于灾害）后的核武器，即令未发生安全事故，也无法再要求它保证可靠工作，首先是保证安全。在保证安全的前提下，这个武器打出去的时候，只要未曾受到恐怖分子或其他意外破坏的，就应该能可靠工作。

郭桐兴：非常感谢您，今天您就核武器引爆这样一个话题给我们做了这么精彩的讲话，我们向您表示感谢。同时也感谢大家收看我们的《院士访谈》，我们在下一期院士访谈再见。谢谢！

（根据腾讯网郭桐兴 2008 年 5 月 13 日
在网络播送室采访时的录音整理）

# 附录三　父母是我们的骄傲

俞启平

我的父亲俞大光，1944 年毕业于国立武汉大学电机系，1953 年在哈尔滨工业大学研究生班毕业后留校，先后任电工教研室主任、电机系副主任、教务处副处长。1962 年，被中组部调入二机部九局（现中国工程物理研究院）。1995 年，当选为中国工程院电子与信息工程学部院士。父亲长期从事核武器电子系统的科研与领导工作，为我国核武器的研制突破和第一代核武器的设计定型做出了重要贡献，荣获国家科学技术进步奖特等奖、重大科技成果奖、部级科学技术进步奖等。

我的母亲韩颖娟，1948 年和父亲结婚，1953 年随父亲一同居住在哈尔滨，后在哈工大幼儿园任教师。1962 年，我们举家迁往北京，母亲就在九院机关幼儿园当老师。1964 年，为了加快我国核武器研制发展，父亲调到青海 221 厂核武器研制基地工作，母亲一人带着我们 3 个孩子在北京生活。

“文化大革命”开始后，父亲在青海横遭诬陷和迫害，4 年杳无音信，生死未知，家里的生活遇到了很大的困难。1969 年，林彪下达一号命令，母亲被迫带着我们几个孩子，下放到河南省上蔡县五七干校。干校前期，房子没盖好，住在老乡家里，条件很艰苦。母亲微薄的工资无法维持我们一家的生活，又患严重痔疮及贫血，血色素很低，当地无条件就医和休养，在这样的艰苦条件下，她仍对我们照顾得无微不至。后来，干校领导看到母亲身体非常虚弱，才同意母亲自己去驻马店 159 医院看病医治。

“文革”期间，父亲被隔离审查，被关禁闭。造反派声称父亲是“国民党特务”，“里通外国”。其实，作为一名真正的优秀共产党员，父亲的国家核心利益和保密意识极强。多少年里，我们全家包括亲属都不知他从事什么工作，他又从未出过国，当时也没有海外关系，怎样“里通外国”呢？1970年，他带着手铐被押送四川基地，被强行剥夺了从事科研工作的权利和人身自由，让他喂猪，放羊，摧残他的意志。但父亲并没有一蹶不振，他的崇高理想，为国家富强和人民幸福而奋斗的信念更加坚定。1973年彻底平反后，他更以百倍精力投入他所热爱的国家核科学事业，从不向我们提起自己所遭受的磨难。

父亲对我们要求一贯非常严格，强调子女要靠自己的本事在社会上立足，要勤恳做事，踏实做人。我们兄妹3人在“文革”期间插过队，哥哥在农村插队7年，妹妹也插队近4年。回城工作后，除我后来在1973年上了大学，哥哥妹妹单位都不理想，工资收入也不多。但父亲却绝不利用自己的身份和权力为哥哥和妹妹调动工作，父亲最看不惯那些利用自己权力和关系搞不正之风的行为。这几年母亲行动不便，去医院看病时，他也基本不叫单位车辆接送，而让儿子陪同母亲叫出租车去医院。1973年后，父母历经“文革”磨难，终于团聚在四川绵阳三线研究基地。从沈阳药学院毕业后，我响应党和国家号召，自愿申请支援边疆，去西藏工作。学校派两位老师去四川征求父母意见，虽然他们身边非常需要子女照顾，却毫不犹豫地支持我赴西藏工作。在父母的影响下，我选择到最艰苦的藏北高原——那曲地区医院工作。

父母平时生活一向俭朴，从不奢侈浪费。经常看到父亲自己缝袜子 补衣服。那套洗旧了的合身的中山装是父亲最爱穿的外套。家里几十年没有置办过什么像样的家具。但亲戚、同事、朋友生活上有困难，父亲会毫不犹豫地接济帮助他们。我二舅在“反右”运动中受过极残酷的迫害，以致他和舅妈因病在20世纪60年代初就去世，留下4个子女很小就失去父母照顾。我父母和我姨父母体谅国家的困难，主动提出共同抚养他们几个孤儿，直到他们长大成人。父亲在电子工程研究所工作期间，每每遇到职工家庭生活困难，他会立即向他们伸出援助之手。来宁开会，听说单位效益不是太好的老同学老伴病重住院，他马上提出要接济他，后来老同学讲清实情，诚恳谢绝。

父母非常热爱生活。20 世纪 60 年代，父亲患胸膜炎，使用双氢链霉素后，听力严重下降，但这并不影响父亲的工作和乐观性格。他说话幽默风趣，妙语连珠。在家里，有时因听不清，说出一些完全接不上茬的话，惹得母亲和我们哈哈大笑。父母相敬如宾，相亲相爱，共同生活了 60 多年，从来没有看到过他们吵架红脸。他们都是京剧爱好者，父亲早年在哈工大时就是京剧活跃分子，登台主演过《女起解》。他的京剧京胡拉得棒极了，在家里经常自拉自唱，唱起来也是字正腔圆。有时，他拉京胡或弹奏电子琴，母亲唱戏唱歌，家庭经常充满愉快的歌声。父亲从领导岗位退下后，一直坚持科学养生，养成非常有规律的生活习惯，完全不像个快 90 岁高龄的老人，至今，他每天早上仍坚持早锻炼，慢跑或快走，使用院子里的健身器械改善身体柔韧性和耐力，做太极拳运动。他坚持做家务劳动，自己洗衣服、做饭。除多年高血压一直坚持用药物控制外，几乎没有什么其他严重疾患。父亲的自我保健理念是科学生活，适量运动，乐观豁达，勤奋用脑，不沾陋习，重在预防，定期体检，有疾求医。多年来，父亲和母亲经常一起参加社区老年合唱队，母亲因腰腿痛行动困难些，父亲就搀扶着母亲一同前往。父亲爱好广泛，80 岁开始学习电脑操作，很快就能用电脑写信，写回忆录，发邮件，上网购物，融入信息化的现代生活。他年轻时就喜爱游泳、滑冰、球类、棋类等体育活动。打桥牌是父亲最酷爱的一项活动，一直延续至今。虽然母亲戏称他打桥牌是“雷打不动，精力十足”，却非常支持父亲参加这项有益于健脑健身的活动。现在，父亲每周都要参加不少于两次的院内老干部桥牌活动。父亲对桥牌理论钻研很深，有不少桥牌叫牌、坐庄和防守的心得文章。他的运算能力敏捷迅速，承揽着桥牌活动组的记分、核查、结算和定期决算等任务。不仅有每次比赛的结算，还有季度和半年的总决算积分。在他的影响下，我也非常喜爱桥牌。探亲期间，有时我会陪父亲打一两次桥牌，我们甚至还会在京宁两地利用网络搭档，与他人打桥牌。父亲在叫牌和坐庄方面都给予我不少指导，看着他打桥牌时那副认真的样子，就能联想到他做任何事情的细心认真，精益求精，一丝不苟。我深深为我的父母感到骄傲！如今，虽然我父母都年事已高，但他们的生活很有规律，基本上完全自理，身体也都还不错。近两年，每年至少还能在子女陪伴下外出旅游一两次。父母的快乐生活、健康长寿是我们做儿女最大的心愿和幸福。

（作者为俞大光次子，江苏建康职业学院药学系主任、副教授）

# 附录四　叔 叔 轶 事

俞启宜

俞大光是我叔叔，又是我姨父。父亲、叔叔与母亲、小姨是表兄妹，从小在一起，我们是亲上加亲。我童年时，他们经常住在一起，不分彼此。

20 世纪 40 年代末，叔叔在武汉大学当讲师，父母在汉口上班。我们兄妹就随外婆与叔叔同住，公寓在东湖旁的珞珈山上 18 栋。我在武大附小念书，闲时，叔叔会和我们一起去东湖游泳、爬山，东湖秀美的风光令我至今难忘。

叔叔兴趣广泛，从容自信，不乏幽默。记得他常和父母一起唱京戏，吹拉弹唱，有板有眼。他们也会一起打桥牌，因牌技的高低争论不休，尤其是叔叔，因为有数学天赋，计算牌点、叫牌都很鬼，对搭档要求很高。

叔叔生活节俭，无拘无束，与小姨相敬如宾，十分默契。他不修边幅，穿衣从不讲究，有时还会弄出些怪异的装束。他的儿女也继承了他的遗传因子，率性、活泼，让我们开心乐怀。

后来，叔叔去哈工大读研，并留校任教。20 世纪 50 年代任电机系副主任，是颇有名气的“铁将军”，以教学严格、理论功底深厚独到而闻名。1957 年，我哥哥俞启仁从北京 101 中学考入哈工大电机系，1962 年，毕业分配到兰州航空仪表厂。当时，叔叔已兼校教务处副处长，却把自己的侄儿分到远离家乡的西北，我们都感到有些不近人情。我堂弟俞启平从沈阳药学院毕业后去援藏，在西藏干了 5 年。后来，我们才理解了叔叔的用心，他希望青年人多到艰苦的地方锻炼成长。

1959年，我在中国科学技术大学念书，电工基础课用的教材就是叔叔编的，他的这本专著几乎在全国大学中通用。这本书思路清晰，条理性强，概念透彻。如今，叔叔已是桃李遍天下，其中许多人已成为国内外知名的学者或党政军负责人，如李长春、李继耐等。

1962年，叔叔奉中央调令到二机部九局（现中国工程物理研究院），开始了他的神秘生涯。两年后，我大学毕业，分配到国防科委，也开始从事核事业。一次，听朱光亚主任讲起当年的一件往事：国民党时期，时任国防部次长的俞大维想要研制原子弹，派吴大猷、华罗庚、曾昭抡各带两名助手，前往美国学习原子弹技术。朱光亚是吴大猷的助手，临行前到曾昭抡（曾国藩之孙，新中国成立后曾任高教部副部长）的夫人俞大絪（俞大维之妹）处领了两年生活费。但此计划遭到美国方面的拒绝而未如愿，几位科学家只好在美国自谋出路，改学其他专业。没想到，几十年后，俞大维的族弟俞大光却在新中国共产党领导下与核结缘，并为我国原子弹、氢弹的研制做出了突出贡献，是引爆控制系统和遥测系统的开拓者之一，荣获国家科学技术进步奖特等奖。

俞家世代书香门第，在祖籍绍兴是名门望族，因与曾国藩家三代联姻而显赫，又因蒋经国与俞大维结成儿女亲家而备受关注。近代史上，俞氏家族不乏名人、高官，唯独我祖父一支家境落寞，父亲和叔叔无力出洋留学，只能靠自己拼搏。父亲俞大猷才华横溢，精通琴棋书画，却不得志。20世纪40年代初，他因不与贪官同流合污，遭人陷害入狱，叔叔曾去找过时任兵工署长的族兄俞大维，而这位高官却怕影响其仕途而避之。此后，父亲、叔叔与俞家的达官贵人少有交往。20世纪50年代，父亲在一机部工作，时任部长的黄敬（俞启威）曾专门看望过这位堂叔，但父亲从未高攀过，他和叔叔都是靠自己本事实干的人。然而，“文化大革命”中，从未沾过俞大维光的父亲和叔叔却都在俞家专案之列，被打为“特务”，遭受拘留、劳改、铁窗之灾，全家都受株连。我在北大念书的弟弟也被打成“特务”。叔叔在西宁221厂受审时，中央工作组派驻该厂的头头赵启民就在大会上讲：连国民党的特务都混进来了。由于叔叔生性乐观豁达，终于度过了这一劫，而父亲却积劳成疾。20世纪70年代初，父亲和叔叔都恢复了工作，无怨无悔地献身他们所热爱的事业。

20世纪80年代初，我在国防科工委二局参与抗核加固的组织协调工作。抗核加固涉及面广，需要众多单位联合攻关。叔叔当时是核工业部第九研究院副院长，主管电子元器件抗核加固及核电磁脉冲模拟研究等技术工作。这样，我就有机会经常与叔叔在一起参加一些专业会议。作为型号总设计师，叔叔深知提高我国二代导弹核武器在核爆炸环境下的生成能力、突防能力已刻不容缓，否则会一着不慎，满盘皆输。他在所有技术审批中判断审慎、严谨，不盲从，有创见。九院的同志对我讲，他在工作上要求很严，极认真，就怕过他这一关。但他平时生活却和大家打成一片，十分融洽。国防科工委机关的领导和参谋对叔叔严谨治学的学风和品行评价都很高。在他主持的会议上，发言简明，有深度，善于启迪后人，发挥众人所长，从不武断，大家都能畅所欲言。

20世纪80年代中后期，我到编研室工作，在制定国军标及百科辞书编纂工作中又有机会与叔叔共事。凡叔叔主持审定的标准文稿，都清晰地记载着他工整潇洒的楷书。

《中国大百科全书》《中国军事百科全书》和《辞海》是20世纪我国最宏大、最辉煌的出版工作，被誉为“金玉渊海之书”，从事撰稿工作的都是我们时代的精英。作为核武器学科、军用核技术学科的副主编，我在朱光亚主任、程开甲主编、钱绍钧主编的领导下，组织中国工程物理研究院和国防科工委21基地、核工业部的上百名专家，完成了上述辞书中核武器学科的编纂，并获国防科工委科学技术进步奖二等奖。叔叔作为中国工程物理研究院科技委副主任，直接领导核武器装备、分类、性能等条目的撰写与审稿工作，参与了全书一版、二版编纂工作，也是该成果主要完成人之一。他融专家、学者、作者、编者为一身，除自己撰写核弹头等条目外，还统审了中物院负责的条目，对名词术语仔细推敲，对数据反复核对，对计量单位严格审查，对语言文字认真把关。一些争议大、混淆不清的概念，如核武器、核弹头、核战斗部、核装置等，他从百科全书的权威性、知识性、准确性、可读性出发，多次参与研讨，力求与国际接轨，为科学准确而数易其稿，由此而成为军事百科全书中德高望重的资深专家。百科条目资料汇总中，尚存有不少的修改手稿，军事科学院百科部的同志对他敬重不已。

2011年1月22日，叔叔就是90岁的大寿星了。从古至今，能做到不为金钱、荣誉所动的圣人寥寥无几，尤其是在这样一个物欲膨胀的时代，人们很难逃脱功利的诱惑。而叔叔却能为了自己的事业、心志、情操而一生践行，有时甚至不顾世人异样的眼光，在教育、科研中留下了不凡的足迹，令人敬仰。

叔叔从一线退休下来后，仍十分关注他毕生从事的事业，善于以科学的眼光审视每一件事。他退休后，生活恬淡、质朴，怡然自得，洗衣、做饭都亲力亲为，与众不同的是，他为了节约能源，做饭的米和水都要称量准确，开火要定时。洗衣机长期用半自动的，以节约用水。信封是用废纸自制的，菜谱要拟定在废弃的小纸片上。一件旧的中山装、一双球鞋穿了十几年。出行不是公交，就是地铁……但在亲友有困难时，叔叔都会慷慨解囊，从不吝啬。我舅舅家中的四个表弟妹，从小父母双亡，就是父亲、叔叔几个兄弟抚养成人的。前年，从台湾来的亲戚，他都亲自接送、款待。

在俞氏家族中，家谱按“文明大启，声振家邦”排序。叔叔已是大字辈中少有的长者，马上就是90岁的寿星了。我衷心祝愿叔叔健康长寿，向百岁老人进军。叔叔淡泊名利，对事业的忠诚，执着，值得我们后辈薪火相传。

（作者为俞大光侄女，曾任国防科工委办公厅编研室副主任）

# 附录五 俞大光年表

## 1921 年

1 月 22 日，农历庚申年腊月十四日，生于奉天（今辽宁）省盖平县城（今盖州市）。排行老三。哥哥俞大猷 1915 年 3 月生。二哥 1917 年生，但早于俞大光出生前不久夭亡。当时父亲俞明焕在辽宁省盖平县县府任科长。

## 1924 年

因父亲转职宽甸县府任科长，家迁沈阳。哥哥俞大猷年长 6 岁，是其幼年成长的老师和榜样。

## 1927 年

2 月，入奉天（今辽宁）省立第三小学读书。

8 月，转入奉天省立第五小学读书。

## 1928 年

父亲转至北宁铁路局当文书股长。

在哥哥的教导下，开始学古文、练毛笔字、习书法。学校也有要求。

## 1930 年

祖母去世，享年 88 岁。父亲俞明焕护送灵柩南下湖南，与祖父合冢安葬在长沙西乡小龚家湾。

## 1931 年

9 月 18 日，夜间日军炮轰北大营，攻占沈阳城，“九一八”事变爆发。

9 月 19 日，沈阳市中小学校停课，在家休学。

11 月，全家迁居湖南长沙，与母亲、哥哥和新雇保姆一起租房定居。父亲远在天津北宁铁路局任职，按月将部分薪俸寄往湖南长沙养家糊口。

**1932 年**

2 月，进入湖南长沙市立十一小学重读五年级。哥哥俞大猷考试插班进入长沙私立明德中学高中四班读二年级下期。

**1933 年**

7 月，从湖南长沙市立十一小学毕业，考上湖南长沙私立明德中学。

9 月，进入湖南长沙私立明德中学初中四十六班学习。哥哥俞大猷考入湖南大学土木工程系。

**1934 年**

7 月，因国文、童子军两科考试不及格（对古文兴趣不浓；身体单薄，不适应严格军训的“童子军”课）及算术缺考（未看校门口告示栏，错过考试时间，算术未考），被明德中学退学。

9 月，转入长沙私立复初中学插班读初二。

**1935 年**

复初中学的学习成绩在班上名列前茅，对理工类科目兴趣浓厚，开始打下扎实的数学基础。

哥哥俞大猷教习古文、练书法，讲解《孟子》《论语》和《东莱博议》中的一些文章，要求理解后诵读。哥哥成其少年成长的引路人。

哥哥俞大猷为激励大家学习积极性，成立了一个家庭性“励学会”社团，在亲友少年中办小型图书馆，编辑《励学》半月刊，会员提供个人作文相互借阅；围棋、象棋、军棋、五子棋、桥牌、长沙纸牌，少年们自己动手制作不少娱乐器具。广泛的兴趣爱好、动手制作和活跃的思维成为后来学术成长的重要因素。

**1936 年**

7 月，湖南长沙市初中毕业会考获得甲等成绩。哥哥俞大猷发现弟弟理工科方面天资甚高，鼓励弟弟同时报考普通高中和高级工业职业学校。

9 月，因成绩优异，被湖南长沙私立广益中学高中部和湖南省立高级工业职业学校（中专）电机科录取。最终选择到湖南省立高级工业职业学校电机科就读。

**1937 年**

2—7 月，参加长沙市高中生集中军事训练。

6 月 12 日，母亲病逝，享年 51 岁。安葬于湖南长沙西乡小龚家湾。

7 月，父亲与妾又生一子，开支增加。父亲又受上司倒台牵连失去工作，全家迁居农村。

**1938 年**

初春，因长沙常受敌机侵扰，所在的湖南省立高级工业职业学校被迫迁往长沙西南的湘乡县永丰镇（今双峰县县城）附近农村的王朗和堂。

3 月 20 日，湖南省立高级工业职业学校在王朗和堂复课。

7 月，哥哥俞大猷从湖南大学土木工程系毕业，11 月进入湖南省安化县烟溪镇第十一兵工厂，从事基建工程管理工作，并与韩玛丽确定恋爱关系。

11 月 12 日，武汉、广州相继沦陷后，国民党政府火烧长沙城执行焦土阻敌政策，导致人心惶惶，湖南省立高级工业职业学校被迫停课，俞大光就近寄住姑母家。

**1939 年**

1 月，随亲戚西逃至湖南安化县城（今安化梅城）。

3 月，接到湖南省立高级工业职业学校原址复课通知，去永丰镇王朗和堂校舍报到注册。

7 月，从湖南省立高级工业职业学校毕业。三年省立高级工业职业学校学习对其影响深远。大量的无线电、电机、电报、电知识学习和实验触发了对电磁学技术应用知识的强烈求知欲，对电力和电信技术着迷至深，孕育了未来学术成长和人生道路方向，与后来从事大学电工教学工作结下不解之缘。

8 月，随父去烟溪第十一兵工厂，参加哥哥俞大猷与韩玛丽结婚仪式。

9 月，经在厂营缮课任科员的哥哥介绍，进入第十一兵工厂动力厂当缮写（普通技术助理），从事材料管理工作。

**1940 年**

年初，所在的第十一兵工厂因受日寇轰炸开始搬迁至重庆铜罐驿镇。

5 月，随迁至重庆铜罐驿镇。因尚未具备开工条件，萌发继续求学深造念想，乘机准备当年的全国高考。

7 月下旬，去江津县白沙镇参加全国高校统一招生考试。

9 月，被武汉大学工学院录取。

10 月 12 日，启程前往因战乱已西迁四川乐山的武汉大学报到。注册后申请获得乙等贷金。开始了武汉大学学生 4 年的学习生活。

**1941 年**

7 月，参加第二届全国专科以上大学生低年级组数学竞赛，获国民政府教育部颁发的奖状。

9 月，一年级结束，按照个人志愿分配到武汉大学工学院电机系学习。

**1942 年**

5 月，获第二届全国专科以上学校学生学业竞试复试成绩优良奖。

暑假，到重庆白市驿第 21 兵工厂临时工作。

9 月，参加武汉大学工学院电机系学术社团“力讯社”。

**1943 年**

7 月，哥哥俞大猷遭人嫉恨，报复诬陷，蒙冤入狱。

暑假，到乐山五通桥永利碱厂做临时工。

9月，当选武汉大学“力讯社”总务干事，全面负责社内的各项工作。

同年，加入中国工程师学会和中国业余无线电协会。参加武汉大学学生社团“立达读书社”（姊妹团）、“珞珈平剧社”和“丛丛剧艺社”等多个社团。

**1944年**

2月，为哥哥被人诬陷入狱之事专程赴重庆求救于时任国民党兵工署长，后去台湾任“国防部长”的堂兄俞大维，遭拒。俞大猷后经狱友出狱后所在单位保释重获自由。人生遭遇和家境困穷，激发拼命读书，学习进入佳境。

春季，经系主任赵师梅老师介绍加入国民党。

7月，以大学4年总平均成绩83分、武汉大学工学院年级第一名的优异成绩，从武汉大学毕业，获学士学位。根据学业成绩，可选择一个很好的工作职位。时任武汉大学电机系主任的陈季丹教授专门谈话，告知如愿留武大任教，学校欢迎。遂决定留校任教。

9月，在武汉大学工学院电机系当助教，担任学生直流电机实验和交流电机实验指导老师。为求增加收入，兼乐山县立中学数学课老师。

10月，父亲俞明涣病故，享年62岁。

**1945年**

3月，担任武汉大学工学院电机系交流电机习题课老师。在乐山县私立凌云中学兼职，兼任初中数学、物理和高中数学课老师。

8月15日，日本宣布无条件投降。

**1946年**

6—9月，武汉大学陆续搬回武汉珞珈山原校址。

7月，回湖南长沙西乡小龚家湾休假，并处理父妾后事。

10月，武汉大学在珞珈山原校区开学，俞大光前往报到，住工学院电机系，负责高年级实验指导课和为学生批阅作业习题工作，并负责交流电机习题课。



**1947 年**

3 月，在武昌私立中正中学兼职数学课老师。

5 月，国内大学爆发了全国性“反饥饿、反迫害、反内战”的学生爱国运动，武汉大学响应号召参加活动。

5 月 19—21 日，为支持学生会罢课 3 天，在讲师助教会中赞成继而罢教 3 天，声援全国学生爱国运动。

6 月 1 日，发生国民党派军警进武汉大学镇压学生运动，打死 3 名学生的“六一惨案”。武汉大学学生自治会、讲师助教会等进步团体发表揭露惨案真相、反对消息封锁的“告全国同胞书”。俞大光参加揭露“六一惨案”真相活动，向亲朋好友发“告全国同胞书”信函。

7 月，当选为武汉大学讲师助教会干事，并被推选为讲师助教会主席。

9 月，担任武汉大学电机系电仪与测法课程教学，从无到有筹设实验教学。在武昌私立克强中学兼高中数学和物理课，因武汉大学数学教授介绍，受聘为私立中华大学兼职讲师，授微积分课。

10 月，主持武汉大学讲师助教会发起“反饥饿、反内战”罢课 3 天的建议并表决通过。会后执行。

**1948 年**

2 月，与韩颖娟结婚，武汉大学工学院院长余炽昌教授作证婚人。

3 月，经余炽昌教授介绍，在武汉东湖中学兼职高中数学老师。

武大学生自治会、讲师助教会、教授会、职员会和工友会等进步团体各派代表，联合成立了“应变委员会”（赵师梅教授任主任委员），代表讲师助教会成为该委员会的成员之一，应对开展解放前夕反国民党迁校、反破坏、反迫害斗争和护校工作。

**1949 年**

5 月 17 日，武汉解放，共产党政府接管武汉大学。

11 月，晋升为武汉大学讲师。

从 1941 年在武汉大学二年级分到电机系学习，到大学毕业留校任教 6 年，一直得到了堪称一代教育大家的武汉大学训导长、工学院电机系主任赵师梅教授的教导和关怀，深受其影响。

**1950 年**

9 月，作为武汉大学重点培养骨干教师派赴哈尔滨工业大学研究生班学习，与同事王仁权（土木系）、郭玉骅（机械系）、李国材（化学系）、胡昌国（物理系）一行 5 人，同属哈尔滨工业大学第二期研究生培训班学员，学制 3 年。

**1951 年**

10 月，选择"理论电工"专业，苏联专家 Б. П. Соколов 作为导师确定研究生学习任务，精读苏联教材 К. А. Круг: Тиоретические Основы Электротехники 6 – ое Нздание 并翻译成汉语，以便国内出版推向全国。

全国开展镇压反革命运动，在此次运动中，交代了曾经参加国民党的历史问题。

**1952 年**

全年参加知识分子思想改造运动。

作为翻译组组长，与戴声琳、蒋卡林、龚正毅一起，开始苏联俄文版教材《电工原理》上下册翻译工作。

主译的《电工原理》上册由龙门联合书局出版。

9 月，国家高教部责成哈尔滨工业大学开办机械、电机、土木 3 个专修科，学制两年，汉语教学。在完成研究生班学习、俄文版《电工原理》翻译的同时，承担电机专修科电力专业教学班理论电工课的讲课任务。

**1953 年**

在“忠诚老实运动”中交代了参加中国国民党、中国工程师学会、中国业余无线电协会、武汉大学“力讯社”等社团各项历史问题，并做了结论。

5 月，从苏联专家 Б. П. Соколов 处接手大学本科 5 年制电工基础课程的主讲工作。

7 月，以优秀成绩通过研究生结业答辩（当时不授学位）。

7 月，被哈尔滨工业大学作为优秀人才选中，由国家教育部下达调令，调任哈尔滨工业大学电工教研室任主任。

8 月，译著《电工原理》下册由龙门联合书局出版。

9 月，去长沙老家清还家庭的全部欠账后回武汉大学接家属迁居哈尔滨工业大学。

**1954 年**

8 月，国家高教部在大连召开会议，审定 8 门基础课和技术基础课课程教学大纲和交流教学经验。俞大光向大会提交了《电工基础教学大纲》和教学心得。《电工基础教学大纲》经会议审议修改，由高等教育出版社出版并分发全国有关高校。

**1955 年**

从教学大纲入手，自编讲义，作为学生听课与自习使用。组织教研室定期以教学心得和本学科钻研成果为内容，召开学术报告会作学术报告。据此内容，先后出过两期《电工基础教研室教学与科研参考资料》。

**1956 年**

7 月 1 日，在中共哈尔滨工业大学电机系支部扩大会上，讨论通过由周长源、宋振绥两同志介绍的俞大光加入中国共产党，成为预备党员。

7 月，在国家高教部在沈阳再次召开 8 门课程教学经验交流会上，代表哈尔滨工业大学详细报告了执行教学大纲的体会和意见，引起高等教育出版社的关注。会后，高教部正式邀请他编写电工基础课程教材，作为全国统编教材出版，成为我国学习苏联教学、结合我国实情出版的第一套电工基础教材。《电工基础》分上、中、下3册，由北京铁道学院黄宏嘉老师（现中科院院士）审稿，高等教育出版社出版，被国内高校广泛采用。高等教育出版社数十年后评价其为“国内影响最大的电工基础教材，为培养造就我国电工、电子技术人才做出了重大贡献”。

9月，任哈尔滨工业大学电机系副主任。由周长源接任电工基础教研室主任。

同年，为改变原来苏侨教师授课时实验课题较少的状况，组织教师将历年逐渐创设的十来个新实验与原有电工基础课程实验共30多个，由龚正毅主编，集体编写了《电工基础实验指导书》，由哈尔滨工业大学内部出版。

**1957年**

8月，经高教部批准，晋升为副教授。

9月，为高电压工程专业新开60学时的电磁场课程。

12月，因对当时一些过“左”的做法提出异议，预备党员转正未通过，延长一年预备期。

**1958年**

7月，编著的《电工基础》上册，由高等教育出版社正式出版发行。

12月，通过中共预备党员转正，后当选为系党总支委员。

**1959年**

编著的《电工基础》中册，由高等教育出版社正式出版发行。

参加哈尔滨铁路管理局发展电力牵引铁道对通信干扰课题的研究。

**1960年**

尝试将普通物理课电磁学部分合并到电工基础课程。

在哈尔滨工业大学从事电工基础教学近9年，是该课程教学主要负责人，积累了丰富经验，开创形成了比较完整的电工基础教学理论，在教学中摸索出一套行之有效的方法，除了启发式授课外，探索把习题课和课外作业，作为培养学生正确应用理论、训练解决问题技巧的重要环节。

组织电工基础教研室编写的《电工基础例题及习题集》由人民教育出版社出版发行。

**1961 年**

8 月，被调任哈工大教务处副处长。仍担任电工基础教学工作。

11 月，受教育部之命，负责筹建全国高校电工课程教材编审委员会，筹建电工基础和电工学教材编审小组，将任电工课程教材编审委员会主任兼电工基础和电工学教材编审小组组长。

11 月，因中共中央组织部点名调二机部九局工作，前往北京二机部九局洽谈调去该局工作事宜。

编著的《电工基础》下册已由高等教育出版社正式出版发行。

**1962 年**

3 月，在哈尔滨主持召开全国电工基础和电工学教材编审小组（筹）扩大会议，初步审定全国通用的电工基础和电工学各类型课程教学大纲，制订了电工基础和电工学各类型课程教材编审的五年计划。

4 月下旬，被调离哈尔滨工业大学，国家高教部免去其教材编审委员会电工基础和电工学小组组长职务，但仍被聘为委员。

4 月，中共中央组织部下令，在全国选调一批科技骨干进二机部九局（亦称二机部北京第九研究所，即后来的中国工程物理研究院，简称中物院）进行核武器研制攻关，俞大光作为全国 126 名骨干之一调入二机部九局工作。任业务办公室主任，从事机关科研业务管理工作。

7 月，全家迁入北京。

9 月，二机部九局业务办公室变更为科研处，管理职责未变，俞大光任科研处处长。

**1963 年**

2 月，二机部九局北京第九研究所更名为二机部第九研究院。

地处青海海晏县（今海北州）核武器研制生产基地 221 厂建设部分投入使用，二机部第九研究院进行机构调整，俞大光到设计部任副主任兼十五室（即原五室、后来的电子技术研究室）主任。

得知曾经的武汉大学老师、九院机构调整前的五室主任疏松桂曾在哈尔滨军事工程学院讲授过专业课“核武器引爆控制系统”后，向他借来教学笔记手稿，经过三四个月的学习钻研，熟悉了相关的业务知识。

**1964 年**

2 月，奉二机部第九研究院副院长朱光亚之命，与十五室的科研骨干黄慧娜、祝国梁赶赴青海 221 厂，与一年前去那里的试验部同志讨论审定黄慧娜提出的第一颗原子弹塔架爆炸试验引爆控制系统方案，方案经讨论修改通过。

3 月 10 日，离开家人，只身随设计部队伍迁往青海 221 厂工作。

5 月，因结核性胸膜炎复发，住院治疗后，回北京疗养。

8 月，康复，赶回青海 221 厂。

9 月，二机部第九研究院参加我国第一颗原子弹爆炸试验人员早已到新疆核试验场进行试验前准备，青海 221 厂部分科技人员疏散到青海湟源县。俞大光作为设计部唯一留厂技术领导，就工作之便，熟悉并适度理解设计部其他各研究室的工作。

10 月 16 日，我国第一颗原子弹塔爆试验圆满成功。月末，参试人员和疏散人员返回青海 221 厂。

**1965 年**

3 月，成立遥测站组，任第九作业队遥测站组组长。

4月，遥测站组进入试验场区新建的654站。

首次全试验场用模拟试验弹做综合预演，遥测站组发现有外来干扰信号，无法排除，导致此次试验遥控保联和测中子任务没有完成。

6月，编撰的《电工基础》（修订版）上、中册在哈工大电工基础教研室周长源、马国强等的大力帮助下，先后出版。

**1966年**

4月，作为第九作业队引控系统组组长参加第三次核试验。

5月，带队参加空投试验，负责首区引爆控制系统和遥测系统工作。此试验启用新研制的转发遥测信号系统，解决上次遥测信号受干扰的问题。

6月，编撰的《电工基础》下册也在老同事周长源、马国强等的大力帮助下完成了初定稿；后因“文革”被迫搁置。

9月，再次以第九作业队引控系统组长身份参加两弹结合试验任务。试验于1966年10月27日进行，获得圆满成功，标志着我国原子弹武器化迈出了重要步伐。

**1967年**

3月，派赴北京参加二机部第九研究院科技规划会议。

6月，受命带队前往四川绵阳考察新基地建设，与设计部有关的研究所就工号布局和设计与基地工作委员磋商。

12月，“文革”被审查期间，受命参加核试验，担任第九作业队引控系统组组长。

**1968年**

8月，“文革”中被勒令停止工作。

9月，进入九院在哆吧办的学习班学习，交代历史问题。个人物品全被搜查或贴上封条，来往信件接受检查。

**1969年**

8月，被转移到二机部第九研究院在西宁杨家庄新办的学习班。

**1970 年**

1 月，被拘留关押于青海西宁南滩监狱。

2 月，被押回青海 221 厂批斗。

11 月，二机部第九研究院开始大规模从青海向四川基地新址搬迁。俞大光跟随搬迁队伍戴手铐起解到四川绵阳市梓潼县交泰乡的五所关押。

**1971 年**

7 月，被释放，但改为被监督劳动改造。主要任务是放羊、养猪、种菜。

**1972 年**

4 月，获得自由。

5 月，请探亲假，赴河南五七干校（妻子携全家早已在 1969 年搬迁到河南上蔡五七干校参加劳动）与妻子见面，并到北京探亲。

6 月，恢复工作，担任九院五所六室主任。

8 月，院五七干校结业，俞大光接妻韩颖娟到五所定居。妻子被安排到幼儿园当教养员。

8 月，被调五所机关协助所领导工作，不再任六室主任。

**1973 年**

6 月，在五所六室被宣布平反。但这次平反未能对所谓参加国民党的历史遗留问题（已经在 1953 年的“忠诚老实运动”中宣布有了正确结论）做出正确答复。

九院召开史上著名的“京西会议”，会议历时半年，对军队干部撤离九院后的新老班子和干部的安排及工作交接做了研究部署。会上提出由俞大光担任五所所长。

8 月，担任五所所长。在学科建设和专业设置上提出新思路。

**1974 年**



领导开展 S 波段脉位调制遥测系统和引测合用发射机研制。

在九院五所开办721大学，受此启发，九院也决定开办院职工大学，称曙光工学院，俞大光调任九院副院长后，负责筹办，后兼任曙光工学院院长。

**1975年**

确定并组织研制引控系统的数字化地面测试设备。

为“575任务”做全所紧急动员。

**1976年**

4—6月，组织并在河南兰考进行触地引信火箭橇高速碰撞试验获得圆满成功。

受命布置全所“文革”10年科技成就展厅并开放参观。

7月，因需要，确定恢复中子管外源研制工作。

9—11月，组织制造两次空爆试验，取得圆满成功。

**1977年**

7月，任九院作业队队长，参加某型号任务引控系统飞行匹配试验。

9月，某型武器飞行试验获得圆满成功。引控系统银锌电池得到验证，但试验中雷达引信受干扰工作不正常。自行研制的遥测系统首次使用，取得数据，获得成功。

**1978年**

4月，组织并参加某型武器飞行试验，雷达引信干扰已被排除，工作正常，飞行试验获得圆满成功。

10月，调任二机部第九研究院副院长，担任院技术管理工作，主管五所科技。

12月，兼任第九研究院职工工学院院长，在学科建设、教材编写、人才培养规划等方面提出了办学目标和方向，为补充第九研究院人才引进和人才培养不足做出贡献（职工工学院于1980年经四川省、二机部验收批准，更名为曙光机械公司工学院）。

主持完成的“核武器引爆控制系统”获得1987年全国科学大

会奖。

**1979 年**

4 月，带队执行某型任务飞行试验，测模拟核装置出中子获得成功。提出的导弹触地时保证仍能正常发出遥测信号这一关键技术难题得以解决。

8 月，被选为四川省电子学会副理事长，开创成立曙光分会，并被选任曙光分会理事长。

8 月，由五所惠钟锡所长带队参加的潜射某型号导弹陆上发射飞行试验，引爆控制系统对飞行环境的适应能力得到考核，系统运转正常，试验获得圆满成功。

**1980 年**

4 月，被推荐为中国电子学会产品可靠性与质量管理专业委员会委员。

6 月，被推荐为全国电工教材编审委员会第二届委员，接续被“文革”中断十多年的工作。

8 月，在大连召开的中国电子学会第二次代表大会上当选为理事。

12 月，晋升为研究员。

**1981 年**

6 月，因“文革”中断 15 年的《电工基础》（修订版）下册经补充修改后获得出版。

8 月，参会审定《中国大百科全书·物理》电磁学和经典电动力学条目稿，其中，撰写了“交流电”（长条）、“煤质中的平面电磁波”（中条）、“趋肤效应”（短条）。

**1982 年**

3—5 月，与五所惠钟锡所长带队参加某型号武器系统艇上匹配试验，获得成功。

（5 月 4 日，五届全国人大常委会决定，将二机部更名为核工业部，九院全名改为核工业部第九研究院。）

8月，与五所惠钟锡所长带队参加我国首次潜射导弹水下发射飞行试验，任试验队临时党委书记。

10月，试验圆满成功，艇上导弹引爆控制系统和遥测系统工作正常，得到试验验证。

**1983年**

1月，被聘为四川省科技顾问团军民结合组顾问。

7月，当选为全国电工电子产品可靠性与维修性标准化技术委员会委员。

8月，被聘为全国量和单位标准化技术委员会二分委顾问，去昆明参加工作会议。

10月，参加在青岛召开的电工教材编审委员会议，作题为“谈教材编写中贯彻新国标 GB 3102. 5—1982”的宣讲报告。

11月，审定全国职工高等工业专科学校电工基础教学大纲，课程定名“电路及磁路”。

11月，被任命为某武器型号第二总设计师，成为该型号核工业部第九研究院内技术总负责人。

12月，经×××定型工作组会议审查，同意引控系统定型。

**1984年**

2月，卸任副院长职务，被任命为核工业部第九研究院科技委副主任。

4月，奉核工业部张忱部长之命去湖南衡阳工学院参观考察后写出报告呈部。

**1985年**

(1月30日，经核工业部同意，“核工业部第九研究院”更名为“中国工程物理研究院”，简称中物院。)

4—5月，参加所负责型号引控系统三用车综合飞行试验。

参与的综合项目“氢弹的突破及武器化”获得国家科学技术进步奖特等奖。

8 月，去桂林参加全国电路、信号与系统教材编审小组会，得知“教材编审委员会”已更名“课程教学指导委员会”，被续聘为第三届委员，任期到 1990 年。

**1986 年**

6 月，主编的职工大专教材《电路与磁路》上册通过审稿（编者寇仲元、应铜城和朱经天）。

12 月，《电路与磁路》上册由高等教育出版社出版发行。

**1987 年**

5 月，为挽救、发掘中物院发展历程积累下来的科学技术及成果，倡导并组成中物院首届科技丛书编审委员会，担任主任委员，编撰出版院科技丛书。

7 月，主编的《电路及磁路》下册由高等教育出版社出版。

7 月，参加编审的《中国大百科全书·物理》Ⅰ、Ⅱ卷出版。

11 月，参加审定核工业部组织编写的核技术工种教材。

所负责的型号“飞行综合科学试验”获得中国核工业总公司科学技术进步奖一等奖和国家科学技术进步奖三等奖。

**1988 年**

2 月，作为特约编审，组织编写《中国军事百科全书》核武器部分词条。除商定条目框架、撰稿及编审，召开中物院院内审稿会外，亲自撰写了“核武器战术技术性能”“核弹头”两个条目，前者被评为优秀条目。

6 月，参加贮存航行试验满 5 年的终检。

7 月，作为国家某型号武器第二总设计师，所负责的型号定型工作，从技术领导层面完成使命。

10 月，应邀参加中物院五所 30 周年所庆活动，并作“建院三十年回顾”报告。

**1989 年**

2 月，被授予“四川省国防系统优秀共产党员”称号。

5月，为北京工业大学许道展教授主编的高校教材《电路基础》作序并审稿，该书上下册为贯彻《量和单位》国家标准编写的高校本科电类专业教材，均由中国计量出版社先后出版。

**1990 年**

3月，被推定为中物院编制的核武器术语等国军标领导小组组长，主持审定国军标《核武器术语》。

6月，在中物院中长期发展设想座谈会上做“人才培养发展规划”报告。

8月，与技术处罗世杰副处长合作撰文“关于‘核武器系统’‘核弹头’‘核战斗部’的定义及其英文对应词的探讨”投寄军事百科通讯杂志社，后被载于该刊当年11期。

11月，审定中物院五所谢铭勳编撰的《再入遥测技术》上、下册，签署申报并获得国防科技图书出版基金资助。

12月，参与编审的《中国军事百科全书·核武器分册》由军事科学出版社出版发行。

**1991 年**

1月，被评选为中国电子学会会士。享受政府特殊津贴。

5月，办退休手续，接受返聘，任中物院科技委科学顾问及中物院科技丛书第二届编委会委员。

**1992 年**

1月，主持审定国军标《核武器安全设计及评定准则》。

2月起，主审原沈阳电力高等专科学校原副校长蔡元宇教授主编的大专教材《电路及磁路》上下册，由高等教育出版社出版。

5月，参加核军工史审稿会，并写回忆文章《在引爆和遥测系统方面技术进展的回顾》。

**1993 年**

3月，作为国军标《核武器术语》宣讲报告者之一进行宣讲。

4月起，主审周克定主编高校本科教材《电工理论基础》上、中、下册先后完成，翌年陆续出版。

11月，参加武汉大学百年校庆庆祝会和赵师梅奖学基金成立会。

11月，审读《中国军事百科全书·战略导弹部队技术》分册。

12月，参加宣讲《核武器安全设计及评定准则》国军标。

**1994年**

3月，撰写《国防工业科技管理大辞典》的两个条目："核武器突防系统"和"核武器拦截系统"。

5—7月，修改《中国军事百科全书》核武器学科新增条目。审读该书火箭导弹分册。

1992年起主审湖北工业大学教授周克定等主编高校本科教材《电工理论基础》上、中、下册，先后由高等教育出版社出版，后被机械工业部评为全国高等学校机电类优秀教材。

**1995年**

1—3月，受聘为中物院科技丛书编委会第三届委员，专审中物院五所潘吉安编撰的《可靠性、维修性、可用性评估手册》。

4月，主审成都电子科技大学胡翔骏教授编写的大专教材《电路基础》，由高等教育出版社于1996年出版。

5—8月，去中国军事科学院协调《中国军事百科全书·军事技术》有关条目，并与二炮陈宝义同志合作，修改"导弹核弹头"条目。

7月，当选中国工程院信息与电子工程学部院士，在北京参加第二次院士大会。

10—11月，为中物院研究生部开设约30课时的"核武器及其引爆控制系统"讲座。

**1996年**

4月，到四川成都参加在四川的中国工程院院士联谊会。

6 月，在北京参加中国工程院第三次院士大会。

5—10 月，专审中物院十所赖祖武研究员编撰的科技专著《抗辐射电子学》，并成功推荐国防科技图书基金资助出版。

**1997 年**

2 月，去重庆参加在四川的中国工程院院士第二次联谊会，并作“再入遥测”学术报告。

2—4 月，被邀审阅二炮工程学院吴勇同志编著的《武器装备的可靠性与维修性管理工程》书稿。

7 月、11 月，在北京参加中国工程院信息与电子学部新院士候选人两次评审并投票。

8 月，审定中物院五所前所长彭定之研究员编撰的《核武器雷达引信导论》并作序。

10 月，撰写“《电工理论基础》（第二版）（周长源编）评介”一文投寄高等教育出版社，刊载于《教学与教材研究》1998 年第 1 期。

**1998 年**

4 月，完成由上海辞书出版社出版的《量和单位的规范用法词典》中电学和磁学部分约 200 个词条的初稿。

6—7 月，专审中物院五所王铁铮编撰的《核武器引爆与增强引爆安全技术》。

11 月，去成都参加四川省科技顾问团院士组高新技术组会议。由于当选院士，由退休改回为在职。

**1999 年**

3 月，应哈工大邀请，撰写回忆文章《中国高等教育的先行者——回忆敬爱的老校长高铁》，刊载于高等教育出版社出版、刘宗德主编的《润物无声——纪念教育界高铁》一书中。

4 月，撰写文章《缅怀赵学田老师》，投寄《武汉大学校友通讯》，于 1999 年第 2 期登载。

5月，应西苑出版社之约，为《院士寄语青少年》撰文《勿忘过去苦难，开创祖国未来》。

7月、11月，参加中国工程院院士候选人两轮评审并投票。

8月，应安徽教育出版社邀请，为《院士思维》一书撰写《以属为师，总结分析，指导全局》一文。该书为卢嘉锡等主编的国家重点图书，最后版本为四卷一套，此文被载于第四卷。

9月18日，出席中共中央、国务院、中央军委在北京人民大会堂表彰为研制“两弹一星”做出突出贡献的23位科技专家，授予或追授其“两弹一星功勋奖章”表彰大会。

12月，专审中物院四所金碧辉主编的《复杂系统的可靠性技术》。

**2000年**

1月，与华中理工大学陈锦江教授合作撰写的《无私奉献一生的赵师梅先生传略》一书，由华中理工大学出版社出版发行。

2月，为母校哈尔滨工业大学80周年校庆撰文《忆哈工大电工基础教研室的建立》并投寄校办。由周素珍同志汇集，主编成《报春晖——校友的回忆与畅想》一书，同年5月由哈尔滨工业大学出版社出版。

5月，参与11名院士共同提出的“我国仪器仪表工业急需统一规划和归口管理”建议书。

6月，撰写《也谈废除大众习惯的旧计量单位问题》一文，向全国科学技术名词审定委员会主办、路甬祥主编的《科技术语研究》杂志投稿。此文后被载于2002年11期101~103页。

8月，参加在陕西西安举行的全国电路、信号与系统和电磁场面向新世纪教改研讨会。

10月，参加由中国工程院主办在京召开的国际工程科技大会。

11月，到上海交通大学参加由教育部主办的“大规模集成电路设计技术”成果鉴定会。会后去祖籍浙江绍兴访问参观。

**2001 年**

1 月 14 日，中物院在北京召开学术座谈会，庆祝俞大光院士八十华诞学术座谈会，时任中物院副院长杜祥琬院士主持，60 余人到会，会上赠送由四川科学技术出版社出版的《俞大光院士八十华诞纪念文集》。

2 月，参加在北京举行的“航天科技成就与展望”科技论坛，参观航天科技成果。

3 月，参加中物院申报新院士候选人遴选会。

4 月，应邀撰稿《在湘往事的回忆》投寄湖南省科协。载于《三湘院士科学人生自述集》207 页。

5 月，参加工程院信息学部举办的科技论坛“第三代移动通信”，参观航天二院。

10 月，撰稿《贺张兴钤学长八十华诞》，投寄武大台北校友会《珞珈》编辑部。后刊载于该刊 152 期，2002 年 7 月出版。

12 月，参加中国工程院信息学部组织的双星定位导航系统展。

**2002 年**

1 月，参加中物院科技丛书编审委员会四届四次会议，与以金碧辉为主编的《复杂系统可靠性技术》编写组座谈改稿事宜。该书稿修改后更名为《可靠性系统设计技术》，经推荐受国防科技图书基金资助于 2004 年 6 月由国防工业出版社出版。

3 月，撰写《路与场还是合并为好》，刊于《电工电子教学学报》2002 年第 2 期。

4 月，撰写研究生教育文章《搞好政治素质教育，追求真善美》，投寄《21 世纪信息与电子学科研究生教育研究 · 暨纪念学会成立十周年》专刊编辑部。

5—6 月，撰写《文韬武略的科学家》一文，刊登于原子能出版社出版的《陈能宽院士八十华诞纪念文集》。

8 月，参加在哈尔滨举办的中国电工技术协会电磁发射专业委员会成立大会，受聘为顾问。参加中物院五所博士生论文答辩会。

10 月，被邀参与评审高中物理课程标准，提出书面意见。参加国家教委在北京召开的会议。

11 月，参与中物院某武器型号科技成果鉴定会。

12 月，参加再版《中国大百科全书·军事》中核武器学科条目框架及“核武器”条目释文的讨论。

**2003 年**

1 月，为《信息与电子工程》创刊号题词。

2 月，参加中国人民政治协商会议第四、第五、第六届全国委员会委员，原第二机械工业部党组副书记、副部长李觉 90 华诞座谈会。

5 月，参加中物院科技战略研讨会。向中国工程院信息与电子工程学部提出对“十一五”信息电子创新的书面意见。

8 月，参加研讨《中国军事百科全书》第二版军用核技术条目框架。为《科学时报》题写个人治学格言：“学，然后知不足；用，方能悟其深。”10 月 13 日刊出。

9 月，去沈阳参加全国科协年会。参加中国工程院信息学部在京主办的电磁脉冲防护学术论坛会议。

10 月，撰写《唯一一次导弹核试验回顾》和《缅怀曾任多个型号总设计师的谢家祺副院长》两篇文章，由中物院信息中心编印发行的内部报刊《曙光报》先后于 10 月 15 日和 11 月 12 日刊出。28 日参加中物院科协学术年会和建院 45 周年庆祝会。

11 月，应邀参加湖南长沙明德中学百年校庆暨院士论坛活动。参加武汉大学 110 周年校庆庆典，代表国内外全体校友致贺词。

**2004 年**

2 月，参加全国高中物理课程标准审定会。

3 月，为中国工程院成立 10 周年撰写纪念文章《十年回顾与反思》。

4月，终审中物院五所陈盘训主编的《半导体器件和集成电路辐射效应》。

5月，应邀参加由兰州交通大学举办的班冀超教授90华诞座谈会，参观该校自动控制研究所。

7月，参加中物院举办的“中物院‘十一五’规划”研讨会。应邀为中物院研究生部成立20周年撰写纪念文章《廿年耕耘，桃李芬芳》。

9月，应邀为中物院四所内刊《工程结构设计与力学环境》题词。

10月，撰文《我国第一颗氢弹究竟是哪天爆炸的?》向中物院内部报刊《曙光报》投稿。2005年10月15日登载。

12月，受邀参加中国船舶重工集团公司713所某型号成果鉴定会。

**2005年**

1月，审阅《俞明震家世》书稿，并撰写其中的“俞大猷”简历，寄该书编者吕山。该书后改名《俞明震研究》，列为越文化丛书第一辑中的一册，由西泠印社于2008年出版。

4月，应邀为谢储生主编、中国大百科全书出版社出版的《世界兵器大观》题词，题写“普及国防科技知识，促进国防现代化”，并审阅其中的第八章“核武器家族”。29日去北京香山饭店参加中国科学院、工程院两院联合筹备的资深院士联谊会成立会。

5—8月，专审由中物院五所章永锡主编的《核武器引爆控制系统》。

6月，参加哈尔滨工业大学北京校友会庆祝母校成立85周年大会

8月，参加中国教育协会在北京主办的全国青少年科学与艺术表彰大会开幕式并讲话。

10月，参加在四川举行的中物院科技委和院科协联合举办的学术年会。

11 月，应邀赴西安参加教育部和高等教育出版社召开的全国电工电子课程报告论坛。

**2006 年**

1 月，向哈尔滨工业大学博物馆捐赠文物，在哈工大时用的教材讲义和笔记本等文物。

2—3 月，完成中物院五所商顺昌主编的《惯信引信技术》和胡永林主编的《核武器外中子源系统》的终审。参加中物院科技委召开的学术会议。

7 月，去武汉大学参加由总装备部召开的技术评议会。

去大连海事大学参加高等教育出版社主办的电路电磁场教学论坛。

8 月，完成中物院四所方宗鎏所编的《核武器安全性导论》书稿专审。11 日、14 日分别去人民大会堂和北京大学参加全国青少年科学与艺术第二届表彰大会和与代表们对话。

9 月，应四川电子学会曙光分会之邀，去西昌参加该分会学术年会。

11 月，到成都参加第二届电工电子课程教学报告论坛并发言。

**2007 年**

4—5 月，应中物院人教部之邀，为《亲历两弹》征稿撰写《我调入九院前后》一文。

7 月，应湖南长沙明德中学邀请，撰写《青少年时代家庭生活的自我回忆》一文，投寄后刊于《明德中学报》10 月 15 日。

8 月 2 日，《绍兴日报》刊发个人传记文章《蘑菇云背后的绍兴人》。

9 月，应浙江绍兴市科协之邀作“核武器引爆”科普报告。向绍兴市档案馆捐赠照片（电子邮件）、聘书和证书（实物）、文件资料（复印件或手稿）等。

11 月，应高等教育出版社之邀去南京参加全国第三届电工电子教学论坛。

**2008 年**

4 月，撰写《我在乐山生活的回忆》一文，向武汉大学校友总会投稿并刊载于武汉大学出版社 11 月出版的《乐山的回响》一书中。亦在武大《校友通讯》2008 年第 2 辑中刊登。

4 月，撰写《我最敬仰的赵师梅老师》一文，刊登于上海东方出版中心 2012 年出版的《共和国院士回忆录》(二) 中。

5 月 13 日，应腾讯网郭桐兴之邀作主题为“核武器引爆”的院士访谈。

5 月，专审、终审并作序的中物院四所朱竟洪主编的《核武器及核装置的工程设计》上、下册出版存档。

7 月，为傅依备院士八十华诞题词。

8 月，重编“俞氏宗谱补充材料”。

10 月，参加在北京九所举行的中物院建院 50 周年庆典活动。

11 月，应邀参加资深院士联谊会在深圳举办的活动。

**2009 年**

3 月，应邀参加武汉大学电气工程学院建院 50 周年在该校的庆典活动。

4 月，应邀撰稿《我愿做个“铁将军”》，投寄《武大校友通讯》作为卷首语，载于《武大校友通讯》2009 年第 I 期。

5 月，撰稿《赞康华光教授》，投寄《武大校友通讯》，载于《武大校友通讯》2009 年第Ⅱ期。

6 月，向哈尔滨工业大学博物馆捐赠照片、笔记本、书稿等实物。

7 月 14 日，时任中央政治局常委李长春莅临住所探望并留影。

8 月，应邀撰写《忆我国核武器工程的开创》一文，由科学出版社作为我国经典工程文献之一出版发行。载于《工程研究——跨学科视野中的工程》2009 年第 3 期。

8 月，参加中物院核武器发展战略研讨会和院科技丛书第六届二次编审委员会。

9 月，参加由哈尔滨工业大学北京校友会在京主办的《李昌传》首发式和座谈会。

12 月，应邀参加在四川举行的中物院五所建所 40 周年庆祝会和中物院一所建所 50 周年庆祝会活动。

**2010 年**

3 月，为贺徐志磊八十华诞题写祝词："科技精英　硕果辉煌"。

3—12 月，中物院启动由五所承办编撰俞大光 90 寿辰纪念文集。其中传记部分邀请新华社记者田兆运编写，为此多次受访交谈毕生经历情节，并对初稿进行阅读，协商修改。

6 月，应邀去哈尔滨参加哈尔滨工业大学 90 周年校庆活动和全国电气工程学院院长论坛。

8 月，接受辽宁省营口市电视台采访。参加中物院对研究员聘任二级专业技术岗位的通讯投票。

**2011 年**

2 月，到四川绵阳科学城参加由中物院举办的"俞大光院士诞辰 90 周年座谈会"。会后与中物院五所青年科技工作人员座谈"实现人生价值"。

4 月，应高等教育出版社博物馆征集邀请，向该社发出照片、寄语和签名。

5 月，《光明日报》社记者邓凯、刘文嘉撰写的《心血凝成惊世响》一文在《光明日报》2011 年 5 月 26 日刊出。

6 月，参加在北京中科院自动化研究所举办的疏松桂先生百年诞辰纪念座谈会并发言。

7 月，接受武汉大学校史馆吴骁同志采访在校学习和工作历程，并为新建小博物馆收集资料。

9月，参加由中国少年儿童出版社承办的《十万个为什么》第六版启动大会，并受聘为《十万个为什么》第六版《武器与国防》分册主编之一。应哈工大校办征稿撰写《怀念母校哈工大老校长李昌同志》一文刊登在哈尔滨工业大学出版社出版的《永远的校长》一书中。

11月，应邀为《科学时报》改新名《中国科学报》题词。

11—12月，为向拟出版的《纪念俞大猷百周年诞辰》一书撰稿《怀念胞兄俞大猷》。写悼念文《沉痛悼念班冀超学长》投寄《武汉大学校友通讯》。刊载该刊2012年第1辑。

**2012年**

1月，参加四川省科技顾问团在京举办的座谈会，由中物院在北京举办的在京老院领导和院士们座谈会。

2月，撰文“缅怀老首长朱光亚院士”，拟作参加座谈会的发言稿。

5月，对《十万个为什么》武器和国防卷核武器方面拟定的部分内容作审改，并向编写人员反馈意见。

7月起，阅悉中物院已承担对其个人学术成长资料的采集工程项目，积极配合做好个人有关资料整理。

10月，撰写《沉痛悼念秦曾煌教授》一文，向刊物《哈工大人》投稿。

11月，参加评选中物院杰出专家，通过阅读39名候选人资料，书面发出了评选意见。

12月，接受兵器知识杂志社林儒生记者对个人经历的采访。撰文《沉痛悼念蒋志扬教授》向《武汉大学校友通讯》投稿。

**2013年**

1—2月，整理个人的聘书和证书，撰写的报告和回忆文章，新闻媒体报道等并列表打印。

3—4月，挑选可供采集的大小照片并编制简单说明，排序列表打印。

5—7 月，与中国少年儿童出版社通过电子邮件，研讨核武器方面改稿中发现的问题，直到审读完共 12 页的印刷清样。

8 月起，清理尚保留的信件，命名并作简介，排序后打印留待采集。阅读已编的年表并提供修改意见；阅读采集工程调研报告(即个人成长传记) 并提出修改意见。

# 附录六　俞大光著作和译作

1.《电工原理》上、下册，俄文翻译，与龚正毅等人合作完成，由龙门联合书局于1952、1953年出版。

2.《普通电工学》中、下册，参加俄文翻译，与秦曾煌等人合作完成，由龙门联合书局于1953、1954年出版。

3.《电工基础》上、中、下册，专著，由高等教育出版社分别于1958、1959和1961年出版。

4.《电工基础》（修订版）上、中、下册，专著，与周长源等人合作完成，由高等教育出版社分别于1964、1965、1981年出版。

5.《电路及磁路》上、下册，主编，与应铜城等人合作完成，由高等教育出版社于1986、1987年出版。

6.《量和单位规范用法辞典》，参加编著，由上海辞书出版社于2001年出版，83～115页。

7.《无私奉献一生的赵师梅先生传略》，合编，与陈锦江等人合作完成，由华中理工大学出版社于2000年出版。

8.《交流电、媒质中的平面电磁波、趋肤效应》，参与编撰条目，与黄宏嘉等人合作完成，由中国大百科全书出版社于1987年出版，全书物理卷628、793、865页。

9.《中国小百科全书》，参与编写，由团结出版社1994年出版。

10.《核武器战术技术性能、导弹核弹头、核电子学、强流加速器》，编撰条目，与朱光亚等合作完成，由中国大百科全书出版社1997年出版，军事技术卷，96、381、779页。

11.《核武器战术技术性能、核弹头》，编撰条目，与程开甲等合作完成，由中国大百科全书出版社 2007 年出版。

12.《核武器拦截系统、核武器突防系统》，编撰条目，收录《国防工业科技管理大词典》。

# 后　记

乱世扬武，盛世修典。

经历了30多年的改革开放，中国人从来没有像今天这样距离实现中华民族伟大复兴、洗雪百年耻辱的中国梦如此切近。我们之所以能够走到今天，能够迎来这样一个伟大的时代，是与万万千千以两院院士为代表的广大科技工作者的贡献与心血分不开的，为他们作传，将他们的光辉业绩留给后人，是国家和民族给予他们的一份褒奖。

当中国工程院负责院士传记丛书的吴晓东和郭永新老师首次联系到我，提出希望我能为俞大光院士写传记书稿的要求时，我非常愉快地答应了下来。作为一位从事国防科技战线新闻宣传报道任务的新闻工作者，多年来我对为我国国防科技事业做出重要贡献的老一辈科学家们，始终深怀崇敬之情，能够为他们写传记其实是我个人的荣幸。

此前，为庆祝俞大光院士九十华诞，我曾经经过深入采访，为俞先生写作了一本传记，收录在他九十华诞的纪念文集中。如果一切顺利的话，我只要在原稿的基础上作一些增删修订工作就可以了。然而，后来由于出现一些意外情况，对于是否由我来写作俞先生传记这件事迟迟没有确定下来，拖了相当长一段时间。

在最终获知确认由我来担纲写作俞院士传记的消息后，我便动手开始作相关的书稿整理和改写工作。这期间，我只能在确保正常工作完成的情况下，抽时间来处理传记书稿的事，虽然耗费了不少心血和精力，但是，看到书稿日益成形，内心里还是感到非常欣慰的。

在俞院士传记写作修改过程中，得到了俞院士本人和他的家人、亲属的大力支持和帮助，在此谨致谢意。俞先生身上所体现出的那种严谨细致、事必躬亲的大家风范，给我留下了深刻的记忆。

书稿能够顺利完成，与吴晓东和郭永新两位老师认真负责的敬业态度密不可分，对此，深表感谢。另外，特别让作者感动的是，中国工程院负责院士传记出版工作的葛能全秘书长不顾年事已高，在审读完书稿后，不仅直接修改了书稿中的不妥之处，还给出了详细中肯的修改指导意见，在此，作者特别向他表示深深的谢意。

经历了一年多时间的辛劳，如今，书稿终于要完成付梓出版，内心在感到欣慰的同时，也怀着一份小小的忐忑。能够有幸承担这份工作，于我个人的一生来说是一份特殊的机缘，从中受益良多。然而，由于个人才识所限，可能跟自己想要达到的目标还有不小的距离，遗憾和缺漏只怕是在所难免。

在此，再次向所有为本书写作提供过帮助的老师和朋友们表示感谢！祝愿大家幸福平安！

作者　田兆运

2014 年 10 月于京华

**作者简介：**

田兆运，新华社驻总装备部支社记者，上校军衔。大学毕业后携笔从戎，投身国防科技事业，从事我国航天等高科技领域报道 20 余年，成为该领域资深记者，有多篇作品获奖。